ミネルヴァ日本評伝選

礼節の国に来たりて

ケンペル

B・M・ボダルト＝ベイリー著
中直一訳

ミネルヴァ書房

刊行の趣意

「学問は歴史に極まり候ことに候」とは、先哲荻生徂徠のことばである。

歴史のなかにこそ人間の智恵は宿されている。人間の愚かさもそこにはあらわだ。この歴史を探り、歴史に学んでこそ、人間はようやくみずからの正体を知り、いくらかは賢くなることができる。新しい勇気を得て未来に向かうことができる。徂徠はそう言いたかったのだろう。

「ミネルヴァ日本評伝選」は、私たちの直接の先人について、この人間知を学びなおそうという試みである。日本列島の過去に生きた人々の言行を、深く、くわしく探って、そこに現代への批判を聴きとろうとする試みである。日本人ばかりではない。列島の歴史にかかわった多くの異国の人々の声にも耳を傾けよう。

先人たちの書き残した文章をそのひだにまで立ち入って読み、彼らの旅した跡をたどりなおし、彼らのなしとげた事業を広い文脈のなかで注意深く観察しなおす――そのとき、はじめて先人たちはいまの私たちのかたわらによみがえってくる。彼らのなまの声で歴史の智恵を、また人間であることのよろこびと苦しみを、私たちに伝えてくれもするだろう。

この「評伝選」のつらなりのなかから、列島の歴史はおのずからその複雑さと奥ゆきの深さをもって浮かび上がってくるはずだ。これを読むとき、私たちのなかに新たな自信と勇気が湧いてきて、その矜持と勇気をもって「グローバリゼーション」の世紀に立ち向かってゆくことができる――そのような「ミネルヴァ日本評伝選」にしたいと、私たちは願っている。

平成十五年（二〇〇三）九月

上横手雅敬
芳賀　徹

ケンペルの生地レムゴのマーケット広場

ケンペルの時代と同じ建物である。中央に市役所，左に張り出し窓のついた薬局の建物が見える。この張り出し窓は1612年に作られ，有名な自然科学者・医師・錬金術師10名の像が飾られている（本書第３ページ所収の銅版画を参照）。写真掲載許可：レムゴ市マーケッティング協会。

江戸参府旅行途上のケンペル

馬の横にいるのは弟子今村源右衛門であると思われる。本書164ページに掲載された「オランダ人江戸参府旅行図の図」（大英図書館 SL 3060 fol. 501.）の一部分を拡大したもの。

デトモルト宮

ケンペルは1698年から1716年に没するまで，ここでリッペ伯フリードリヒ・アドルフの侍医として勤務した。

フリードリヒ・アドルフ伯（1667-1718）

ケンペルがデトモルド宮で仕えた人物。

デトモルト宮にある日本の簞笥

台座の部分に飾られたイニシャルは，ケンペルが仕えたフリードリヒ・アドルフ伯のものである。

デトモルト宮にある日本製の茶碗

銀製の取っ手と注ぎ口がつけられ，ミルクピッチャーとして使用された。デトモルト宮の陶磁器コレクション。

出島で生活するオランダ人

渡辺秀石（1639～1707）画「唐蘭館図巻」（池長孟コレクション）の部分。この絵は後に川原慶賀によって模写された。神戸市立博物館蔵。

方広寺の大仏殿

ケンペルが持ち帰った名所図絵全50図より。大英図書館蔵（MC Add. Ms 5252, fol. 40.）

はじめに

一六九一年三月二十九日、江戸城の謁見の間から奇妙な音が聞こえてきた。四十歳になる一人のドイツ人が、自作の愛の歌を五代将軍徳川綱吉の前で歌っていたのである。徳川時代の旧暦によればそれは元禄四年二月三十日にあたる。この奇妙な出来事について『徳川実紀』では手短に「蘭人四人とも簾前にめして御覧あり。音曲を聞《きこ》しめ給《たま》う」と記されているのみである。しかしドイツ人エンゲルベルト・ケンペルは、詳細な記録を残しているのみならず、その様子を後世のためにスケッチにして伝えている。彼はほぼ十年の長きにわたって大旅行をなし、モスクワを経てペルシャ（現在のイラン）へ、そしてそこからセイロンとインドを経由してインドネシアへ、そしてついに、アジアの中で最もヨーロッパから離れた国である日本にやってきた。そのケンペルにとって、将軍との面会は、彼の大旅行の頂点をなすものであった。旅行の費用を工面するため、ケンペルはペルシャにおいてオランダ東インド会社付きの医師として就職した。オランダ東インド会社はのちにケンペルを「オランダ人」として長崎に派遣し、そこで社員の健康管理に当たらせたのである。

中国のことに関しては、すでに十四世紀初頭以降、全ヨーロッパに知られた詳細なマルコ・ポーロの報告が存在していた。しかし日本に最初のヨーロッパ人がやってきたのは、ようやく十六世紀中葉になってからである。宣教師として日本にやってきたイエズス会の学識ある神父たちは、極東のこの異教国について、日本の社会はヨーロッパの国々と同じくらいに文明化されていて、しばしばヨーロッパ以上に洗練されている、と詳細に報告している。織田信長はイエズス会士が見せる宣教への熱意を認めたが、そのあとの統治者たちは、これを危険なものと感じた。一世紀も経たない内に、この国は再びヨーロッパ人に対して自らを閉ざしたのである。だがその間、ヨーロッパとの貿易は日本にとって重要性が増していた。これを中断しないため、長崎にある小さな島（出島）においてのみ、オランダ東インド会社のわずかの商人が滞在を許されることとなった。

三代将軍徳川家光は、ちょうど大名と同じようにオランダ人も年に一度江戸に参府旅行をしなければならないと定めた。オランダ人が将軍に謁見を賜り、そこで敬意の気持ちを表すとともに将軍に贈り物を贈るためである。オランダ人たちは出島のことを「牢獄」と呼んでいたが、江戸への参府旅行は、この「牢獄」を抜け出す数少ない機会の一つであった。しかし参府旅行の途上でも彼らは厳しく監視され、そして日本住民と接触することは厳禁された。

それにもかかわらず、この国についてエンゲルベルト・ケンペルはきわめて正確な記録を残したので、彼の著作が十八世紀になって日本に入ってきた時、ひとは驚きかつ恐れの気持ちを抱いた。蘭学者青木《あおき》興勝《おきかつ》（一七六二〜一八一二）はその著『答問十策』において、もし誰かが軍勢を率いて日本に進軍しようと考えたならば、その人物はケンペルの著書の中にきわめて詳細な道案内を見いだすであろう、と警告している。他にも蘭学者志筑忠雄《しづきただお》（一七六〇～一八〇六）は、国を閉ざしている日本を論じたケンペルの論文を日本語に翻訳し、そして訳語として「鎖国」という言葉を作り出した。

ケンペル自身は、自分の詳細な日本論の出版を見ることなく没した。彼が生前刊行したのは、自己の大旅行について一つの概観を与えるような著作一冊のみであった。この本の中で日本について触れているのは、一部分のみである。死後十年経って、ケンペルの日本論は『日本の歴史』（*History of Japan*）というタイトルのもと、まず英語版が出版され、ベストセラーとなった。そしてすぐに他の言語にも翻訳された。ケンペルより後から日本に来た学者ツュンベリー（Carl Peter Thunberg, 一七四三～一八二八）やシーボルト（Philipp Franz von Siebold, 一七九六～一八六六）は、ケンペルの著作以上に何か新たな事柄を書き加えることは容易ではない、ということに気づいた。シーボルトの日本論は今日に至るまで、まだ英語の完訳版は出版されていない。十九世紀に来日したペリー（Mathew Calbraith Perry, 一七九四～一八五八）提督ばかりでなく、二十世紀に来日したイギリス女王エリザベス二世（Elizabeth II）もまた、来日前にはケンペルの著書を読んでいたのである。

ケンペルが書いた日本についての論述は、十八世紀と十九世紀において、ヨーロッパ人の世界イメージを規定することとなった。しかし現代でもまだ、歴史家はケンペルの著作を無視できない。なぜならケンペルの記述の中には、日本の歴史資料には書かれていないような事柄が見られるからである。日本の歴史資料を書き残したのは、たいてい武士階級に属する人々であって、かれらは日常的な事柄、ましてや一般庶民の生活ぶりなどは、これを記録に留めるに値しないと考えていた。外国人ケンペルにとっては、すべてが興味深いものであった。現在では存在していない京都の大仏のような名所旧跡のみならず、一般庶民の家屋に見られる壁紙や、それどころか浴室や厠《かわや》までもがケンペルの興味を惹いた。同時にケンペルはまた、当時の支配者である五代将軍徳川綱吉に対しても、記念碑的な文章を残している。綱吉は十五代にわたる徳川将軍のなかにあって、歴史家たちから異端児であると書かれることの多い人物である。だがケンペルにとって、綱吉は日本の国をきちんと統治する偉大で公正な支配者であった。五代将軍への批判的記述が記されている『徳川実紀』が編纂されていたのと同じ頃、ケーニヒスベルクで哲学者イマヌエル・カント（Immanuel Kant, 一七二四～一八〇四）が、世界地理についての講義の中で、まさしくケンペルの著書の中に読み取れるのと同じように、遠き日本の賢明な支配者について語っていた。

いつの日にか自分についての著書が「日本評伝選」のようなシリーズの中に組み入れられることになろうとは、ケンペル自身はおそらく夢にも思わなかったことであろう。そのようなことが可能になったことについて、私はここで特に芳賀徹教授に感謝の言葉を述べたいと思う。京都の国際日本文化研究センターで同僚であった時以来、芳賀教授はケンペルについての私の研究に注目し、そして当時すでに私を推薦して、拙著『ケンペルと徳川綱吉』の出版を可能にしてくれた。教授はかつての教え子である大阪大学の中直一教授に対して、ドイツ語原稿を翻訳するよう推薦したのである。中直一教授が私の本を翻訳するのは、本書で三度目である。そして私はここで、その労に対して大いに感謝したいと思う。大学内外における仕事が増加する状況にあって、時間を工面することはしばしば簡単なことではないが、しかし同教授はドイツ語表現のニュアンスをきわめて正確に探し出した。最後に、ミネルヴァ書房の田引勝二氏、東寿浩氏をはじめ編集部の方々に、そして本書に掲載する図版の材料を提供してくださった諸研究機関に対し、厚く御礼申し上げたい。ケンペル研究を開始して以来、私はさまざまな人の助力を得た。そのような方々については、すでに拙論において言及して来たが、こうした方々に対しても、私は感謝の気持ちを述べたいと思う。

ケンペルの故郷レムゴを訪問した際、筆者が再三印象を受けたことがある。それは、ケンペルが生きていた当時の多くの建物が――日本とは全く違って――ほとんどそのまま今日でも存在している、ということである。ケンペルが晩年を過ごしたレムゴ郊外の家屋は、残念ながら十九世紀に取り壊された。だが現存する図版から推測できることだが、その家屋は、同じ頃に建設されて今日でもレムゴの街中に存在する家々とよく似た姿をしていた。筆者はここで、レムゴのエンゲルベルト・ケンペル協会、そしてとりわけ同協会会長であるヴォルフガング・ウルリヒ博士（Dr. Wolfgang Ulrich）、および司書のロタール・ヴァイス博士（Dr. Lothar Weiß）、同様にレムゴとデトモルトの文書館（Stadtarchiv Lemgo, Nordrhein-Westfälisches Staatsarchiv Detmold）に対して、その助力に感謝したい。

エンゲルベルト・ケンペルは、なす事の多い人生を送り、また後世に与えた影響も大きい人物であった。このような人物について、歴史家として十分に研究し尽くし、それを一冊の書物にまとめるということは容易なことではない。たとえばエンゲルベルト・ケンペルはデトモルトの宮廷で、今からちょうど三〇〇年前にあたる一七〇八年八月に、当時の有名な科学者・哲学者であるゴットフリート・ヴィルヘルム・ライプニッツ（Gottfried Wilhelm Leibniz, 一六四六～一七一六）と面会しているが、そのことについてはまだほとんど研究がなされていない。ケンペルはライプニッツに対してどんな印象を持ったのであろうか。ライプニッツの往復書簡は一万五千通以上におよぶものであるから、このことを研究することは容易ではない。ましてやライプニッツの往復書簡のうち多くはまだ公刊されていないし、残された手書きの手紙は三つから四つの異なる言語で書かれていて、読むのが非常に困難である。私は、ヨーロッパの啓蒙主義者たちに与えたケンペルの影響について、ヨーロッパの様々な文書館において研究を進め、今後このテーマについて何かを発表しうるものと思うが、こうした研究については三菱財団から助成金が得られたことに感謝したい。

三菱財団の助成金のおかげで、二〇〇七年夏のみならず、筆者は二〇〇八年にもケンペルの故郷を訪問し、デトモルト宮の現在の所有者であるリッペ伯アルミン博士（Dr. Armin Prinz zur Lippe）御夫妻と面会することが出来た。アルミン博士はリッペ伯フリードリヒ・アドルフ（一六六七～一七一八）の子孫であるが、ケンペルが人生最後の十八年間に侍医として奉職した伯爵こそ、このフリードリヒ・アドルフであった。子孫のアルミン博士は今日でもなお、ケンペルがかつて侍医として奉職していたのと同じデトモルト宮に住んでいる。デトモルト宮の一部は観光客に公開されていて、筆者は内部見学の際に、そこに日本の磁器があるのに気づいた。それを見て筆者は、リッペ伯フリードリヒ・アドルフの弟の言葉を思い出した。彼は一七〇三年にケンペルを訪問し、その際、ケンペルが外国から持ち帰った「大変美しい磁器」を見た、と述べているのである。デトモルト宮にある磁器は、ケンペルが持ち帰ったこれらの磁器であったのだろうか？筆者はこの件についてアルミン博士に手紙を書き、デトモルト宮への招待を受けた。

訪問当日、アルミン博士御夫妻は筆者を磁器の部屋へ案内する前に、二つの素晴らしい山水蒔絵箪笥を見せて下さった。十七世紀後半に輸出品として作られたこの蒔絵箪笥は日本の芸術とヨーロッパの嗜好を融合したものである。観音開き扉に施された高蒔絵は和風であるが、扉の表に付け加えた彫金金具と蝶番および鍵穴によって、ヨーロッパ人好みの華やかな雰囲気をかもし出している。扉の後ろに隠れて小さな抽斗がそなえられているが、こうした形は、当時の日本ではまだよく知られたものではなかった。この二つの箪笥はまったく同じものであるが、違っているのは、蒔絵の意匠が鏡像になっているという点である。二つの箪笥をきちんと並べると、扉の表に施された山水文様はヨーロッパ人の好きな左右対称の形を見せる。箪笥の下に付け加えられた台座には、ケンペルが仕えたフリードリヒ・アドルフのイニシャルが飾りとして記されているから、この箪笥がケンペルの時代のものであることが分かる。

宮殿の磁器は、主に輸出向け金襴手様式古伊万里の華やかな逸品である。光り輝く色彩の大皿のほか、西洋式の生活に適合するように、銀の加工が施されたものもある。たとえば、ある茶碗には、銀製の取っ手と注ぎ口が取り付けられ、ミルクピッチャーとして使用されていた。銀の部分の刻印からは、それがケンペルの時代に取り付けられたということが読み取れる。宮殿にある日本の芸術品はケンペルからリッペ伯に贈り物として贈呈されたか、あるいは売却されたのか、これを示す記録はないが、ケンペルが持ち帰ったものであると推測することが十分に可能である。ケンペルの著作と同じように、デトモルト宮の日本芸術品は、十七世紀のドイツと日本文化の出会いを物語るものである。

ケンペル研究は、まだ終わっていない。しかしいま筆者は本書において、これまでに分かったことを読者各位にお示ししたいと思うものである。

東京にて　二〇〇八年十月

ベアトリス M・ボダルト＝ベイリー

ケンペルらしき人物が描かれた皿
（デトモルト宮）

ケンペル――礼節の国に来たりて　目次

目　次

図版写真一覧

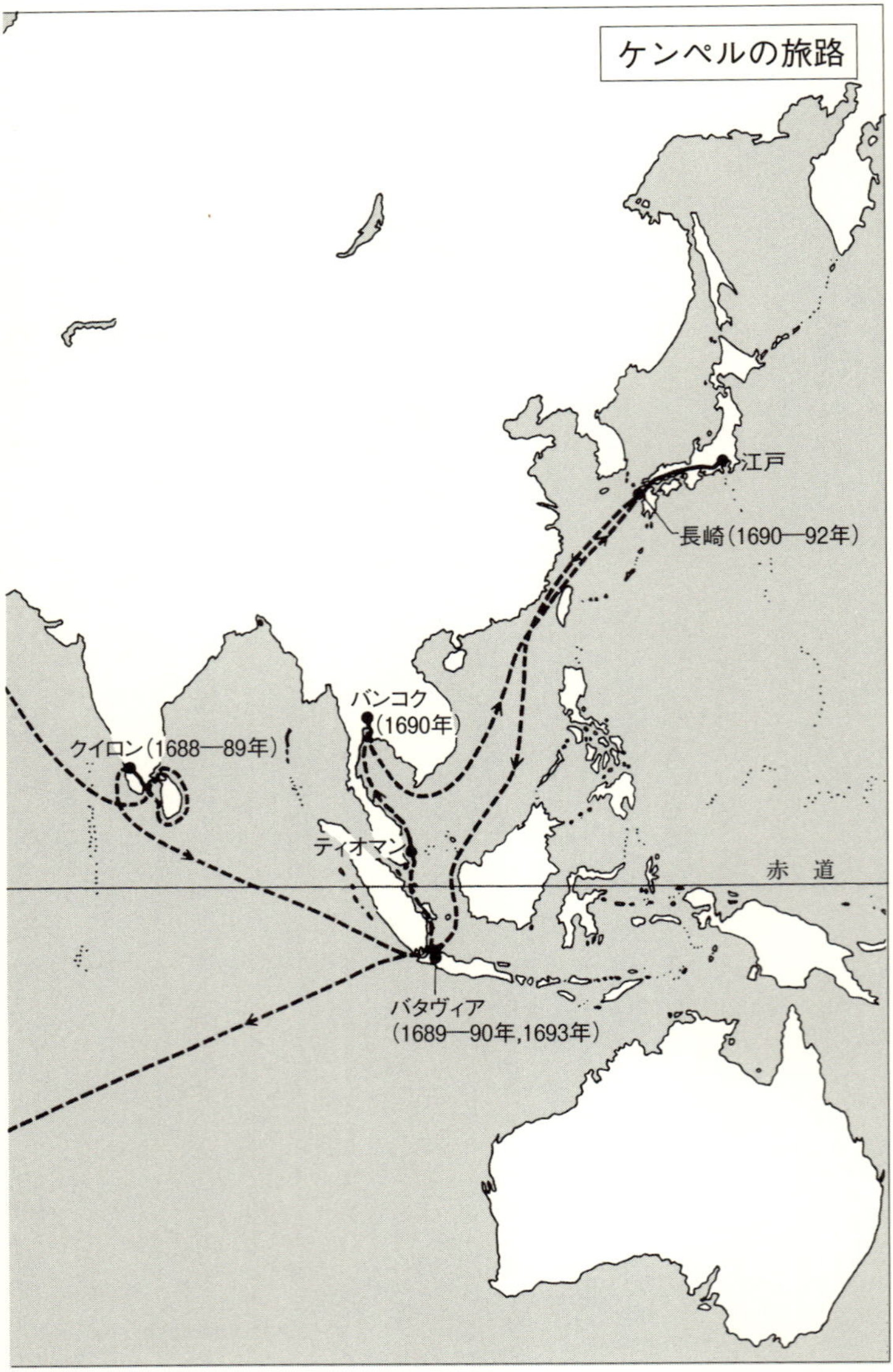
ケンペルの旅路
江戸
長崎（1690―92年）
バンコク
（1690年）
クイロン（1688―89年）
ティオマン
赤　道
バタヴィア
（1689―90年,1693年）

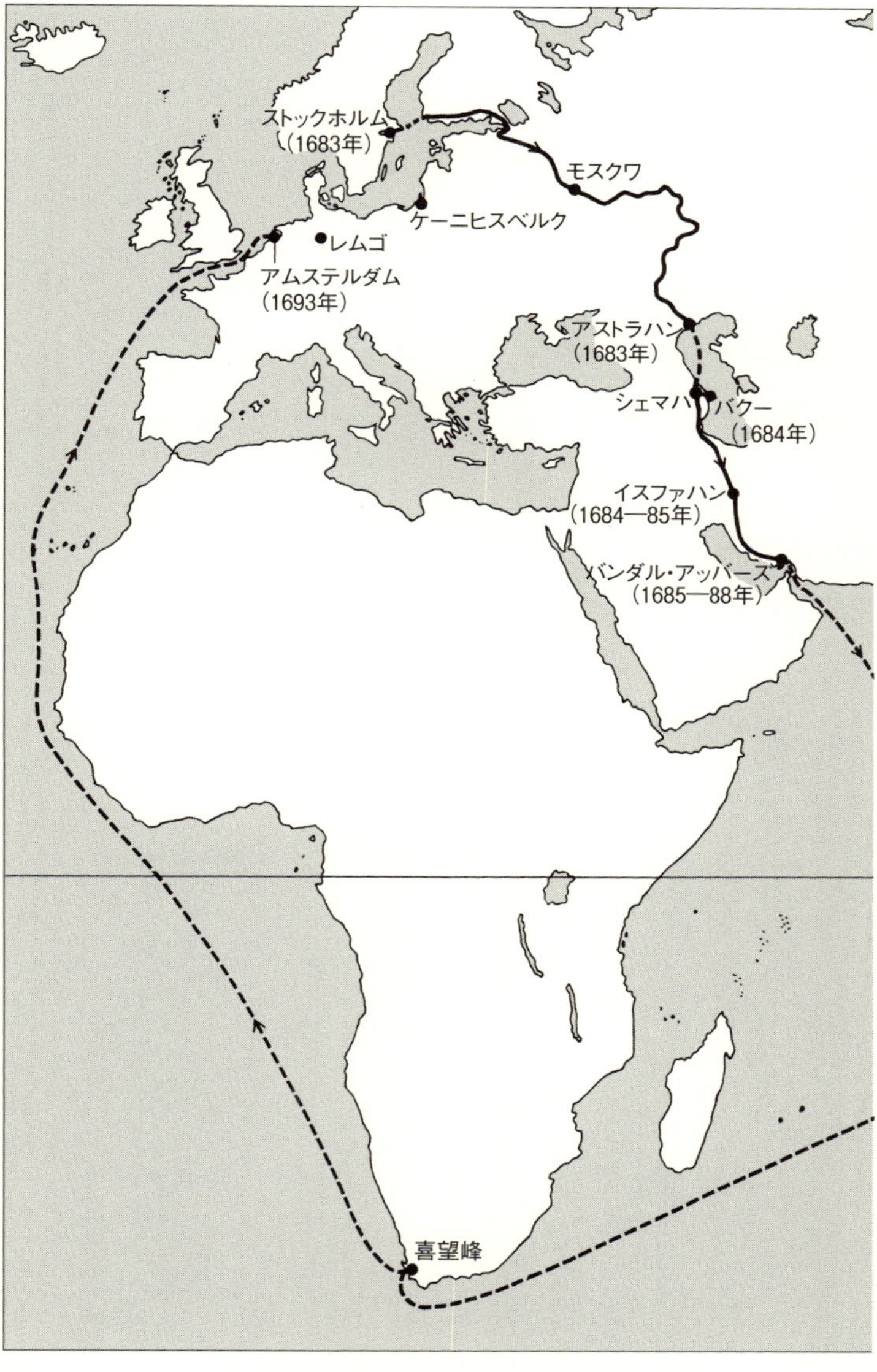

B・M・ボダルト＝ベイリー著／中　直一訳
『ケンペルと徳川綱吉』中公新書，1994年より

第一章　若きケンペル

1　ケンペルとその時代

十七世紀という時代

ケンペルが生まれたのは十七世紀中葉である。その十七世紀という時代は、ヨーロッパの人々にとって、科学のあらゆる領域で自然法則の発見によって世界が次第にその魔術的な性質を失っていった時代である。かつては、この世界はおもに神の恣意にゆだねられたものであり、人知の及ぶようなものではないとされていた。しかし、科学的法則の発見にしたがって、従来の考えに対して徐々に疑いの目が向けられるようになった。科学的な研究が進められた結果、人間に解明できる数学的な法則に基づいて、神が世界を創ったのだ、という確信が生まれたのである。

エンゲルベルト・ケンペル（Engelbert Kaempfer）が一六五一年レムゴで生まれた時、すでにガリレオ・ガリレイ（Galileo Galilei, 一五六四～一六四二）とヨハネス・ケプラー（Johannes Kepler, 一五七一

〜一六三〇）は、宇宙というものが科学的に解明出来る一つの統一体であって、この中では地球が中心にあるのではなく、それはたんに太陽の周りを回る惑星にすぎないのだ、ということを認識していた。ケンペルが生まれる一年前、偉大な科学者であり哲学者であったルネ・デカルト（René Descartes, 一五九六〜一六五〇）が死去している。デカルトは従来の知識に懐疑のまなざしを向け、合理的な根拠のある、直接検証出来るもののみを信頼した人物である。ヨーロッパの為政者たちも、自己の権力を行使するためには科学的な研究が重要であることを次第に認識しはじめていた。ケンペルが六歳の時、政治的な権勢を誇っていたフィレンツェのメディチ家は、アカデミア・デル・ツィメントを設立した。イギリスのチャールズ二世が王立協会を設立したのは、ケンペル十一歳の時である。そしてケンペルが十五歳になった時、太陽王ルイ十四世がパリに王立科学協会を設立した。

ケンパー家

ケンパー（Kemper）家――のちにエンゲルベルトとその兄弟たちの代になってはじめて、ケンペル（Kaempfer）というつづりに変更した――は声望のある旧家で、新しい知識を希求する気風のある家柄であった。曾祖父と祖父は男爵家の代官職に就いていた。一家がこのように優遇された地位にあったため、エンゲルベルトの父ヨハネス・ケンパー（Johannes Kemper, 一六一〇〜一六八二）は、レムゴのラテン語学校およびゾーストの高等学校に学んだのみならず、ロストックで大学教育を受けることが出来た。ヨハネスはそののち、故郷レムゴのカントール（オルガン奏者・聖歌隊指揮者）および教諭に任ぜられた。だが、それまで受けた教育は彼には不十分であったので、ロストク大学でさらに修士号を得るため、その二年後にヨハネスはカントールと教諭の職を辞している。

一六四四年ヨハネス・ケンパーは、レムゴの主席牧師の娘であるクリスティーナ・ドレッパー（Christina Drepper）と結婚した。そして同じ年、ヨハネスは義父のあとを継いで主任牧師の地位に就いている。結婚式の際、新郎ヨハネスは市参事会から特別許可を得ている。というのは、大きな祝い事を制限する規則があったのだが、その規則を度外視して「定められた数以上」の客を結婚式に招待することが出来たのである。レムゴという小さな都市において、この結婚式はかなり大がかりな祝い事であったに違いない。このことからも、このレムゴという都市においては、主任牧師という家柄がいかに高い地位を占めていたか、ということがうかがえる。

エンゲルベルトは一六五一年九月十六日に、三男として生まれた（従来次男と思われていたが、最近発見された資料により、三男であることがわかった）。エンゲルベルトのあとに弟と妹が一人ずつ生まれたが、妹は幼くして亡くなっている。そしてその後ほどな

レムゴのマーケット広場（レムゴ市立博物館蔵）
後方に，ケンペルの父が牧師をしていた教会が見える。

くして、ケンペルの母も死去した。エンゲルベルトが六歳になった時、父は再婚したが、このとき父は四十七歳だった。新しい妻はヘルフォルト出身で、まだ二十歳になったばかりの若いアーデルハイト・ペッペルマン（Adelheid Pöppelmann）であった。おそらく彼女はレムゴに住む二人の姉を訪れた時に、主任牧師ヨハネス・ケンパーと知り合ったのであろう。というのは、姉の一人は次席牧師アンドレアス・コッホ（Andreas Koch, 一六一九〜一六六六）の妻であり、もう一人の姉は、高等学校の教諭かつレムゴにある教会のカントールでもあったベルンハルト・グラッベ（Bernhard Grabbe 一六二四〜一六六七）に嫁していたからである。三姉妹の甥、マテーウス・ダニエル・ペッペルマン（Matthäus Daniel Pöppelmann）は、ドレスデンの有名なツヴィンガー宮を作った人物としてのちに名をなした建築家である。再婚した二人の間にも何人かの子供が生まれた。そのうち四人は幼くして死去しているが、子供の死亡率が高かった当時としては、これはとりたてて珍しいことではなかった。成人したのは男子が三人、女子が二人である。一番上の女子であるマリア・マクダレーナ（Maria Magdalena）は、のちにレムゴ市長になった書籍商アルベルト・マイヤー（Albert Meyer）と一六九六年に結婚し、子供を残さないまま一七一一年、エンゲルベルトよりも早く亡くなっている。一番末のアンナ・カタリーナ（Anna Catharina, 一六七三〜一七四九）は、美貌でその名を知られた女性である。彼女はのちに、二十歳以上年上の異母兄であるエンゲルベルトの人生において、一つの重要な役割を演ずることになった女性である。

一番末の異母弟であるヨハン・ダニエル（Johann Daniel）はビール醸造業者となり、一七〇九年に死去した。この人物を除いて、エンゲルベルトの他の兄弟たちはみな大学教育を受け、立派な地位についている。大学の学費は高く、当時大学教育を受けることが出来たのは少数の人間だけであった。エンゲルベルトの長兄ヨアヒム（Joachim Kaempfer）は、父と同じくまずロストク大学に学び、のちにオランダのライデン大学で法律学を修め、イェーナ大学で博士の学位を取得した。そののちヨアヒムは、講師としてライデン大学から招聘されている。晩年彼はレムゴに戻って市長になっている。兄のヨハン（Johann Kaempfer）は一七〇三年に早世したが、その時彼はブランデンブルク辺境伯に仕える顧問官兼地方官であった。異母弟アンドレアス（Andreas Kaempfer）はギーセン大学のヘブライ学者として名をなした人物であり、もう一人の異母弟はノルウェーの都市スタヴァンガーに勤務する医師であった。

ギリシャの女神フェーベ

若きエンゲルベルトの文章で後世まで伝わっている最初のものは、長兄ヨアヒムの高等学校修了論文の最後のページに記されたものである。当時十四歳だったエンゲルベルトは次のように書いている。

「ここで歩み始めた道を、兄上がさらに進まれるならば、いつかフェーベが、努力に報いる報酬を兄上に与えて下さるでしょう。」

修了論文のテーマは「無神論に抗弁する二十四のテーゼ」というものである。無神論を高等学校の修了論文のテーマとして取り上げるということは、レムゴの主席牧師の息子たちが若い頃からすでに、当時の哲学的問題と取り組んでいたということを物語っている。世界と宇宙についての研究が進展した結果、神についての伝統的なイメージに対して疑問の目が向けられるようになってきた。伝統的な神のイメージは、雲のかなたの玉座にすわる聡明な父というものであったが、もはやそのようなイメージを受け入れようとはせず、もっと抽象的な形で神のことをとらえようとする人々が出はじめた。たとえばデカルトのような人物がそうであるが、このような人々はしばしば無神論者であると断罪された。牧師の息子であるヨアヒムは、もちろん無神論に反対する意見を述べている。しかし反対意見を述べるためには、まずその前に一度、どのようなものが無神論とされるのかを確定しておき、そののちこれに反論を加えるという手順をとる必要があった。若いエンゲルベルトは、兄が勤勉に勉学を行ったことに対して、ギリシャの文芸の女神であるフェーベが報酬をもたらしてくれるよう、はなむけの言葉を書いた。このことは、レムゴの牧師の家庭において神というものが狭い意味で考えられていたのではない、ということを物語っている。

このような開明的な考え方があったため、のちにエンゲルベルト・ケンペルは、十七世紀の人間としては珍しいほど先入観を持たずに、寛容な態度で他の宗教のことを記述することが可能となったわけである。かつてイエズス会の宣教師たちは、日本の宗教のことを悪魔の為せる業であると述べた。その同じ日本に関してケンペルは、日本人は無神論者なのではないと述べている。ケンペルによれば、日本人はヨーロッパ人とは別の方法で神聖な存在を敬っているのであって、それどころか日本人は、しばしばキリスト教徒よりも熱心な敬神ぶりを示している、とされるのである。

2　魔女裁判の時代

レムゴの魔女審問

科学が発展し、それにともなって哲学においては啓蒙主義が広まった。だが、科学の発展と同じ道を歩む人々ばかりがいたわけではない。およそいかなる進歩の場合でも見られることだが、科学が発展し啓蒙主義が広まったことがきっかけとなって、時代にそぐわない古い慣習が、かえって新たに生き延びようとするに至った。ドイツの歴史書の中で都市レムゴの名前が登場する時、それはたいてい、進歩的な学者であり世界旅行家であったケンペルの生誕地としてではなく、むしろ十七世紀後半において、短期間のうちにもっとも多くの人間を魔女として処刑した都市としてである。レムゴ市立魔女博物館では今日なお、当時どのような拷問が行われ、審問官の意のままに人が魔女であると断罪されたり、あるいは魔女であると自白せざるを得なかったか、という様子をうかがい知ることが出来

魔女狩り市長の館（レムゴ市）
（筆者撮影）

る。史料には、残酷な「魔女狩り市長」ハインリヒ・ケルクマン（Heinrich Kerkmann, 一五八七〜一六六六）およびヘルマン・コートマン（Hermann Cothmann, 一六二九〜一六八三）についての詳細が記されている。二人がレムゴ市の政務を司ったのは、エンゲルベルト・ケンペルの幼年時代と少年時代にあたる。魔女として断罪された人の数は急速に増加し――一六六六年だけでその数は三十七人ほどである――その結果、火刑のために必要な木材・タール・藁およびさまざまな道具類の価格が高騰した。そのために、処刑される犠牲者に対して火刑の代わりに斬首刑にするという「恩赦」が与えられるようになったほどである。加えてこのような「恩赦」を受けるためには、処刑される人は償い金を支払う必要があった。この償い金は最初のうちはレムゴ市の公庫に納められた。しかし間もなく、領邦君主が異議を唱えた。神聖ローマ帝国の法が定める権利によれば、「恩赦」を与えることが出来るのは領邦君主のみであり、それゆえまた恩赦のために納められる償い金についても、これを受け取る権利は領邦君主にあるというわけである。これ以降レムゴで行われる斬首刑は、デトモルトの領邦君主（リッペ伯）にとってまたとない収入源となった。レムゴの市参事会が行う残酷な振る舞いに対し異議を申し立てる者がいた場合でも、領邦君主や領邦政府はこれをしりぞけた。このことも、上記のような事情を考えれば驚くにあたらない。

エンゲルベルト・ケンペルの親族の中でもとりわけ、レムゴの教会に奉職しまたそれぞれの妻が姉妹同士であった三人の人物、すなわち主席牧師ケンパー、次席牧師コッホ、そしてカントールのグラッペは、市参事会の蛮行と無関係ではいられなかった。拷問によって自白させられた犠牲者に対し、自白した内容を聖書にかけて誓わせ、また処刑される犠牲者に対して死刑執行の前に最後の聖餐を与えることは、牧師の職務だったのである。史料によれば、その行動ゆえに主席牧師のケンパーと次席牧師のコッホが市参事会から警告を与えられたということが確認出来る。おそらく彼らは、市参事会の残酷な行動を表立って批判したのであろう。しかし主席牧師ヨハネス・ケンパーは、自己の職務を遂行した。そして一六七五年、魔女裁判の新しい波が押し寄せて来た。その時、ついに彼はこれに抗議し職を辞した。とはいえ、このとき彼はすでに六十五歳になっており、通常の退職年齢に達していたのである。

それより若いコッホ牧師とカントールのグラッベは、物怖じすることがなかった。悪魔と結託する魔女が存在するということについては、彼らも疑ってはいなかった。しかし、強制された矛盾だらけの被告の自白を耳にしたのち、被告が本当に魔女なのかどうかを牧師コッホは疑った。徳が高く神を敬う心の篤い裁判官のみが魔女を見分けることが出来るとされていたが、コッホはレムゴの裁判官たちが本当にそのように徳が高く敬神の心が篤いのかと、疑問の声を上げたのである。それと同時に彼は、レムゴ市民の悪徳——飲酒、姦通、吝嗇、所有欲および中傷癖——を説教壇の上から弾劾した。魔女裁判の責任を負っていたレムゴ市の上層部の人々は、自分たちのことが言われているのだと感じ、コッホ牧師に対し、まず被告への接近を禁じ、ついで一六六五年十月、教会での説教を禁止した。レムゴの旧家の出身であり、レムゴの教会の牧師職を自身の父から引き継いだアンドレアス・コッホは、しかしながらこのような警告を受けても、牧師としての自己の職務にのみ忠実であろうと考えた。そして彼はデトモルトの領邦君主であるヘルマン・アドルフ・ツア・リッペ伯（Graf Hermann Adolph zur Lippe, 一六一六〜一六六六）に対し、不服申し立ての文書を送ったのである。

この不服申し立ての文書がコッホの不幸を引き起こすこととなった。というのは、リッペ伯はレムゴの上層部の側に立ったからである。一六六五年から六六年にかけての冬、魔女裁判の裁判官とリッペ伯の側近を揶揄した内容の匿名の誹謗文書が世に出た。これが牧師コッホの身の災いとなった。誹謗文書を書いた人物の一人がコッホであるとされ、リッペ伯の許可およびギーセン大学の許可を受けた上で、翌年五月コッホに対し拷問が行われた。ついに彼は魔女裁判官の言うがままに、自ら魔術を行ったことを白状するに至ったのである。彼の妻が出来たことといえば、火刑の代わりに斬首刑に減免してもらう、ということのみであった。刑の執行は一六六六年、聖霊降臨祭の前の土曜日にあたる六月二日の早朝四時から五時の間という、通常例を見ないほど早い時間帯に行われた。おそらく、騒ぎや抗議が生じるのを避けるためであったと思われる。

エンゲルベルトのもう一人の義理の叔父ベルンハルト・グラッベも、レムゴの旧家の出身であった。彼の父と隣家のコートマン家との間には、かねてより紛争があった。コートマン家の息子ヘルマン・コートマンは、一六六六年一月魔女裁判の責任者となり、翌年にはレムゴ市長になった人物である。グラッベに着せられた罪は主として、魔術を行ったとされる人々、とりわけ義理の兄弟にあたるアンドレアス・コッホと結託していたという容疑である。グラッベは自らの命を救うため、逃亡を企てた。しかし彼の身柄はレムゴ市当局に引き渡される結果となり、一六六六年十二月はじめ、グラッベに対して死刑の判決が言い渡された。彼の妻がリッペ伯に恩赦を申請し、そのための償い金を支払ったため、「減刑」されて斬首刑になった。刑が執行されたのは一六六七年三月のことである。

二人目の叔父が斬首されたのと同じ一六六七年、十六歳になったエンゲルベルトは

レムゴを去る

レムゴを去り、ハーメルンに住む親戚のもとに移った。当時、学生にとっても教師にとっても、学校を頻繁に変わることは珍しいことではなかった。レムゴのラテン語学校において入学登録した生徒のうち、レムゴ出身であったのは全体の約三分の一のみであった。彼の長兄は転校せず、一方エンゲルベルトの転校が親族の処刑の直後であった、という点が目につく。

一六六七年にレムゴを去ってのち、エンゲルベルトは二度と再びこの町に住むことはなかった。それより約三十年のち、故郷に戻ってきた時、彼は義母から父の旧所有地を買い取り、レムゴの町から離れた田舎に居を定めた。生徒時代と大学生時代の彼が、どれくらいしばしば父のもとに帰省したかについては、知るすべがない。記録に残っているのは、父の七十歳の誕生日に帰省した一六八〇年の帰郷のみである。市参事会によって残酷な不正行為が行われたのみならず、領邦君主によってそれが承認され、それどころかそれが正当なものであると大学からお墨付きが与えられたのである。上級審に訴え出てもまったく効果はなかった。このことを若きエンゲルベルトが知った時、彼の心の中で何が生じたかについても、記録は残っていない。近親の親族二人が二年以上にわたって迫害を受けたということが、ケンパー家で話題にならなかったということは想像しがたいことである。迫害を受けた二人、そしてその妻たちは、エンゲルベルトの父にあたる義兄ヨハネス・ケンパーに助言を求めたこ

とであろう。加えて、ヨハネス・ケンパーは彼らの親戚であり、かつ職業上の関係も深かったので、それを理由にヨハネス・ケンパーに罪が着せられる危険性はあった。またその息子たちもまた、故郷の町で行われている不正行為に対して憤懣の気持ちを人前で述べることは困難なことと思ったであろう。そして父は息子たちの安全を考えて、移転するように勧めたのであろう。

エンゲルベルト・ケンペルは故郷で行われた魔女裁判を糾弾する内容の論文を全く書かなかった。このことについて論議の的となったことがあった。書かなかった理由として挙げられたのは、当時の人間はとりたててヒューマニズムや正義ということに関心を持たなかったのであり、若きエンゲルベルトも、自らの親戚に対して残酷な行為が行われていても平然としていられたのである、とされた。だがそのような考え方は、十七世紀の人々のことを不当に扱うものであろうと筆者は思う。現代の人間が戦争や集団虐殺についての報道を、ビールを飲みながらテレビで見て平然としているのを、後世の人々はどのように判断するであろうか。そのことを問うべきである。ましてやエンゲルベルトは、魔女裁判を糾弾するような内容の文章を書くということがどのような結末をもたらすのかということについて、叔父の実例を目の当たりにしているのである。彼が一六九四年故郷に戻ってきた時には、もはや誰も魔女の火刑について記憶していなかったはずだ、と論ぜられたこともあった。しかしながらレムゴ市の記録台帳が市当局によって公式に焼却処分となったのは、エンゲルベルトが没する一年前の一七一五年のことである、ということを想い起こすべきである。この記録台帳には魔術を行ったとされる市民一人ひとりの罪状が記されていて、市当局は魔女裁判が不当なものであったことを、焼却処分をもって公式に認めたのである。君主は魔女裁判を阻止しないばかりか、魔女裁判によって経済的な利益を得ていた。つまり君主の側にも責任があったのであるが、そのことに言及するなどということは、魔女裁判の事実に反省を加え得るような、のちの時代にあってもなお、忌避されたことなのである。君主に異を唱えるようなことは、後世にあっても危険なことであった。たとえばレムゴ市と領邦君主とが法律の上で争った一件があったが、その時ケンペルの兄が法律家としてレムゴ市側を代表した。その際ケンペルの兄は旅行する時には、武器を持った人々を常に同行させた。ケンペルの兄は、自分の身柄を君主が拘束することを恐れたのである。そのほかケンペルのような学者は、パトロンとしての君主に依存する面があった。のちにケンペルは君主の家庭の侍医となった。ケンペルはくりかえし、この職務が快適なものではないと嘆いているが、しかしながら学者として生きてゆくためには、この職務は貴重なものであったと思われる。

エンゲルベルト・ケンペルは、たしかに魔女狩りという言葉をタイトルに持つ論文を執筆したことは一度もなかった。しかし彼は、欺瞞に満ちた裁判官に対する告発の言葉を書き残している。一七一二年に公刊された著書『廻国奇観』の中でケンペルは繰り返し、故国の迷信、そしてとりわけ魔女狩りについて糾弾の声をあげている。表向きケンペルは異国の諸民族の風習と迷信について報告しているのだが、それを隠れ蓑にして彼は、故国に見られる魔女迷信を非難しているのである。その他の場合では冷静な科学者であるケンペルが、このテーマを論じている所では、突然感情の爆発を見せている。彼は欺瞞に満ちた裁判官を激しく糾弾するのである。訴訟についてケンペルは「長引けば長引くほど、それだけ多くの罪人が見つけ出されるわけだ」と述べ、「審問や拷問に制限が加えられるのは、被告の数が少なくなったからではなく、むしろ被告の数が常に増加し続けるからだ」という事態に至ったと論じている。自ら「審問委員会」と名乗る「魔女狩り裁判官」のことをケンペルは、「しばしば無教養で、先入観に目を曇らされているのみならず、それどころかほとんど貪欲であり、かつ残酷・邪悪な人々である」と記している。感情を爆発させたこのような箇所は、原稿から削除することも出来たはずである。しかし実際にはケンペルは、そのようなことはしなかった。彼は意識的に、レムゴで行われた残虐行為を公に非難しているのである。彼の叔父は魔女狩り裁判官の不行跡を告発したが、その告発とエンゲルベルトの告発の類似性は容易に見てとることが出来る。しかしながら、エンゲルベルトの方は十分に用心深かった。すなわち彼は、このような告発の言葉をラテン語の著書の中で述べたのであり、ラテン語の本を読むのは教養ある人士に限られていた。またケンペルは巧妙にも、論文のタイトルとしては魔女狩りとは全く別のことを扱っていたから、万一の時にはそれを理由に罪を逃れることが出来る仕掛けになっていたのである。

戦う人に捧げる

しかし出身地レムゴで行われていた事柄に対して、エンゲルベルトとその兄弟たちが若い頃から怒りの気持ちをいだいていたということを推測させる史料がある。ケンペルの兄ヨアヒムの修了論文に対して、レムゴの高等学校校長が一六五五年に書いた献辞がそれである。その献辞は、兄弟たちがあの陰鬱なテーマに取り組んでいること、そして出身地で見られた残酷な不法行為に対して、彼らが早くから戦うことを決意していた、ということを示唆しているように見える。校長は次のように書いているのである。「神の敵に対する戦いを行え。しかし、血を流すことのないように。」

それから八年後、これと同じような言葉を兄ヨアヒムは、エンゲルベルトの高等学校修了論文に記している。「君は自分の名前に込められている意味に責任を負っているのだ。ケンペル（Kämpfer＝戦う人）という語には、君の名と君の未来が込められているのだ。」ケンペルの兄はこのように、あたかも弟を戦いへと誘うかのように書いているのである。

レムゴからハーメルンに転じたのち、エンゲルベルト・ケンペルはさらに三度転校し、最終的には一六七三年の夏、二十二歳の時にダンツィヒで修了論文を書いている。それは高等学校の修了論文ではあるが、今日の大学卒業論文に相当するものである。修了論文がいかに重要なものであったのかということは、それが印刷に付され、またダンツィヒ市長の献辞が修了論文に捧げられるということからもうかがえる。市長の献辞には、暴力行為を弾劾する戦いが語られている。そこでは次のように記されている。ケンペルならば、軍神マルスの「おぞましいばかりに荒れ狂った武器」を使うのではなく、むしろ「聡明な闘士であるローマの学芸の女神ミネルヴァが持っている、穏やかな武器」を使うであろう、と。献辞を寄せた三人目の人物であるケンペルの友人も、市長の献辞と全く同じように、ケンペルが戦闘用の武器を使うのでなく、知恵と聡明さを使って戦う人物である、と書いている。ケンペル家の兄弟たちは、自分たちが戦いへと誘われているのだと感じていたようである。そのような理由から彼らは、苗字の綴りをケンパー（Kemper）から、「戦う人」を意味するケンペル（Kaempfer）

に変えたのであろう。実際、兄ヨアヒムはのちに法律家として裁判で戦い、それどころか彼はすでに述べたように、故郷レムゴの町が領邦君主と紛争を起こした時には、レムゴ市側の弁護士として戦ったのである。

ひょっとするとエンゲルベルト・ケンペルは兄の歩んだ道の跡を歩もうとしたのかもしれない。というのは、エンゲルベルトの修了論文が扱っている主題は、領邦君主と争う法律家にとって重要なテーマ、すなわち為政者の権利についてであるからだ。修了論文のタイトルは「二重の主権について。実質の主権と人格の主権」というものだった。エンゲルベルトがこの論文の中で論じている問題点は次のようなものである。すなわち、支配権なるものはたとえば支配者と国民の間で分割し得るか、それとも国家組織は絶対的なものであって、それのみが支配者たり得るのか、ということであった。

この論文からは、若き学生ケンペルが非常に博識であることが読み取れる。彼は古典古代の著述家や同時代の著述家から豊富かつ正確に引用を行っているのである。だが主権者という概念についてのケンペルの解釈を見れば、彼は故郷レムゴの市当局に満足していなかった、ということが明らかになる。エンゲルベルトにとって主権者とは、「精神的・身体的能力に基づいて威厳と権威を所有している」ような人物を指すのであって、そのことによって「人々の心の中に、一種の名状しがたい賛嘆の念と尊敬の念を呼び起こさせ、そして賛嘆と尊敬に由来する畏怖の念をも呼び起こさせる」のである。あたかも宗教上の聖者のように、このような君主は「身にふりかかるあらゆる悪を、ほんの一回目配せするだけで振り払う……」。レムゴ市参事会が行った悪行について、リッペ伯は阻止することを怠ったばかりか、むしろそれを助長し、さらにはそこから経済的な利益を得たのである。そのようなリッペ伯が「主権者」と呼ぶに値しない存在であることは明らかであった。若きエンゲルベルトが論文の第二部で、君主とともに統治権を分かち合うことを国民に対しては認めていない、ということも驚くに値しない。というのはレムゴの市参事会に政治的権力があったからこそ、ケンペルの二人の叔父のように、無実の人々が拷問の末に死刑の判決を受けるという事態に立ち至ったからである。

のちにエンゲルベルト・ケンペルが日本に来た時、彼はこのような完全無欠な主権者の姿を五代将軍綱吉の中に見いだしたと信じた。ケンペルは綱吉について、次のように述べている。

「偉大で卓越した君主であり、慈父の美徳を有すると同時に法律を厳格に遵守しつつ、臣下に対しては寛大な人物である。彼は幼少の頃より儒教の教えに従って教育を受け、支配権をふるう時も、臣民と国家にとって適切な範囲を越えることはない。」

綱吉の兄である四代将軍家綱は病弱で、彼のもとで統治権は諸大名の手に移りかけていた。そこで、五代将軍綱吉は統治権を回復しようとした。武士階級に属する後世の歴史記述者は、綱吉の政治戦略について厳しい批判の目を向けた。だがエンゲルベルト・ケンペルは、政治的権威を回復しようとした将軍綱吉の努力を、賞賛に値するものと見なし得た。たしかにケンペルは、日本の法律を非常に粗雑なものと見ている。当時の日本の法律では、犯罪を犯した人の関係者であるというだけで無実の者が処罰されたからである。だがケンペルは、死刑執行人の犠牲となる者の数は故国ドイツよりも日本の方が少ないと述べ、さらに自分が犯した罪を金銭で許してもらうなどということは日本では不可能であるとも述べている。ケンペルの故国ドイツ、とりわけリッペ伯のもとでは、金銭で恩赦を勝ち得ることが出来た。ひょっとしたら牧師コッホとカントールのグラッベも、経済力さえあったならば死刑を免れていたかもしれないのである。

3　若き旅行家

ケンペルのサイン帳

エンゲルベルト・ケンペルに対する弔辞には、次のような言葉が見られる。亡きケンペルは「見知らぬ土地を見たい、そして他の土地で研究を行いたいという強い欲求を若い頃から持っていた」。ケンペルはレムゴの地を離れてから間もなく、十七歳になってからオランダの親戚の家を訪問している。しばしば転校したことに加え、彼はさらにメクレンブルク、ホルシュタイン、ハンブルクに旅行を行っている。彼が高等学校修了論文を提出した都市はダンツィヒ（今日のグダニスク）であったが、当時ダンツィヒはポーランドの領地に囲まれていた。ダンツィヒでは多くの人がドイツ語を日常語として使用していたと思われるが、ヨーロッパの各地で見られるように、学問の言語はラテン語だった。ケンペルは高等学校修了論文をラテン語で書いた。ヨーロッパの大学では使用する言語がラテン語に統一されていたので、エンゲルベルトはドイツ以外の国でも大学に行くことができたわけである。トルンに短期間滞在したのち、彼はそれより南のクラカウ（クラクフ）に行き、そこで二年間医学と哲学を学んだ。学生時代のことを示す書類として残っているのは、ケンペルのサイン帳だけである。ケンペルは先生やその他の身分の高い人々に対して、サイン帳に寄せ書きを書くように頼んだ。当時はそういう習慣があったのである。サインを寄せた多くの人は、ケンペルを賞賛し多幸を祈る言葉を書いている。医学の教授はケンペルのことを「とりわけ勤勉な聴講学生」であると述べ、そののちに冗談交じりに「為政者と医者にとって、何もしないのがいちばんの善行である」と書き記している。クラカウ大学の学長は、ケンペルが二年間の大学在籍期間中「懲罰を受けなかった」と記している。大学生はエリートであって、彼らはしばしば自分たちは法律などから超然としているのだと考えていた。それゆえ当時の大学には、バンカラな学生たちを懲らしめるための学生牢があった。若きエンゲルベルトはおそらく、無軌道な学生生活を送るだけの暇もお金もなかったのであろう。

大学生の社会的な地位が高かったということは、多くの貴族階級の人がケンペルのサイン帳に好意ある言葉を書き記していることからもうかがえる。たとえばブランデンブルク大使ヨハネス・フォン・ホーファーベッケ（Johannes von Hoverbecke）やポーランドの帝国侯アレクサンダー・ルボミルスキー（Alexander Lubomirski, 一六四三〜一六七五）などの名前がケンペルのサイン帳に見える。とはいえ若き学生であったケンペル自身は、ゆとりある生活様式を送ることが出来なかった。のちにケンペルは書き記しているが、彼は父からの仕送りをあまり多く期待出来なかった。空腹を満たすために、しばしば麻の実で作った粥を食べざるを得なかったほどである。ただし麻の実といっても、それはケンペル自身がのちに近東でつぶさに知ることとなる例の覚醒作用をもつ麻、すなわち大麻とは別種のものであった。

エンゲルベルト・ケンペルは修士の学位を得てクラカウ大学を卒業し、一六七六年にケーニヒスベルク（今日のカリーニングラード）に旅立った。ケーニヒスベルク大学でケンペルは、四年以上にわたって自然科学を修めた。ケーニヒスベルクへの途上、彼はワルシャワでポーランド王宮駐在ペルシャ大使モハメド・フサイン・ベッカー（Mohammed Hussein Becker）と知り合った。ベッカー大使との交際がどの程度のものであったのかということを示す資料は、残念ながらわれわれには残されていない。ケンペルはのちに、スウェーデン王が派遣したペルシャ使節団に同行することになるのだが、ペルシャ行きを決意するに際して、ベッカー大使と出会ったことがどの程度影響を与えたのかということを示す資料も、残念ながら残っていない。

父の言葉

先に述べたようにエンゲルベルトが故郷の父のもとを訪問したという記録が残っているのは、ただ一回のみである。それはケーニヒスベルク大学で学んだ学生時代の最後の頃の話で、一六八〇年の初秋、父が七十歳の誕生日を迎えた時である。父はそれ以前にレムゴの街から離れた田舎に農場を買いもとめ、そこで晩年の日々を過ごしていた。のちにエンゲルベルト自身、父が晩年を過ごしたのと同じ土地で自ら晩年の日々を過ごすことになるのだが、学生時代はもちろん、そのようなことになろうとは思いもよらないことであった。

エンゲルベルトが父のもとを訪問した時、父は息子の将来の人生のために、警句を同時に三つ、サイン帳に書き記してくれた。父が書いた詩文形式の三つの警句は、いずれも同一の日付になっている。この三つの警句を読むと、父がエンゲルベルトと長い間会っていなかったこと、そしてまた、もう二度と会えないのではないかと心配していることが推測出来る。

最初の警句が示しているのは、勤勉に勉学を行うよう、しかし同時にまた、一日一日が大切なものであることを自覚するようにという注意の言葉である。「永遠に生きるかの如く学べ。今日死んでも良いように生きよ。」

第二の警句が示しているのは、名声よりも良心の方が大切であるということである。「名声を求めるのではなく、良心に従って努力せよ。名声は自らを欺くことがあるが、しかし良心は決して自らを欺かないからである。」この言葉は、引退生活の中でむしろ良心の呵責にさいなまれている一人の人間のことを物語っていないだろうか。義弟であるコッホ牧師とちがって、父は六十五歳で引退するまでレムゴ市参事会からの評判が良かった。というのは、彼は公に魔女裁判反対することはなかったからである。しかし引退した今、ひょっとするとこのような「名声」が、彼の良心をとがめているのではないだろうか。

最後の警句は、人生に多くを期待しないこと、そして苦悩なるものを神から与えられたものとして甘受するように教えるものであった。「キリストの頭には茨の冠がかぶせられた。享楽を求めるな。キリストに従うのであれば、汝の頭にも茨の冠をいただけ。」

エンゲルベルトは全旅程において、父の言葉が書き記されているサイン帳を携えていくこととなった。人生において苦境に陥った時、エンゲルベルトはあらゆる危険や難事の中でも決して学ぶことを放棄することなく、まさしく「永遠に生きるかのように」振る舞ったが、そのような時、彼は父の言葉を思い出していたのであろうか。あるいはひょっとすると、魔女裁判が父親と息子の関係に暗い影を落としたであろうか。明らかなことは、エンゲルベルトが自分を育んでくれた文化に欠点があることに若い頃から気づき、そのため彼を引き止めておくだけの魅力をその故郷が失っていた、ということである。しかし、そうしたことがあったためケンペルは、世界を新たに研究しようと決心するに至ったのであり、また同時代の大多数の人々と比べてはるかに先入観少なく、異文化を研究することが出来たのである。

第二章　ペルシャへの道

1　大旅行への出発

最後の学生生活

一六八〇年十月末エンゲルベルト・ケンペルは学生生活最後の年をケーニヒスベルクで送るため、郷里レムゴを出発した。

出発直前の十月二十四日、前述のように、父がサイン帳に警句を書き記している。その二日後、フエルデンの一医師およびブレーメンの市長がケンペルのサイン帳に多幸を祈る言葉を記している。またそれ以前、レムゴへ帰省する途中に、ケンペルは帝国宮中伯兼リューベック市長のもとを訪問している。

サイン帳からうかがえるケンペルの人間像は、世間のことを知らない引っ込み思案な学者などというものではない。いまや三十歳近くになったケンペルは旅行の途上で、高い地位にある政治家や著名な学者のもとを臆することなく訪問し、さらにサイン帳に文言を書き記してくれるように依頼している。著名人士に認められるためにとったケンペルの行動は、郷里では悪く受け止められ、彼の自尊心は虚栄心のあらわれであると解釈されたのであろうか。「お世辞の毒はきわめて強烈である。その毒によって、痛みを感じるどころか死に至ることがある。」兄ヨアヒムは、ケンペルの旅立ちの少し前に、このようにサイン帳に記している。また兄より以前に父が、名声よりも良心の方が大切であると書き記していたことは先に述べた。

翌年の七月、ケンペルはケーニヒスベルクで旅行の準備を開始し、恩師や知人に対してサイン帳に文言を寄せるように頼んでいる。寄せられた文言には、賞賛の言葉が数多く見られる。「教養の点でも業績の点でも卓越したケンペル君へ。貴君の医学研究における精勤ぶりは、私たちの間で有名でした……。」ケンペルの恩師の一人は、このように書き記している。

スウェーデンに向かう

スウェーデンに向かう旅行の前に、彼は有名な神学者エギディウス・シュトラオホ（Aegidius Strauch, 一六三二〜一六八二）をダンツィヒ（グダニスク）に訪問している。シュトラオホは、その批判的著述のために、カトリックの人々のみならずプロテスタントの人々の間でも多くの敵を作った人物である。そのシュトラオホはケンペルのサイン帳に「誤謬は人のなせる業、されど誤謬に拘泥するはまったく悪魔のなせる業」という言葉を寄せている。その数日後、ウプサラ大学の学長がケンペルのことを賞賛して「高貴な性格、豊かな学識、そして該博な医学知識によって抜きんでた存在である若き紳士」という言葉を寄せた。そしてそれらにもましてケンペルにとって興味深かったのは、自然研究者で歴史学者でもあったオロフ・ルドベック（Olof Rudbeck, 一六三〇〜一七〇二）の知遇を得たことであろう。ルドベックは、その著『アトランティカ』で名をなした学者である。ルドベックはこの著書の中で、古代に海中に没したとされるアトランティス大陸は実はスウェーデンなのであるということを証明しようとした。ケンペルはこの有名な人物が行った自然研究に対して興味をいだいていたのかも知れない。ルドベックはスウェーデンではじめて植物園を設置し、またそれに加えて一万一千枚に及ぶ図版を収録した植物学の本を書いた人物であった。ケンペルものちに、自ら同じような書物を書こうと考えたのである。

とはいえそのルドベックがケンペルのサイン帳に書き記した言葉は、賞賛の言葉でも宗教的な格言でもなく、ただ次のようなものにすぎなかった。「妬み深い貴族が能力ある人間の同伴者となる。」この言葉はひょっとすると、貴族社会との交流を求めるケンペルの野心にあてつけたものなのであろうか。

貴族社会との交流という点では、しかしながらウプサラはそれにふさわしい場所ではなかった。翌年の八月ケンペルはストックホルムに移った。ストックホルムは、カール十一世（Karl XI）が若き情熱を傾けて王室の権力を再興した都市で、王はプーフェンドルフ兄弟のような著名な学者を呼び寄せていた。とりわけ弟のザムエル（Samuel Pufendorf, 一六三二〜一六九四）が一六七二年に著した『自然法と万民法』は法律学の世界では十九世紀の後期にいたるまで決定的な影響力を持った著作である。プーフェンドルフ兄弟は八月にケンペルのサイン帳に文言を書き寄せている。

寄せられた文言はラテン語で書かれていて、非常に簡潔な文章なので翻訳しがたいものである。兄エサイアス（Esaias Pufendorf）は *Ne te quaesiveris extra* と書いているが、それは「外で自分を探す事なかれ」と訳し得る。弟ザムエルは兄が寄せた言葉の最後の文字 *extra* を引き取り、それを最上級にして *Extremos pudeat rediisse* と書いている。彼は Extremos という言葉で、地上のさいはての国々のことを指しているのであろうか。そしてそのようなさいはての国々とは、はるかなる未知の目的地のことを指すのであろうか。行った以上は、そこを研究せずして帰ってくることが恥ずべきことである（*pudeat rediisse*）というような……。

スウェーデン使節団の秘書官として

それから半年後、ケンペルはスウェーデン王が派遣した使節団の秘書官として、ペルシャに向かうこととなった。ケンペルはストックホルムで、ペルシャ旅行の是非についてプーフェンドルフ兄弟と話し合っていたであろうか。あるいはもっと重要なことだが、ペルシャで使節団から離れて地球の「さいはての」地に行くよう、当時誰かがケンペルに勧めていたのだろうか。

ストックホルム大学には、若き国王の支援を得て多数の少壮学者たちが学問的業績をあげようと研鑽を積んでいた。その中にあって、なぜケンペルが使節団の秘書官という重要な地位を任されたのか、ということは不明である。ストックホルムにはケンペルを後援してくれる有力者がいたのであろうか。あるいはケンペルの物腰態度が非常に如才のないものであって、王家の職務を遂行するにまさにうってつけであると思われたのであろうか。重要な役割を果たしたのは、ケンペルの母語がドイツ語であったということであろう。公式文書のやりとりの一部は後にドイツ語でなされ、またロシアでもスウェーデン使節団はドイツ語を使用している。当時スウェーデン王家が支配していた地域は、フィンランドやエストニアのほか、ポメルン公爵領、ブレーメン・フェルデン公爵領といった、いわゆるドイツ・神聖ローマ帝国領に及んでいた。多言語が使用されるこのドイツ神聖ローマ帝国においては、ドイツ語があらゆる「教養ある人士」の言語であった。ストックホルムではドイツ人は外国人であるとは見なされていなかったのかも知れない。学問や商取引といった他の分野でも、ドイツ語は非常によく使用されていた。

使節団の団長はオランダ人のルドヴィグ・ファブリティウス（Ludwig Fabritius, 一六四八〜一七二九）という人物であった。彼は学者ではなかったが、その人生は今回のペルシャ派遣以前からすでに波乱に満ちたものだった。彼は遠くブラジルに生まれ、十六歳にしてすでにロシア軍の将校として戦闘に参加した。だが彼は捕虜としてとらえられ、その身柄はまずタタール人に売られ、さらにインドの商人に転売された。最終的にはオランダ使節が身代金を支払ったので、ファブリティウスの身柄はペルシャにおいて解放された。彼はその後ロシア軍で数年を過ごし中佐に昇進した。一六七九年、その経験を見込まれてファブリティウスはペルシャ王室への派遣使節団をスウェーデン王からはじめて任された。その三年後には、使節団の第二次派遣が議論の的となっていたのである。

使節団の秘書官という地位は、ケンペルが望んでいたあらゆる可能性を提供するものであった。ケンペルは貴族の近づきとなりたいと思い、そしてまた貴族から認められる存在となりたいと希望していたが、今やその両方が可能となった。一六八三年三月にストックホルムを出発する前、ケンペルのサイン帳には身分の高い人々がはなむけの言葉を寄せている。またケンペルは使節ファブリティウスの名において、スウェーデン王室の高級官僚たちと文書のやりとりをしている。派遣旅行においてケンペルの一番の友人となったのは、同年齢のカルステン・クリングスティエルナ男爵（Baron Carsten Klingstierna）であった。クリングスティエルナはファブリティウスの顧問官としてこの旅行に参画していたのである。ペルシャから帰ったあかつきには、ケンペルの前には疑いもなくスウェーデン王室に仕官する道が開けていた。またヨーロッパを離れる旅として今回のものは、研究者にとってこれ以上望めないほどのものだった。もちろん、安楽な道のりになろうという予想は出来なかった。しかしケンペルの身分は国王派遣の使節団秘書官であった。それより低い肩書きであったならば閉ざされていたと思われる門戸が、秘書官ケンペルの前には開かれていたのである。それに加え、ファブリティウスは経験豊かな「旅の導き手」であった。彼ほどロシアやペルシャの状況を知っているヨーロッパ人は、他にはほとんどいなかった。ケンペルの日記には、訪問した土地やその習俗のことが様々に書かれているが、それらがファブリティウスの知識や経験に基づくものであるということは想像してよいであろう。

秘書官の収入もまた、ケンペルにとっては決定的なものであった。残された文書の中でくり返し公言しているが、ケンペルにはそれまで自分自身の収入というものがなかったのである。それゆえケンペルにとっては「奉職」する以外に道はなかった。そしてまた国外で研究を進めたいと思うケンペルのような研究者にとって、スウェーデン王が提供してくれた職務は、たしかに悪いものではなかった。そしてとりわけ、旅行の目的地がケンペルにとって魅力的なものだったに違いない。彼は自分が経験したことを、くり返しアダム・オレアリウス（Adam Olearius, 別名エールシュレーガー、Ölschläger）の経験と対比させている。一六三五年から一六三九年にかけてフリードリヒ・フォン・ホルシュタイン＝ゴットルプ公（Herzog Friedrich von Holstein-Gottorp）がペルシャ王セフィ（Sefi）に使節団を派遣したが、オレアリウスはケンペルと同じように秘書官として使節団に参加し、のちに有名な報告書を書いた人物である。ケンペルは若い頃から、学校の図書館にあったこの書物を読んでいたに違いない。遠い異国に行きたいという若きケンペルの夢想の動機となったのは、ひょっとするとこの本であったのかも知れない。いまやケンペルは見知らぬ世界で実際に体験を積むことになったが、それは書斎で想像したのとは大きく異なって、非常に困難なものであった。

2 ロシアに向かう

ストックホルムを出発

一六八三年三月八日、ファブリティウスは使節団の大部分を引き連れてストックホルムを出発した。ケンペルの任務は、スウェーデン王がペルシャ王に贈呈する品々の到着をストックホルムで待ち受け、到着したら出来るだけ早く品々を携えて使節団本隊に追いつく、というものだった。

三月二十日の夕方遅くになってようやく、ケンペルはストックホルムを出発することが出来た。ストックホルムからわずか「一・五マイル」離れた所にある最初の宿営地オヴァに到着した時、すでに真夜中になっていた。そして夜中に到着したにもかかわらず、翌朝七時に彼は出立している。とはいえ地面がぬかるんでいたため、その日は「二マイル」以上進むことは出来なかった。それから数日の間、世界旅行を開始したばかりの新米旅行家ケンペルは苦労して少ししか前に進めなかった。三月二十六日にようやく彼はオーランド諸島にたどり着いた。

風景や人間、そして習俗の変化はゆっくりとしたものだった。故国の様子との違いで目についたものは、まだ小さなものばかりだった。たとえば教会の祭壇の下部に熊の毛皮が敷いてあること、そして教会を訪れる人々が帽子を掛けることが出来るように、ポールが椅子の前に備えつけてあることくらいであった。

彼は医師として旅行し、そして医師としての責務を果たした。耳の遠い宿屋の主人を治療することには成功した。しかし、唇と鼻の先が痛いと訴えていた八十歳になる高位聖職者の助けとなることは出来なかった。

ケンペルは毎日詳細なメモを書き残している。旅は困難なものだった。海はまだ一部凍りついていて、流氷が船の行く手をはばんだ。それゆえ貴重な荷物は、その都度船から下ろして人が担がねばならなかったが、岩礁の間を進むので非常に難渋し、予定のコースを外れて前進せざるを得なかった。四月三日ようやくオボ付近でフィンランドの陸地に到着した。

ケンペルは嘆きの言葉を書き記してはいない。しかしそれまで人生の大部分を書斎で過ごしてきた若き研究者ケンペルにとって、毎日体験する肉体的困難は、大きな方向転換を意味していた。それまでケンペルにとって慣れ親しんでいたのは、疑いもなくペンとインクであって、馬の鞍ではなかったのである。四月十七日のメモには次のように記されている。「今日、二頭の大きな馬に乗ったが、地面がツルツルだったので、三度転倒した。そのため鞍や腹帯、衣服がボロボロに裂けたが、私は傷つかずに済んだ。」

大旅行を開始したばかりだが、すでにケンペルの観察眼の鋭さは随所に現れている。ケンペルは細部を愛好し、あらゆる事柄に対して出来るだけ科学的な説明を行おうとする観察能力を発揮したのである。フィンランド人には盲目の人や眼病の患者が多いとケンペルは述べ、その理由としてフィンランドの家屋では部屋に煙がこもりやすいからであると説明している。また彼は旅の途中に通りかかった「おそろしいばかりの滝」の音がちょうど「マスケット銃の射撃」のように聞こえ、滝のしぶきが「小麦粉のように」飛び散っていると記録している。さらに彼は城塞や比較的大きな都市について、その構造や大きさに関してきわめて詳細に記録をとっている。それはあたかも、外から侵入してくる敵に道先案内をするかのような詳しさであった。

ニエンの堡塁

馬に乗って夜道を進んだのち、四月二十二日日曜日の早朝ケンペルはニエンの堡塁に到着した。それから二十年後、この地でピョートル大帝が壮大な都市計画を実現することとなる。すなわちこの町はサンクト・ペテルブルクとして歴史に登場することとなったのである。ケンペルが訪問した当時、この町はまだスウェーデンの支配下にあったが、恵まれた場所に位置していたため、すでに発展をはじめていた。ケンペルは次のようにメモしている。

「ニエンは川沿いの全く平坦な土地に存在し、興味をひく場所に位置する町である……。年々商取引の量が増大し、昨年の夏には四十艘の船が入港した。ニエンとナルヴァで増大しているものは、ウィボルクや他の場所では減少している。ウィボルクではタールや瀝青《れきせい》（ピッチ）を焼いて取引し、また穀物を少し取引しているのみである。しかしウィボルクには大がかりな税関がある。ニエンでは税金が課せられることはなく、穀物、亜麻、麻、およびロシアのその他の物品が取引される。それのみならず、その他の外国の物品の荷下ろし場ともなっていて、ここから物品がモスクワに搬送されるのである。ここには、ドイツ人やスウェーデン人、フィンランド人、ロシア人の居住地域がある……。」

ピョートル大帝がこの地域を占領する以前から、すでにバルト海の商人たちは、この地を一つの重要な積み替え場となし、新たな市街建設の計画を立てていた。旧市街は木造建築の家屋から成り立っていた。しかしケンペルがこの町を通過した一六八三年には、すでに新市街を取り囲む堡塁の建築が始まっていて、そこには石造りの家屋が建設されることになっていた。新市街が完成した場合、旧市街は単に「郊外および倉庫地区」としてのみ使用されることになっていた。ケンペルはウィボルクがニエンの商業上のライバルであると記しているが、二十世紀になってウィボルクは、サンクト・ペテルブルクからレニングラードと改名した百万都市の一部となった。レニングラード市の家屋の大波がウィボルクに押し寄せたわけである。レニングラードの名は、今ではサンクト・ペテルブルクに戻っている。そのようなことになろうとは、当時の商人たちもツァーリ・ピョートルも予想しなかったことであろう。ケンペルの時代ウィボルクは「馬で十三マイル四分の三」離れた所にあり、そのあたりから北部の岩だらけのごつごつした光景が変化しはじめて、苔と茨が生い茂った砂地の丘陵地帯の光景へと次第に移りつつあった。

四月二十八日ケンペルはナルヴァに到着した。ナルヴァではファブリティウス使節団の本隊がケンペルとの合流を待っていた。ケンペルはペルシャ王に贈る贈答品を無傷で使節団団長に手渡したのであるから、いわば最初の試験に合格したようなものであった。ペルシャ王室への使節団は今や総勢二十四名となり、荷物の搬送のために必要な馬の数は四十頭となった。

モスクワに向かう

使節団はナルヴァからノヴゴロド（ノーヴガラト）の司令官に対し、ロシアへの入国許可を申請した。許可が下りるまでの待ち時間を利用して、ファブリティウスはナルヴァ市の高官のもとを訪れている。ペルシャ人に対して、関税や商取引の面でどのような好条件を提示しうるかを相談するためである。ペルシャ王室へ使節団を派遣した目的の一つは、ロシアが上げていた対ペルシャ貿易の利益の一部をスウェーデンに回すべく、貿易船がスウェーデンの港に寄港してから物品を販売するようにしむける、ということであった。

ケンペルはナルヴァでほぼ二週間休息することが出来た。ケンペルはナルヴァの町について手短な記録を残しているが、それ以外にはこの期間、彼の日記にはほとんど記述がない。ひょっとしたらケンペルは、故国ドイツにいるのとあまり違わない印象を受け、さほど記録に残すこともないと考えたのかも知れない。ナルヴァは重要な交易都市としてすでに十四世紀から知られていた。バルト海地域の百を超えるほかの諸都市と同様、交易の中心地であるナルヴァも、いわゆるリューベック法の下にあった。すなわちナルヴァは、ドイツの港湾都市リューベックの市参事会による司法判断を受け入れていたのである。そのようなわけでナルヴァの地には、北ドイツの人々が商人として多数定住していた。ナルヴァ市長もドイツ人だった。彼は製材所の経営者でもあったが、その会社は規模が大きなもので、同社で支払われる給料で百家族が養えるほどであった。

ケンペルはこの有力なる同国人と知り合いになったが、そのお蔭ですぐに便宜を図ってもらえることとなった。使節団一行はまだロシア国境を越えることが許されていなかったので、やむを得ず国境線であるルガ川のほとりに宿泊所を求めざるを得なかった。ところがその地で宿泊出来る場所と言えば「シラミがいる屋根裏の古い部屋で、そこで子供たちが植物の葉にくるまって寝ていた」というものだった。そこで使節団の人々は自分たちで「掘っ立て小屋」を作り始めた。ドイツ人市長の製材所から材木を入手して、彼らは雨よけの覆いを作ったり、あるいはベッドや長いすをこしらえたりした。そのため使節団の面々は、それぞれ「自分のイメージにあうように、また自分の好みにあうように」自分用の住まいを作ることができたのである。

ロシア国境に面した川沿いの「掘っ立て小屋の町」で、使節団はたっぷり三分の二カ月を過ごした。ロシアはスウェーデン側の公式文書の字面にこだわっていた。秘書官としてのケンペルの任務は、文書のやりとりを行い、使節団がモスクワの王宮へとさらに旅を続けることが出来るよう、当該官庁に出向いて交渉することであった。

当該官庁に出向く際、ケンペルは夜間に八マイル馬に乗って行った。その用件が終わったのち、ケンペルは誇らしげに、同行した人は三度馬を乗り換えざるを得なかったが自分はたった一度で済んだ、と書いている。書斎の人間であったケンペルは、かなり速いスピードで、たくましい旅行家へと変身しつつあったのである。

予想外に長いあいだ「掘っ立て小屋」の町に逗留したので、その時間を利用してケンペルは発掘作業を行った。ケンペルは次のように書いている。

「六月一日金曜日に、当地ルガより南に向かって一ヴェルスト足らず〔約一キロメートル〕の所まで散歩に行った。岸辺で四つの陵墓を発見。翌日他の人の力を借りて陵墓を開けてみた。一つの陵墓の中には、焼かれた白い骨しかなかった。それはきれいな砂の中にあった。その他の陵墓からは、焼かれていない複数の大きな人骨を発見した。脚や頭部、腕の骨で、そのほかには真鍮製のリングが数個と、さび付いた鉄のかけら一つ、小さな砥石がいくつか、そして真鍮製の飾りが一つあった。」

ケンペルは真鍮のリングや砥石、飾りや骨を発見しても、あまり貴重なものだとは評価していない。今日の考古学者ならば、こういうものを発見したら大いに感謝したことであろう。ケンペルにとっては、このような古ぼけたものを発見しても、遠く離れた異国に行こうという決意をますます強めただけだった。遠い異国には、貴重なものが今現に存在していたのである。とはいえケンペルは、今回の旅行からの帰還が決して保証されたものではない、ということを実感することとなった。同行していた人が一人急死する、という事件が生じたのである。

その人物は使節団長の身の回りの世話をする人物で、また服の仕立てを担当していたリューベック出身の男性である。彼はストックホルムからナルヴァまでの旅の前半、道先案内兼下働きとして、自ら望んでケンペルに同行してきたのである。その彼は、川沿いの宿営地を出立することはついになかった。

夜遅く彼は岸辺で木を切っていた。夜に出る蚊を火で追い払うためである。するとあるロシア人の使用人が向こう岸から彼に、小舟を出して迎えに来て欲しいと頼んできた。そのロシア人は近所で火酒をしこたま飲んでいたのだが、迎えに来てくれた小舟の中で立ち上がったため、その船は転覆してしまった。ケンペルの道先案内人は皆の見ている前で川に流され、溺れてしまった。一方酔っぱらいのロシア人の方は、助けが来るまで持ちこたえたのである。

「故人は敬虔で理解力のある実直な人物だった。職能に長《た》け、スペインやフランス、イギリス、ノルウェー、アイスランドへの旅行経験があり、海上旅行中の危険な場面を切り抜けてきた。中肉中背の体格で、少々無口だが落ち着きがあり、丸くて優しい顔つきをしていた。彼の髪は黒くちぢれていて、目は黒かった……。」ケンペルはこのように書いている。道先案内人の遺体は見つからなかったが、少なくともケンペルの文書の中には、故人を偲ぶよすがが残ったことになる。

六月六日、ついに一行は「掘っ立て小屋」を出発し得た。それから五日間は川に沿って前進した。その地域にはほとんど人家がなかった。使節団一行は野営し、また食事も野外でとることが多かった。しかしこれには困難な点があった。夜間に蚊が襲来し、また昼には、数少ない村々から見物人が蚊と同じように押し寄せてきたのである。ケンペルの日記によれば、使節団一行が川で水浴びをしたのは、ただ一回だけだった。

ノヴゴロドに至る前から風景が変化しだした。一行が通過したのは「開墾が十分になされ、村の数も多い肥沃な素晴らしい土地であり、物価は安かった……」。ごくわずかの金額でニワトリ一羽をまるまる購入することが出来る、とケンペルはメモしている。

十五日、一行はロシア人の司令官（ヴォイエヴォーダ）の在所であるノヴゴロドに到着した。国境通過を手間取らせた当の責任者であるこの司令官は、今度は国王派遣使節団の荷物を、普通の商取引の荷物と同じように厳格にチェックすると言い出した。だが国使ファブリティウスが、外交上そのようなことは免責されるはずだと強く主張したので、しばらく手間取ったのち、荷物は開梱されることなく再び馬に積まれたのである。

使節団は、ワイン何リットルかを提供することと引き替えに、ノヴゴロドの町はずれにある聖アントニウス修道院の聖所に招待してもらった。到着して聖なる場所に入る際に、一行は脱帽を求められ、それから黄金色の絵が描かれている教会の内部を、控えの間からのみ見ることが許された。聖アントニウスの墓は、「こってりと黄金色に塗られた」ドアで封鎖されていたが、使節団はそれを遠くから見せてもらっただけだった。伝説によれば、この修道院が土地を取得したのは聖アントニウスの自己犠牲的行為のお蔭だという。この聖者が迫害を逃れて逃亡して来た時のこと、聖者は人々に、もしもある場所を自分の皮膚で取り囲むことが出来たら、その土地を自分のものにしてよいということにしてくれと頼んだ。その願いは聞き入れられた。すると聖者は自分の皮膚を紐のように切り取り、それで土地を取り囲んだ。その上に修道院が建設されたというのである。

ノヴゴロドの城内教会にも、聖者二人の墓所があった。二人の聖者は、その死後も長い間奇跡を起こし続けたというので、このあたりでは広く有名な人物であった。ケンペルが耳にしたところによると、聖者のうちの一人はエルサレムからわずか一昼夜で白い光を持ってきたという。その白い光は奇跡の力を示すもので、特別の日には信者がそれを拝観することが許された。

ケンペルはまだキリスト教国にいたのだが、北ドイツの牧師の息子である彼には、多くのものが異質に見えた。聖霊降臨祭の晩ケンペルは、農民たちが「わざと大声で泣きながら」墓所の横あるいは上に座っているのを見た。農民たちは供え物の料理を少し墓所に備え、残りを大喜びの様子で食べ尽くした。彼らが帰ったのち、墓所では豚が残り物を食べていた。

ロシアで最初に目にしたキリスト磔刑の像について、ケンペルは「恐ろしい」あるいは「残酷」と記している。しかしのちのケンペルの著作の中では、このような批判的な評価の言葉が登場することはかなりまれになる。大旅行の当初からすでにケンペルは、聖なるものに対する信仰が、文化によってかなり異なった形で表現されることがあり得るのだ、ということを学んでいたのである。たしかにロシア人はケンペルと同じようにキリスト教を信仰しているが、その表現の仕方は、ケンペルには異質に思えるものであった。のちにケンペルはインドやシャム（タイ）、日本で異国の見慣れぬ宗教儀式や習俗について細かく記録を残しているが、ロシアでもそれと同じくらい詳細に彼は記録を残している。ケンペルはロシアで見た慣習を、アジアの慣習と比較することとなるのである。

ケンペルにとってロシアはアジアへの中間地点であったが、それは具体的・身体的な意味において中間地点であったばかりでない。精神的・心理的な面においても、彼はロシアではじめて異国を体験した。ロシアの人々はケンペルの故国の人々と身体的にはほとんど違いはなく、しかも同じキリスト教徒であった。ひょっとするとそれだけなおさら、ケンペルはロシアでの体験に衝撃を受けたのかもしれない。ケンペルはモスクワにおいて、当地で豪華に執り行われる数多くの教会祭典の様子を、非常に詳細に記録している。一つはカザン（カザーニ）の聖母マリア像を崇める祭典。もう一つは城内教会の聖母マリア像のマントを崇める祭典。さらにもう一つはエリヤの昇天の日に行われる、華麗で長大な行列である。またケンペルは、通り過ぎてゆく葬礼の人々が大きな泣き声を上げる様子や、ある身分の高い人物の埋葬の儀式（ケンペルもそれに参列した）が長々と続く様子について、これを記録に残すに値することと考えた。

のちに日本でケンペルは仏教の儀式や、死者を悼む人々が泣きわめく様子について、同じように客観的な態度で記述している。日本で崇敬されている神々は、ヨーロッパのそれとは別である。しかしながら、聖なるものを崇敬するために人々が考え出す儀式は似ている。儒者の合理的哲学を知った時、ケンペルは故国と同じ地盤の上に再び立ったように感じたほどである。

ロシアのキリスト教は、ケンペルには異質に感ぜられた。だがそのようなロシアのキリスト教の姿をかいま見たお蔭で、ケンペルはのちに、キリスト教以外の宗教について同時代の大多数の人々とは違って、先入観や拒絶反応なしに究明することが出来た。ロシアで彼は、宗教儀式の中で表現されるものが、崇敬されている神のみならず、むしろそれ以上に民族精神なのである、ということを学んだのである。

3　モスクワの宮廷にて

ツァーリの都市モスクワ

使節団一行は、非常に豪華な受け入れ態勢の中でツァーリ（ロシア皇帝）の都市モスクワへと入った。ロシア国境での不愉快な体験は、これで帳消しになったわけである。一行はモスクワ郊外にある一領主の館で、まず「立派な衣装」を着用した。当時「立派な衣装」と言えば、長い銀色の巻き髪のついた鬘《かつら》のことも含んでいた。これはひょっとすると、ペルシャで注目を浴びたとサイン帳に記されている、あの鬘であったかも知れない。

モスクワ市街に通じる道幅の広い立派な道路について、ケンペルは誇らしげに「大きな使節団はここにおいて出迎えを受けることになっているのである」と説明している。出迎えの様子をケンペルは非常に詳細に書き残しているが、そのことから、ケンペルがどれほどこの大々的な出迎えを重要視していたかがうかがえる。

一行はまずモスクワ郊外の町で、華麗に着飾った儀仗兵の出迎えを受けた。道の両側でそれぞれ十五名の赤い服装を身にまとったロシア兵が馬に乗って同行してくれた。使節団のために葦毛の馬が十二頭、そして特に使節団長のために大きな白馬が一頭用意してあった。「馬の鞍にはすべて銀をかぶせ、その上から金メッキがほどこしてあった。馬には刺繡の飾りのある絹製のケットがかぶせてあり、馬勒は銀と絹で作られていた。使者が乗っていた馬（とてつもなく大きく、太い足でゆっくり歩いていた）には金と銀の刺繡をほどこしたケットが着せられていた。使者より前方で馬に乗って座していたのは、花柄模様の赤い服を着用した太った官房事務官であったが、彼はまた儀仗兵を統括する陸軍中佐であり、ツァーリと同じテーブルで食事することが許されていた。」

公式行事の挨拶の際には全員が馬から降りた。官房事務官が二人の若きツァーリの挨拶文を読み上げ、また特に使節団長に対しては、団長個人用に配された将校から挨拶の言葉が述べられた。そののち使節団一行は、彼らのために用意された高価な飾りをまとった馬に乗り替え、それまで乗ってきた自分たちの馬は使用人にゆだねた。それからスウェーデン国王派遣使節団は、儀仗兵とともに整然とモスクワへと入っていったのである。

王宮で行われた「皇帝陛下」による豪華な受け入れ儀式もまた、ケンペルにとっては非常に重要な出来事であった。そのためケンペルはその様子を非常に詳しく日記に書き残している。

「陛下」とは、精神の薄明をさまよう十六歳のイヴァンと、その異母弟で、のちに「大帝」として歴史に登場することとなる十一歳のピョートルのことである。しかしケンペルがロシアを訪問した一六八三年、ピョートルはまだ、異母姉であるソフィア内親王と、ソフィアの一番の相談相手であったヴァシリイ・ヴァシリエヴィッチ・ゴリツィン（Wassilij Wassiljewitsch Golizyn, 一六四三〜一七一四）の後見のもとにあった。ゴリツィンが所領からモスクワに帰ってきたのち、ようやく謁見が執り行われることとなった。

若きピョートル

七月十一日、その日がやってきた。王宮広場には二千名の儀仗兵が入場していた。金の糸飾りが施してある豪華な緑色の制服を身につけ、腰にサーベルを手挟《たば》さんだ彼らは、道の両脇に起立してマスケット銃で「捧げつつ」をした。堂々たる大旗に先導されて、スウェーデン使節団は行進した。右には巨大な教会の塔がそびえ立っていたが、それは昔から人々が愛情を込めて「イヴァンの鐘楼」と呼び慣わしているものだった。そして左には王城がその姿を誇示し、王城の塔は黄金色に輝いていた。

巨大な謁見の間にはトルコ製の絨毯が敷き詰められていた。謁見の間の両脇には、非常に着飾ったロシアの有力者がいた。彼らのうち、ある者は坐っていたが、また起立している者もいた。そして一番奥の少し高くなったところにある、豪華な飾りの付いた立派な椅子の上には、二人の若きツァーリが着座していた。この二人を庇護するように、大臣および影響力のあるゴリツィン侯がいた。ツァーリ二人が身につけていたケープには黄色や白色に輝く銀の飾りが付いていて、それはミサの時に司祭が着用する服装に似ていた。そしてこの服にも、また二人の頭のかぶり物や手に持っていた黄金色の司教杖にも、主に緑色の宝石がちりばめられていた。

兄イヴァンの方は全く身じろぎもせずそこに座っていたが、宝石で飾られた帽子を目深にかぶっていたため、伏し目がちなその顔はほとんど覆い隠されていた。使節団の面々に対し、このあと二人のツァーリが自ら言葉をかけたが、兄の口から発せられた言葉は呂律《ろれつ》の回らぬものであった。

これに対し弟ピョートルは非常に活発な様子で、側に仕える世話係の老人が常に引き留めておかねばならないほどだった。ケンペルはピョートルのことを十六歳であろうと見たが、実際は十一歳になったばかりであった。ケンペルは少年ピョートルの美しさ、とりわけ彼の眼が活き活きとした輝きを放っていることを賞賛している。またケンペルは、もしもこの人物が「帝室の人間」でなくて「市井の乙女」であったならば、誰かがこの女性に恋をしたことであろう、などと述べているくらいである。

すでにこの当時から、ピョートルには輝くばかりの魅力が表れていた。この魅力のお蔭で若きツァーリ・ピョートルは、のちに諸侯の大部分を自分の味方につけ、異母姉ソフィアとその側近であった権力者ゴリツィンを追放し、鋼鉄の如き権力を行使して、ロシアにおいて「近代的」な西洋の習慣を導入するようにしむけたのである。

しかしケンペルがロシアを訪問した当時、ピョートルはまだ摂政の命令に服さざるを得ず、また常にその身を監視されていた。ケンペルが記しているところによれば、その様子は「見るだに腹立たしい」ものであった。二人の若きツァーリの背後には、顔を覆い隠し銀色の戦闘用サーベルを高く掲げた兵士が四人立っていたが、その様子はまるでこの二人が一国の支配者であるというよりは、全く人質のようであった。そののち一行は、二人の陛下の手に接吻することが許された。接吻のために跪《ひざまず》いてい使節団の人々の肩の上には、兵士たちが「いつでも一撃が加えられるように」サーベルをかざしていたた。しかもその際、使節団の面々は、かなり手荒く腕を摑まれた。「それが名誉ゆえなのか安全ゆえなのか、私にはわからない」とケンペルは書いている。

オランダ人ファブリティウスは、自らロシア軍に従軍したことがあり、ロシア語を流暢にしゃべったのであるが、ドイツ語で書かれたスウェーデン国王からの親書を配下の者にそのままドイツ語で朗読させた。ロシア皇帝の言葉は大臣が読み上げたが、それはファブリティウスのためにドイツ語に通訳された。外交の場でのやりとりがドイツ語で行われたことは、ケンペルにとってしごく当然のことであったらしく、彼はなぜロシアでドイツ語のやりとりがなされたかについて、あえて説明していない。

実力者ゴリツィン

翌日、ケンペルとその友人クリングスティエルナ男爵が「大ゴリツィン」の館に派遣された。返礼の品としてレモン十二個を届け、前日の丁重なもてなしに謝辞を申し述べるためである。頼んでいた通訳がまだ来る前であったが、ケンペルたちの姿を見かけるとすぐにゴリツィン侯は、謁見のために集まっていた大臣や将校たちを起立させ、自ら二人の所に進みよってきた。ラテン語ならばゴリツィン侯と二人の間で通訳ができそうだとわかったので、ラテン語の出来る人が連れて来られた。その人物はスペクタリウスという名前で、先代ツァーリの指示を受け使節団長として中国まで赴いたことのある人物であった。ケンペルはこの好機を見逃さず、スペクタリウスが中国への途上シベリアでどのような体験をしたか、また中国でどのような体験をしたかについて、いろいろと教えてもらった。

ゴリツィンは前日の皇帝謁見の際、使節団に対して「ツァーリと同じテーブルにつく」という非常な名誉をケンペルに与えてくれていた。しかしそのことは、若き二人の支配者といっしょに食事をしてよい、ということではなかった。そうではなくて、それはツァーリ用の調理場から運ばれた飲食物が、使節団の宿泊所に届けられるということであった。謁見が執り行われた日は断食日にあたっていたので、約束の食事はその翌日に届けられた。

巨大な銀製の深鉢とポットに入った食事と飲み物は、皆が見守る中、八名の厨房監察官によっておごそかに宿泊所に運び込まれた。とはいえ、運び込む時の行列がおごそかだったのに比べると、料理の内容はそれほどでもなかった。いちばん柔らかな肉でさえ、嚙み切れない皮のように固かった。バターの代わりに濃くなった牛乳を使って焼き上げたパン類は、ケンペルによれば、パサパサであった。ケンペルは皿に汚れが付いたままだと不満の言葉を残している。ただし、彼はその理由を説明して、温水だけで皿を洗ったためである、というのは銀の皿をゴシゴシこすったら、銀が削られてしまうからだ、と述べている。

数日のち、ケンペルは再びゴリツィン侯のもとに派遣された。その時は、有力者であるゴリツィン侯およびその息子と食事をともにする機会を得た。ケンペルはすぐに、外套を脱いでテーブルにつくようにと言われた。最初の料理は、火を通さないまま酢に漬けた羊の頭部であった。料理と料理の間には、ビールと火酒が供され、食後には蜂蜜酒が出された。料理を盛った深皿は、テーブルの上席の所におかれていたが、そこではゴリツィン侯とその息子が銀製のスプーンを使って、大量のタマネギを使用した料理を何度もゲップをしながら食べていた。彼らが深皿から料理を十分に食べると、その皿は次の人々に回されて行った。このようにして順番に、各人が木製のスプーンで皿から料理を取って行き、最後には一番下位の人々が、立ったままで残った食べ物を食べることが許された。

ロシアの印象

使節団の一行はほぼ二カ月間モスクワに滞在した。のちのピョートル大帝同様、ケンペルもロシアと西ヨーロッパを比較して考察したが、考察の結果はロシアにとってあまり芳しいものではなかった。「ロシアには教会は多いが、参拝者は少ない。酒呑みは多いが、ジョッキは少ない。売春婦は多いが、売春宿は少ない。ロシアで酷使されているものに三種類のものがある。教会の鐘、馬、そして女。」

実際、教会で祭事があると、しばしば夜通し鐘が鳴らされることがあった。祭典は一つまた一つと続き、その際には大がかりな行列が街を練り歩いた。こうした行列や、何時間にもわたって続く教会儀式には、しばしば二人の若きツァーリも参加を余儀なくされた。モスクワだけでなく、モスクワの近くでも遠くでも、数限りないほどの教会や修道院が存在していたが、そうした教会や修道院がどれほど世俗的な権勢を誇っていたかは、そのまわりに防塁、あるいは敵からの銃撃を防ぐための堡塁が取り囲んでいたことからも見て取れた。のちにピョートル大帝は教会の権力から身を遠ざけ、新たに獲得した港湾地に首都を移転することが必要であると考えたが、そのようなことが必要であった理由は、ケンペルの記述からも推し量ることが出来る。

教会で祭事があると、人々は大酒を飲んだ。ケンペルの観察によると、行列が市街に戻ってくる時、酔っていない人は五人に一人もいないくらいであった。酒盛りの時――そしてまたそれ以前、すでに火酒を作るための火入れの時に――しばしば火災が発生した。モスクワに滞在していた時、ケンペルは二度火事を経験し、そのいずれの時も、一千軒以上の家屋と多数の教会が焼失したのである。

女性についてケンペルは、その日記の中でほとんど記述していない。ただし一つ、外国人用郊外地区であるスロボーダの美人連を詠った詩が残されている。その詩では、彼女たちをほめそやす詩句が続いたのち、鋭い皮肉を込めて次のように書かれている。

「我々の中で最初に汝等を愛することに倦み疲れた者は
　永遠にスロボーダを訪れないに違いない」

このの ちに続く数行においてケンペルは、先に述べた賞賛の言葉は「甘い冗談」にすぎなかったのだと詠っている。かなりのちになって自ら告白することになるのだが、ケンペルはすでに故郷ドイツにおいて、一人の女性に愛の宣誓を行っていたのである。

危険地帯南部ロシア

一六八三年九月五日、使節団はモスクワをあとにした。一行はモスクワから、まずモスクワ川を経て、次いでオカ川、ヴォルガ川を渡航し、カスピ海沿岸のアストラハンまで前進した。この経路は回り道であって、たしかに距離的には相当に長い道のりであったが、船旅の快適さを考えると、回り道をするだけの価値はあった。ケンペルはここまでの旅行で、使節団長ファブリティウス自身が訪れるほどではないが、それでも身分の高い様々な人々の所を、団長に代わって訪問することに忙しく、時間のゆとりがなかった。それゆえ、ケンペルは船旅で得た自由な時間を利用して、ここまでの旅行で見たものをスケッチにとり、そしてまた彼は、地理的な事柄に関する自分の記録を、半世紀前に同じルートをたどった有名なオレアリウスの記録と比べてみるということをした。

このような貴重な旅行日記も、日本へ渡航する時に海水を浴びて台無しになり、まるで「どろどろのお粥」のようになってしまったと、のちにケンペルは嘆いている。とりわけロシアについてのメモの一部は、文字が読めないほどになってしまった。このようなことにはなったが、ケンペルはロシア日記の部分を大冊の旅行記の一部として組み入れようと計画した。ケンペルの記憶力をもってすれば、判読不能となった箇所を補うことはきっと可能だったことであろう。だがそれを果たすことなくケンペルは没した。ほとんど三百年ののち、ケンペルと同郷のマイヤー＝レムゴ（Meyer-Lemgo）が、残された記録を取りまとめようと試み、一九六八年ケンペルの旅行記を印刷刊行した。さらに二〇〇三年ミヒャエル・シッパン（Michael Schippan）監修のもと、ロシア滞在記のうち判読可能な部分が多数の注釈をつけて正確に文字化され公刊された。だが編者シッパンの努力にもかかわらず、欠落箇所がまだ多く存在するのである。

当時のロシア帝国領は、公的にはカスピ海まで達していたのだが、しかし首都の防衛圏から遠ざかれば遠ざかるほど、ロシア人司令官が安全と秩序を保持することは困難になっていった。使節団がヴォルガ川沿岸のチェボクサリに到着した時、わずか数日前この近郊で十人の商人が略奪の被害に遭い、そのうち二人は殺害されるという事件があった、と警告してくれた人がいた。略奪事件の際には、一行の安全を確保するために随行していた兵士さえもが、身ぐるみ剝がされてしまったということである。

それより南のサマラで使節団が耳にした話によると、家族とともにドン川の方に移動しようとしていたロシア人漁師六十人が、カルムイク人によって船ごと連れ去られた、という事件があったそうである。この地域には、タタール人が火を放ったため人口が激減した所があった。またいくつかの地区では、食用の肉を購入することが出来ない所もあった。前の年にカルムイク人が家畜をすべて奪い取って行ったからである。敵が侵入して来たらただちに追い払うことが出来るように、あちらこちらでツァーリ配下の兵士が駐屯していたが、しばしば兵士自身が身の安全を確保出来ないほどであった。漁師は船に乗る時に武装するようになった。木こりは木材を搬出する時、片方の肩にしか木を担がないようになった。もう片方の肩には、銃を担いでおく必要があったからである。賊が来ないように威嚇するため、使節団の人々は日中、何度も銃を撃って銃声を鳴らした。また夜間は出来るだけ静かにし、船の櫓《ろ》を動かす音さえ立てず、また暗闇に身を隠すために火をともすこともしないでいた。盗賊団が出没したという噂は、何度となく彼らの耳に届いた。盗賊団が実際にいるという動かしがたい証拠を目撃したこともある。すなわち使節団一行は馬の足跡と多数の矢を発見したのであるが、その矢の一部は破損していなかったが、折れていたものもあった。また川岸の湿地帯には、タタール人の投げた槍が刺さったままになっていた。

使節団の一行は幸運であった。恐れは杞憂に終わった。一六八三年十一月一日、使節団はペルシャ王への高価な献上品を無傷のまま携えて、カスピ海沿岸のアストラハンに到着したのである。

4　カスピ海西岸

ジョージア

ファブリティウスはケンペルに、ジョージアの「領主」（ケンペルはそう記述している）を訪問するように依頼した。この人物のことをケンペルは、度量の広い才能豊かな人物であると述べている。実際の所この人物は「領主」でなく、ジョージア文学を庇護した人物として歴史に名を残した王アルチル（Artschil, 一六四七～一七一二）であった。ケンペルはこの王にもサイン帳を差し出している。サイン帳にはジョージア語の美しい弓形の文字で次のように書かれている。

「余アルチル王はアストラハンにて、スウェーデン国支配者の一兵卒に出会った。」ジョージア語で書かれたこの文字は、たいていの人には読めないものであったが、ケンペルにしてみれば、ひょっとするとその方が好都合であったかも知れない。なぜならば使節団秘書官として相当な経験を積んだ人物であるケンペルにとって、ただの一兵卒であると書かれるなどということは、たしかに愉快なことではなかったからである。

ケンペルにとってロシアは、興味の尽きぬ新たな国であった。しかしこの国について何か新たに学問的な研究書を書いて周囲から賞賛を勝ち得るということは、あまり望めないことであった。ロシアに住むドイツ人は多く、また何年も前から多くのドイツ人がこの地域を旅行していたからである。そのようなわけでケンペルは、自らいろいろと計測を行って「地理学者たちの間違い」をメモに残す、ということで満足せざるを得なかった。

これに対しペルシャは、ケンペルの同郷人にとって、遙かに行きにくい国であった。そこでは宗教も風習も異なり、故国ではほとんど話に聞いたこともないような植物をはじめ、研究されていない不思議な自然界のものごとが至る所にあったのである。奔流のようになってたえずカスピ海に流れこむ川の水は、いったいどこに流れ出てゆくのであろうか。羊の皮製の袋に入れて運ばれ、燃やすと異様なまでに明るい光を放つナフサと呼ばれるものは、いったいどのように地表から湧き出しているのであろうか。珍しいナツメヤシの実をつける樹木の本体は、いったいどのような姿をしているのであろうか。ペルシャの地においてケンペルは、ヨーロッパの知識が及ばない地域の入り口に立っていたのである。今こそ、研究のために長い年月をかける時機が到来したのであり、学者としての名声は手の届く所まで近づいていた。

実際ペルシャで行った研究は、のちにケンペルの博士論文の相当な部分と、生前公刊された唯一のアジア論である『廻国奇観』の素材となった。しかしケンペルは、地獄の淵に立つダンテのように、自分が探している幸福が試練なしでは得られないということを思い知らされることとなった。とりわけ、内陸出身のケンペルが広々とした水面を前進することになった時は、あたかも神々がケンペルの決意を試してみようと思し召《おぼ》《め》したかのごとくであった。使節団が十一月から十二月の初旬にかけてアストラハンからカスピ海西岸のニサバードに向かってカスピ海を進んだ時、恐ろしい嵐に巻き込まれ、一行は命の危険を感じて身を震わせた。結局のところ、爪先が凍えたというのが、彼らが不満を抱いた唯一の被害らしい被害であった。ただしペルシャ王に献上するために、別の小舟にのせて運んでいたドイツ産のグレーハウンド犬三頭が命を失った。あるひどい嵐の夜が明けた時、グレーハウンドが甲板の上で首をつられたような状態で死んでいるのが見つかったのである。

苦い海水

船旅は非常に恐怖に満ちたものだったが、ケンペルは内海を流れる奇妙な潮流に心を奪われた。その潮流は、一部が海水で一部が真水だったのである。それよりさらにケンペルを興奮させた発見がある。それは海岸から離れた所を流れる海水が、吐き気を催させる苦い味をしていたということである。不思議なことに、いままでそのことを指摘した旅行家はいなかった。だが、ケンペルが落胆したことには、同行の人々は嵐の中の船旅に消耗しきっていたので、だれもケンペルの喜びを分かち合ってはくれなかった。この珍しい苦い水の味見をするために「毒杯」をあおいでみようとする人は一人もいなかったのである。たいていの旅行者は嵐に出会うと、たちまちにして知的好奇心どころではなくなるものであると、おそらく落胆の気持ちをもってケンペルは書き留めている。しかしながら同時に、ひょっとするとケンペルは内心ひそかにありがたいと思ったかも知れない。なぜなら、普通の旅行者は自然界の不思議な現象に対してあまり関心を抱かないのであり、それはすなわち、これから先に進む土地は学問的には未開拓の新世界である可能性があったからである。とうとうケンペルの親友クリングスティエルナ男爵が、苦い水の味見をすることを引き受けてくれた。このような味がするのは他にはニガヨモギか胆汁だけであると、味見をしたクリングスティエルナ男爵は断言した。クリングスティエルナ男爵は使節団長ファブリティウスに、自ら味見をしてケンペルの新発見の証人となって公的証明書に印を押すように勧めたが、その時ファブリティウスは味見をしてくれなかった。安全に内陸部に到達したら味見をしてやろうと彼は言ってくれたのだが、問題の海水を入れた瓶は、内陸部に着く前に割れてしまった。

ケンペルはこの地方で地表に湧き出ている黒いナフサ、すなわち「いやなにおいのする……液状のアスファルト」が海底からも湧き出し、それが原因で海水が苦い味になるのであろうと推測している。この推測は正しかった。後世の人間は、ケンペルによって発見された石油が価値あるものであることを認識し、長らく眠ったままであった地中の富を取り出すため、石油掘削の塔を海中に建てることとなったのである。

カスピ海は出口のない内海である。ここに流れてくる水は、どこに行くのであろうか。この問題についてのケンペルの推測も正しかった。ケンペルはイエズス会士である学者アタナジウス・キルヒャー（Athanasius Kircher, 一六〇一～一六八〇）の著作を知っていたが、その本の中には次のような仮説が書かれていた。すなわちカスピ海の海水は、大きな渦となって地下から黒海に流れ出している、とされているのである。ケンペルはこのような渦巻き水流の存在が確認出来なかった。そこで彼は、カスピ海に常に水が流れ込んでいるのに海面の位置が変わらないのは、たんに蒸発のみによって説明出来るものと推測したのであった。

使節団一行は再び陸地に足を踏み入れ、つらかった船旅の疲れをテントの中でいやした。ケンペルはのちに兄に宛てた手紙の中でこのテントのことを「フェルトの小屋」と表現している。このテントは実際、現地の半遊牧民の住居と似ていた。ケンペルはその住居のことを「曲げた材木で出来た家で、この材木は撤去して牛の背中に乗せ、あとでまた組み立てることが出来る。組み立てた材木の上に黒いフェルトをかぶせ、上に煙抜きの穴をあける」と紹介している。快適な住居とは言えなかった。とりわけその年のように例年にない積雪で「半ば膝の所」まで雪が積もるような時には、なおさらであった。

ペルシャ王の宮廷を目指す旅行を続けていたのは、スウェーデン王の使節団だけではなかった。ポーランド使節団およびロシア使節団が、スウェーデン使節団より先に宿営地に到着していた。スウェーデン使節団はすでにヴォルガ川のところでロシア使節団と知り合いになっていた。快適でないフェルト小屋に宿営するケンペルは、うらやましげに「ロシア使節団の一行（総勢五十名である）は地面を掘って家を作り、暖かな窪みの中に座っていた」と記している。

ケンペルは、がらんとしたフェルト小屋の中で同行の人と時間をつぶすよりも、近くに出かけて使節団の名前において現地の領主を訪問する方がよいと考えた。領主の館では少なくとも「暖かな客室に招かれて、たいそうな持てなしを受ける」こととなったわけである。出された食事の中でとりわけケンペルを驚かせたのは、自然乾燥させた赤くて甘いブドウの実であった。ドイツのような緯度の所ではきっと腐敗してしまっていただろう、とケンペルは考えている。今日では昔からあるように考えられているものが、当時としてはまだ日常生活の中に入り込んでいなかった。干しブドウは、十三世紀にはドイツでもその存在が知られていたが、ケンペルにとって見るのははじめてという代物だったのである。

ジャッカルもケンペルにとってははじめて見るものだった。この地に到着した最初の晩その鳴き声を聞いて、ケンペルは人間が何かを嘆いている声であると思ったくらいである。「その毛はキツネに似ているが、皮はオオカミに、そして頭部はイヌに似ている」と、驚きの気持ちを込めてケンペルは書いている。

雪と寒さから逃れる機会はもう一度あった。とある有力者が頭痛を治療してくれるようにケンペルに依頼してきたからである。しかしケンペルは知的好奇心を犠牲にしてまで快適さを求めようとはしなかった。十二月十二日、三つの使節団はいっしょに当地を出発したが、その数日後ケンペルは旅行

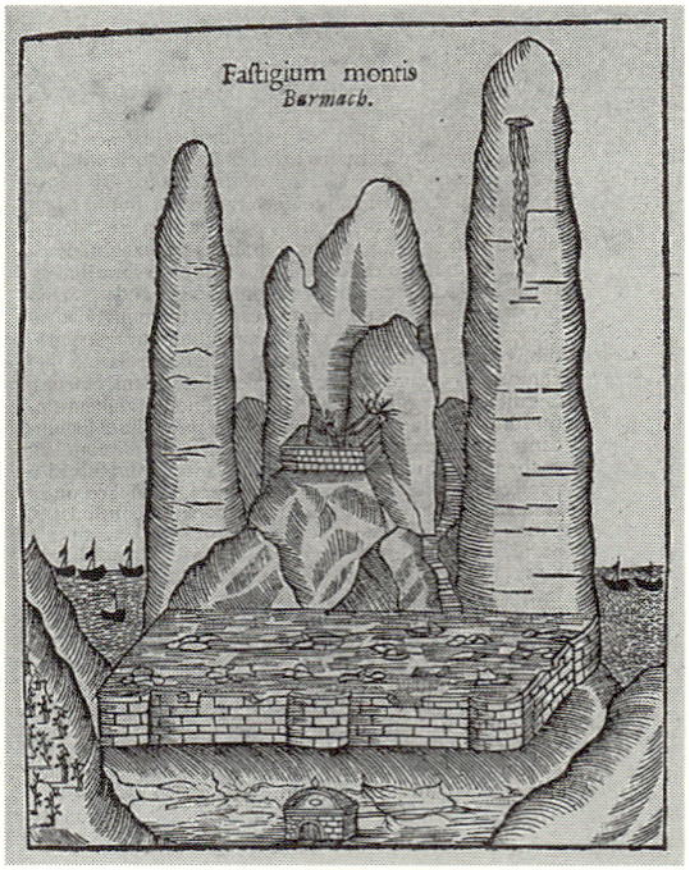

バルマクの指状の山
(『廻国奇観』359ページ)
ケンペルが描いたスケッチをもとに作成された銅版画である。

の一団から離れ、わずかの同行者とともに、指の形をした奇妙なバルマク山に登った。そこには聖エリアの庵があったのである。バルマク山はコーカサス地方のカスピ海近辺では一番高い山であったので、船乗りたちの目印となっていた。

この山のふもとにかつて存在した要塞が今ではどうなっているのかということについて、あるいは「わずかの人間しか入ることが出来ない、恐ろしくて不安定な場所」にある庵《いおり》まで非常に苦労して登った様子などについて記した文書を、ケンペルはのちにカスピ海の状況を記した文書とともに、彼のアジア論である『廻国奇観』の一章に組み入れている。だがケンペルは、読者の受けをねらうような表現は用いていない。エリアの墓所とされるものについても、ケンペルは淡々と「何がしかの名もなき聖者が、エリアの名前を借りて自分の骨を埋めさせた」場所であると記しているのみである。バルマク山の頂上では相当量の水が流れているが、これは亡き聖者が発揮する霊力のせいであるとされていた。ケンペルは山頂に水の流れがあることに驚きはしたが、それが奇跡のなせる業《わざ》であるとは信じなかった。ケンペルは次のように書いている。「周囲の山よりも高い所にあるこの頂まで、いったいどのような力が働いて水をここまで運んでくるのかという理由については、誰か他の人が調べればよい。私個人は、貧しい人のために寄付して下さいと墓守が頼んだ金を彼に渡して、宿営地まで戻った。」

古都シェマハ

十二月十九日、一行は「副王の壮麗な居所」シェマハに到着した。ペルシャ王の首都であるイスファハンから、さらにその先へ旅を続けてよいとの許可状が届くまで、使節団はこの地で待機しなければならなかった。その間使節団の一行は「副王」、すなわち当地の汗《ハン》から盛大な持てなしを受けた。

質素な北ドイツ出身の旅行家ケンペルは、シェマハにおいてはじめて、それまで話で聞いたことしかなかったペルシャ貴族の豪奢な生活ぶりを目の当たりにした。噴水のある庭、中央に水盤が飾ってある広々としたレセプション・ホール、金や銀の豪華な衣装を身にまとった従者や宮中の人々、そしてテーブルクロスとして赤や青のサテンが使用されている「ドイツ式」の食卓（そこではオリエンタルな料理が供されたのだが）などについて、ケンペルは非常な感銘を受けた様子で記述している。ただし、チター奏者のかなでる音楽はケンペルの趣味に合わないものであったし、副王お抱え歌手の歌は全く気に入らないものだった。この歌手は「時折もの悲しげに咆吼した」のである。

ケンペルのサイン帳を見れば、この都市を訪問した多くの人がどれくらい世界をあちらこちら廻った人々であるかということが判る。また十七世紀後半の人々が持つ国民意識というものが、今日と比べて遙かに稀薄なものであったということもうかがい知ることが出来る。スウェーデン王派遣の使節団を指揮していたのはオランダ人であったし、ロシア皇帝派遣使節団の指揮をしていたのはアルメニア系ギリシャ人であった。このギリシャ人はケンペルのサイン帳に自分のことを「使節団長、貴族、標準ギリシャ語とイタリア語の通訳」であると、ロシア語とギリシャ語で記している。彼はまた、旅の途上ケンペルに一つの格言を教えてくれたが、それは二十世紀にも通用するものだった。それは、「医師の技術には限界がある、信仰が重要な役割を果たす」という格言である。

のちにケンペルも耳にしたのだが、このロシア使節団長は余命がもうさほどなかった。使節団長は旅行の途上、自身の秘書に毒を盛られ、医師の技量をもってしてもまた信仰をもってしても、彼の命を救うことは出来なかった。彼が出来たことといえば、自分が死ぬより以前に殺人犯を火刑に処すよう命じることのみであった。

ケンペルのサイン帳にはさらに、ポーランド王宮に派遣されたペルシャ使節の寄せ書きが見られる。ケンペルがシェマハに到着した日はちょうどイスラム教の祭日で、当地でも大勢の群衆が大きな音を立てて祭日を祝っていたが、ケンペルのサイン帳には、このようなシェマハで活動するアルメニア人のキリスト教聖職者二人の寄せ書きも見られた。

シェマハにはユダヤ教徒の教区も存在していた。ケンペルはシナゴーグ（ユダヤ教会）を訪れてみた。そこでは少年たちがペルシャ式に床に座りながらヘブライ語の本を勉強していた。シェマハの別の地区では、若いイスラム教徒たちが「まるで若い鵞鳥のように、目の前の地面においてある書物の上に」身をかがめていた。

この地においては、教養や宗教が大切なものと見なされていた。だが市場では奴隷取引が行われていた。それは「男児、女児、成長した乙女」であった。「乙女たちはジョージア系のキリスト教徒で、並はずれて美しく、カールした髪の毛は束ねていなかった。頭には長くて暖かそうな男性用の帽子をかぶり、気取らない様子をしていて、その物腰態度は控えめで好感が持てた。」ケンペルはいつものようにこまめに、通常の売買価格をメモしている。そしてさらに情報を付け加えて次のように述べている。「とびきりの美人には、より高い価格がつけられていた。」このような記述を見れば、あまりに淡々としすぎているように思えるが、しかしケンペルにとって人身売買は心苦しいものであったようである。ケンペルのメモには上記の文章に続けて、ラテン語で書いた文字を激しく消した数行が見られるが、そこからは「宗教」「売買される」「受け入れる」という断片のみが読み取れる。

ケンペルにとってペルシャという国は、異国での体験を意味すると同時に、既知の事柄を探すということも意味していた。ケンペルの目にはじめて映じた事柄の多くは、実はすでにオレアリウスの旅行記を読んで知っている事柄だったのである。オレアリウスがこの地に足を踏み入れたのは、ほとんど半世紀前のことだったが、それでもなおケンペルはオレアリウスの足跡をたどることが出来た。

ケンペルはあるイスラム教の学校で、ケンペルの先駆者であるあの有名なオレアリウスにアラビア語を教えたという老人を見つけ出した。この老人によると、オレアリウスは非常に立派な人であったが、アラビア語の基礎が「まだかなりわかっていなかった」。この言葉を聞いてケンペルは、ひょっとすると安堵する気持ちをいだいたかも知れない。ペルシャについての著作を書き、学者としての名を残そうとするならば、ケンペルは新しいもの、先人の著作を超えるものを世に問う必要があったからである。のちにケンペルは最初のアジア論の序文で読者に対し「私は二番煎じを入れたりはしない」と断言することとなるのである。

オレアリウスはケンペルと同じように外交使節団の秘書官であった。だがケンペルと違って学者ではなかった。オレアリウスはあくまでも使節団員として旅行したのである。ルートから外れたところにあるもの、たとえばアプシェロン半島に見られる、永遠に燃え続けるという伝説的なナフサの源泉は、それゆえオレアリウスの視野の外にあったのである。

バクーでの冒険

とはいえ、馬に乗って数日のところにあるこのような不思議な自然現象を見ることは、ケンペルにとっても簡単なことではなかった。使節団はシェマハに三カ月逗留したが、ケンペルの医療技術が一夜にして有名になってしまったからである。病人が群れをなして彼の回りに集まり、シェマハ市街から外に通じる門を通ることすらままならないほどであった。イスファハンへの旅行許可が下りる予定の時は、日に日に迫っていた。それゆえケンペルは、永遠に燃えるという炎をヨーロッパ人として最初に詳しく記録に残すチャンスが、永久に失われるのではないかと恐れていた。

そのようなわけで、ある夜こっそりとケンペルは外出した。ケンペルは暗闇にまぎれてシェマハの外に出たが、その時同行したのは現地の案内人二人、使節団付きの通訳でこの地方の方言を多少しゃべることが出来る「ムーア人」、そして使節団の若者でガルスという名の人物だけである。のちにケンペルは述べているが、公的な案内人もつけず、また公式文書も携行しない秘密の旅行であっただけに、彼の研究計画はあやうく頓挫しかけたのであった。

出発は一月四日で、凍てつくような寒さの日であった。激しい吹雪のために、まもなく前進することが出来なくなった。人の住んでいないみすぼらしい小屋で彼らは火をおこし、もうもうたる煙の中でかじかんだ手足を暖めた。翌日の晩は「地面の上に山のようにある馬やらくだの糞」が、寒さをしのぐ役に立った。この地方は山岳地帯で人が住まず、荒涼としていた。真水はなく、あるのはただ小さな塩水の池ばかりであった。

一月六日、とうとう彼らはアプシェロン半島に入る道路に到着した。すでにそれより前方から、バクー市をとりかこむ街壁が高く山の上にあるのが見えていた。街壁は二重になっていて、弓や鉄砲を撃つための穴が備わっていた。そして街壁のある山のふもとには港があった。海面から突き出ている岩の上には壮麗な宮殿があったが、なかでも、巨大な列柱が並ぶ通路を有する六角形の建築物が、とりわけ目を引いたのである。この施設は、建築されてから当時すでに数百年たっていて、ケンペルはこの建物から「非常に古風な印象」を受けたと記している。

街壁には数多くの塔が備わっていた。またケンペルが驚嘆した汗《ハン》の宮殿には有名な六角形の建物があったが、この建物や街壁の一部は現在でも残っている。当時この土地には人があまり住まず、さびれていたが、今日では様子が一変してしまった。バクー市は、半島全体に散在する郊外地区を含めると、百万をはるかに超える人口を擁しているのである。ナフサの源泉については、ヨーロッパ人としてはケンペルが最初に記録に残したのであるが、当時はその周囲にあまり人影は見えなかった。今日ではナフサの源泉のお蔭で、バクーは旧ソ連有数の産業港、積み替え港となっている。大地から湧き出すナフサ、今日の言い方で言う石油は、当時は誰の手にも入るものであったが、それを羊の皮に詰めてラクダやロバの背に乗せて販売用に運搬する商人はごくわずかしかいなかった。今日ではパイプライン網が日々拡張され、パイプラインを通して石油が輸送されている。

バクーでケンペルと同行者たちは、永遠に燃える炎を見に行く前に、まるでアラビアンナイトに出てくる話のような冒険を経験することとなった。

狭い市門のところで、ケンペルたちは一人の老人に出会った。ケンペルたちは老人にチップを渡して、公の宿泊施設に行くにはどうしたらよいか教えてくれと尋ねた。すると老人は、この町にはそのような宿泊施設などない、私の家に泊めてあげようと申し出てくれた。そこで彼らは老人の後について、人々でごった返している町の中心部にある市場まで行ったが、町の人々は、彼ら外国人一行の姿――とりわけ通訳の「モール人」を従え、銀色の巻き髪の鬘と帽子を身につけたケンペルの姿――を見ると、巨大な人だかりとなってしまった。ようやくの思いで彼らは人をかき分けて老人の住む粘土作りの小屋にたどり着いたが、その小屋は町の中でも一番荒れ果てた場所の、あばら屋とあばら屋の間にあった。ケンペルたちの部屋は窓の穴からわずかに光が差し込む程度だったが、ケンペルたちはその部屋に逃げ込み、すぐに大きなかんぬきをかけて部屋を閉ざした。

だが押し寄せた群衆にとって、またとない見物のチャンスをこんなふうに奪われるなどということは、我慢のならないことであった。物見高い彼らは群れをなして平屋根に登ったり、窓を引き破ったり、あるいはドアに体当たりしては、なんとかして料金無料のこの見せ物の場に入り込もうとしたのである。すぐに屋根が崩落しそうになり、ケンペル一行は粘土と人間の下敷きになりかけた。あるいはまた、外で騒いでいる群衆はいまにもドアを突き破って入ってきそうになった。ガルスは絶望して、自分の命を助けるためにはドアを開け、見られるままに自分をさらけ出すしかない、と叫んだ。「アフリカの猛獣でさえ、決して私たち以上に人間から眺められることはない」とケンペルは書いている。「このような異国の見せ物が来たことは、この町はじまって以来まだ一度もなかったということだ。野次馬が三人帰ったかと思うと、次の野次馬が十人来る、という始末である。」

ほとほと疲れ切ったが、ケンペルたちはようやくドアのかげで少しばかり休息をとれるようになった、と思った。用心のためにドアは少し開けたままにしたのだが、ようやく体を伸ばしたかと思うや、すぐさま、再び大きな物音のために平穏無事な空気がかき乱されてしまった。今度は、この町の統治者であるスルタンが「戦士たちの真ん中で」馬に乗って登場した。ケンペルたちを尋問するためにやって来たのである。ケンペルたちは商用で来たのではなく、かといって公的な書類を携行していたわけでもなかった。危険きわまりないスパイだと思われたようであった。だがスルタンはひとまず兵士を引き連れ、周囲に集まった群衆を追い散らしながら帰って行った。

かくしてケンペルたちは静けさを取り戻したわけだが、疲れを知らないケンペルは、この時間を利用して他の同行者とともに、現地の人に頼んで華麗なる宮殿の建物に案内してもらった。あたりが夕闇につつまれたころケンペルたちは戻ってきたが、そのときもまた多くの人々がついてきた。だが、あの老人の粘土小屋についた時、ケンペルたちは捕縛され、荷物やそれを運搬する動物ともども町の隊商宿に連行されてしまった。例の狡猾な老人は、このような宿泊施設などないと言っていたが、まさにその宿泊施設に連れて行かれたわけである。

「牢屋の看守は素朴で気の良い、世話好きな片目の男だった」とケンペルは書いている。看守はケンペルら囚人に「素晴らしく高級なワイン」を持ってきてくれるほど世話好きだった。看守自身もこのワインをたっぷり飲み、そのあと牢屋に鍵をかけるのを忘れて千鳥足で家に帰っていった。

夜が明ける頃ケンペルは馬丁の衣装をまとい、牢屋を出て町の中の見知らぬ場所を見物しに出かけた。大胆にも彼は朝もやの中、この町の統治者の住居の前庭に入ってみた。その間に従者たちは荷物を馬に乗せ、町から脱出していた。ケンペルは統治者の家を見物したのち、徒歩で従者の後を追いかけた。そして町を囲む壁から遠く離れた地点で、ケンペルは従者たちに合流した。数時間馬に揺られたのち、とうとう彼らは炎を噴く大地に到着したのである。

炎を噴く大地

ケンペルはのちに自己のアジア論『廻国奇観』の中で、このような自然界の奇跡について詳細に記述しスケッチ図を添えている。

「地面の数多くの亀裂から、色々な形の炎が顔をのぞかせているのは、いかにも美しい光景だった。轟音を発しながら、激しい勢いで炎を噴き出す恐ろしい亀裂があった。穏やかな炎しか出ていない亀裂もあったので、そこへは誰でも近づくことが出来た。また他の亀裂からは、煙あるいはほとんど目には見えないほどの蒸気が吹き出していたが、強烈なナフサの臭いはあたりに充満していた。」インド風の人が二人、座して炎を拝みながら瞑想している姿が見られた。また別の所では噴き出す炎を利用して石灰を焼いたり、あるいはごく普通に料理用に火を使っている人もいた。

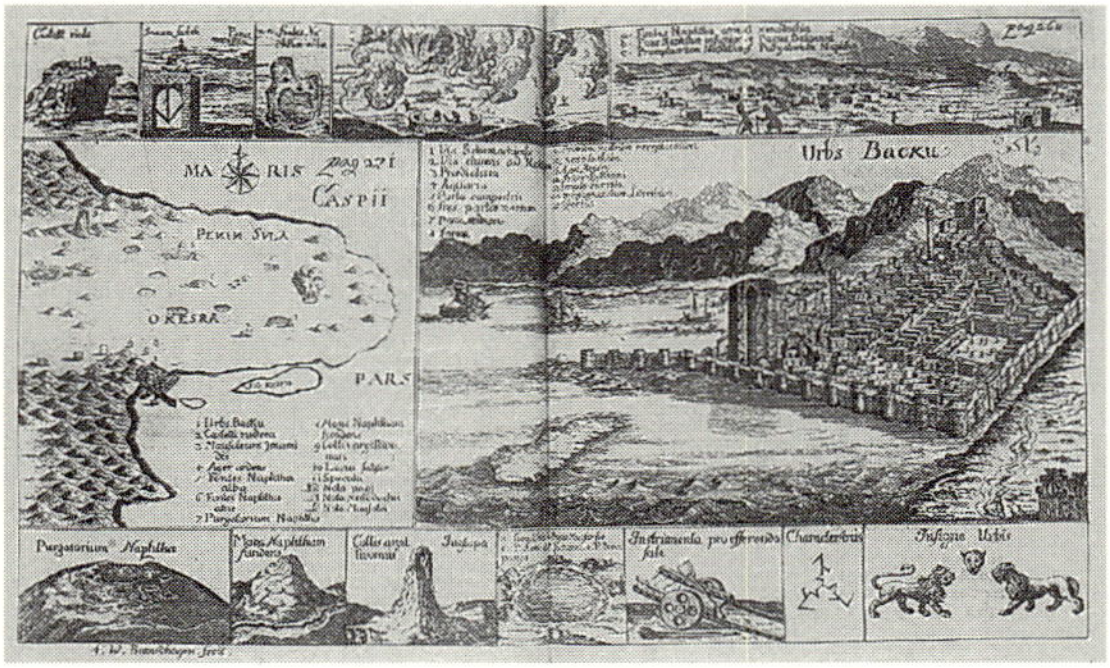

バクー市とナフサの源泉（『廻国奇観』269ページ）
ケンペルの原画に基づく銅版画。

ケンペルは、畏敬の念に打たれて立ちつくした。「ここにあるのは、半島のこの地域において太古の昔から見られる、自然界の第一級の奇跡なのだ……」。永遠に燃えさかる炎を目の当たりにしてケンペルの心は高揚した。だが科学者としてケンペルは、このような気分に浸り続けることはなかった。ケンペルは先の文章に続けて、冷静なる厳密さをもって次のように書いているのである。「ただし、全く同一の地点であるとは言えない」。ナフサが枯渇した古い亀裂もあったが、このことから判るように、炎は決して永遠に燃えるのではなく、時によって消えては、別の所からあらたに火を噴き出していたのである。

透きとおった白色のナフサ、あるいは黒色のナフサが噴き出している場所では、こうした液状のナフサを汲み出している人がいた。黒色のナフサはピッチのようなドロドロの物体になり、ほとんど耐えられないほどのひどい臭いを発していた。地表にナフサを激しく噴き出している源泉がある一方、一晩かかってようやくナフサがたまるような湧出口もあった。小屋が掛けられていたのは、ナフサがとりわけ豊富に湧き出している源泉一つのみであった。そこでは、馬によって動かされる装置を用いて、ナフサの汲み出しが行われていた。ケンペルはこの時からすでに、「これほどのまれな自然界の賜物」が監視を付けずに置いてあることに、驚きの声を上げている。

ケンペルは現地の人に案内されて、この不思議な地域の「奇跡」を二日間にわたって調査したが、これこそまさに科学者ケンペルの本領発揮の時であった。ここには、いわばナフサの煉獄があった。ナフサは丘からブクブクと湧き出し、見る者は「身震いして立ちすくんだ」。地面の奥底でゴウゴウと地響きがしているのに気付いた時、ケンペルの足は震えた。彼はスケッチを描き、またメモを残している。それによれば、山からは粗いナフサが流れ出し、また球形をした不思議な構造物の割れ目からは一種の礬土《ばんど》がにじみ出ていた。この球形をした構造物の地下には炎が燃えさかっていて、その炎の力によって、かつて岩石の混じった大量の土が噴出したのである。登ってみなければわからない所は、ケンペルは実際に登らざるをえなかった。そして泥に足を取られる危険の中でさえ、彼はあらゆるものをきわめて綿密に観察したのである。

何年にもわたって頭に知識を詰め込んできたケンペルにとって、当地での体験に勝る実地学習は他に望むべくもなかった。すでにケンペルは複数の大学で様々な分野について学問を身につけていたが、彼がいま実地に行っている研究の領域は、それよりも遥かに大きな広がりを持つものであった。

ケンペルと実地体験

ケンペルがロシアで描いた地図は、まだどこかに未熟さが残るものだったが、今や地図の描き方も洗練されてきた。時間が許せば彼は高台に登り、それぞれの都市の地図を完成させるよう努力した。ケンペルは同じ歩幅で歩いて建物の大きさや道の長さをすばやく計測し、市場の人混みと喧噪の中でさえ、こうした計測結果を比較的正確に地図の上に書き記すことに習熟していった。このように疲れを知らない勤勉さを発揮し、また何年にもわたって修練を積み経験を重ねたお蔭で、たとえばのちにケンペルは、シャム（今日のタイ）の古都アユタヤについての、当時としては並はずれて正確な地図を作製することが出来たし、あるいはまた日本においても、隠し持った測定器を用いて、細部まで書き込んだ旅行ルート図をひそかに描くことが出来たのである。

ケンペルはこののち大旅行をすることとなるのだが、その最初の旅行の場面で、彼は飽くことなく測定器を手に持って正確な緯度を測定する修練を積み、あるいはまた、見知らぬ植物を正確にスケッチしたり、その説明文を書いたりすることをなしたのである。イスファハンに至るまでに彼は著書の第一部を書いたが、ペルシャの植物について論じたこの第一部だけで百ページを超えていた。ケンペルはそののち、バンダル・アッバースで長期滞在を余儀なくされた折に、第一部よりさらに分量の多い第二部を書いている。

学問の領域だけでなく人間性の面でも、ケンペルの視野は広まった。カスピ海沿岸にあるナフサの源泉に近い場所に、ずいぶん客あしらいのよい地域があった。そこで「娼婦」を勧められた時、牧師の息子ケンペルは「このような汚らわしい申し出をキリスト教徒は拒絶するものだということを、彼らは知らないのだ」とはっきりと述べているのだが、そのケンペルはのちに日本に来て、水夫たちが買春のために支払っている金額は高すぎる、という文章を淡々と記述している。ケンペルはまた、二十世紀後半になってようやく学問的に受け入れられるようになった事実についても、すでにその当時から認識を抱いていた。すなわち彼は、飲料水や空気の汚染によって人間の健康がどれほどそこなわれるのか、ということを指摘しているのである。ケンペルの報告するところによれば、バクー在住の人間の状態は劣悪であるように見えるが、それは原油によって周囲の環境が汚染され、彼らの健康に絶えず悪い影響が及ぼされているからである、としているのである。

ケンペルはアイリスや水仙、チューリップが咲き乱れる肥沃な渓谷について報告している。そこで使節団一行は果物の持てなしを受けた。ケンペルはまた、非常に整理整頓の行き届いた大きな市場についても記録を残している。そこでは地面がいつも掃き清められ、人間や商品が砂埃で汚れないようにしてあった。だが他方でケンペルは、非常に貧しい地域についても目を配っている。その地域ではあまりの貧しさのため、旅行者たちが食料品や動物を調達するためには、農民たちをまず殴らなければならないというありさまであった。逆にケンペルは「乱暴な下層民が……統治者を逃亡に追いやった」ような町もいくつかその目で見た。あるいは、使節団を出迎えるために統治者が町の入り口で盛大な式典を催してくれたところもあった。

旅行に出た最初の年において、それまでケンペルにとって非日常的だった事柄が日常的なものになった。盛大な儀礼の中で異国の権力者のもとを訪問し、多くの従者にかしづかれて心づくしの珍しい食べ物で接待を受けるということにも慣れたケンペルであったが、他方では、敵意を抱く現地の人々に石を投げられて逃げまどうことにも慣れた。ケンペルは上流の生活と、自分を称揚してくれる状況を享受した。こうしたことをケンペルは、ペルシャ王の宮廷において、十分すぎるほどに体験することとなるのである。

第三章　ペルシャへ　そしてさらなる遠方へ

1　ペルシャでの滞在

大都市イスファハン

ペルシャ王への拝謁は、ペルシャに到着して四カ月間行われなかった。その代わりケンペルは、当時ペルシャの首都であったイスファハンやその周囲を見聞する時間を得た。当時イスファハンは壮麗な建築物を誇る都市であり、ケンペルはその建築物に心を奪われた。江戸の場合と違って、ケンペルはイスファハンで自由に建築物のスケッチをとることが許された。とりわけケンペルが深い印象を受けたのは、ザーヤンデ・ルード川に架かっている多数の美しい橋であった。彼は熱心にこうした橋のスケッチを描いている。他にもケンペル自身の自画像が残っている。そのスケッチには、従者が差し出す日傘の影で大都市イスファハンの巨大なパノラマ図を描いているケンペル自身の姿が描かれているのである。ケンペルはまた、近郊の温泉に出かけてみた。さ

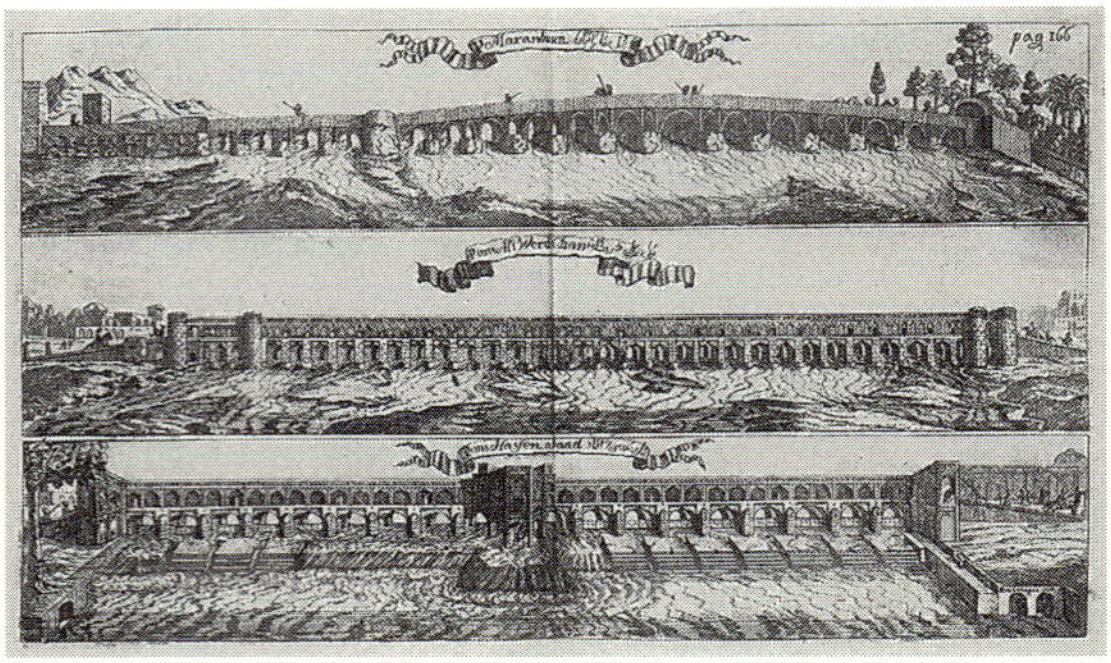

イスファハンの橋

（『廻国奇観』166ページと167ページの間に挿入されたもの）
ケンペルのスケッチに基づく銅版画。

らに彼は自由な時間を得たお蔭で、当地イスファハンに長らく在住するカプチン修道会のフランス人聖職者ラファエル・デュ・マン（Raphael Du Mans, 一六一三〜九六）と親交を結ぶことが出来た。デュ・マンはケンペルにペルシャのことをいろいろと教え、また彼のためにトルコ語の文法入門書を書いてくれたのである。当時ペルシャではトルコ語が通用していたのであるが、ケンペルはすぐにこの言葉をしゃべるようになり、近郊を訪問する際にトルコ語を使用するほど上達した。

ペルシャ王への拝謁

ようやくペルシャ王への拝謁の日がやってきた。ペルシャ王が壮大な食事会を開催したのである。スウェーデン使節団長のファブリティウスには上席が用意されていたが、他の国々からの使節もいて、彼らは贈答品や陳情書を差し出していた。フランス、ポーランド、ロシア、そして神聖ローマ皇帝でさえ大使を派遣し、ペルシャの隣国で好戦的なトルコに対してペルシャが立ち上がるよう、働きかけていたわけである。さらにアラビアやシャムからも陳情団が来ていた。

イスファハンの町並み
（『廻国奇観』162ページと163ページの間に挿入されたもの）
ケンペルのスケッチに基づく銅版画。

使節団の面々が得た情報によれば、拝謁が引き延ばされたのは、ペルシャ王お抱えの占星術師の進言によるものだという。たしかに非常に多くの陳情団がうるさいばかりに来訪していた。ひょっとするとペルシャ王は、占星術師の星占いを口実にしていたのかもしれない。なぜなら、すぐに陳情団の拝謁を受け回答をなすということは、政治的にはふさわしくないように思われたからである。ペルシャ王は、「親愛なる友人」であるスウェーデン王に対し、その多幸を祈る言葉を述べてくれた。だが使節団の陳情案件に対して、すぐに前向きの回答がなされることは、明らかに期待出来ないようであった。ファブリティウスは何度も陳情し、最初の拝謁から三年後にようやく、満足のゆくものではないにせよ、ともかく少なくとも一つの回答をペルシャ王から引き出し、それでようやく帰国することが出来たのである。

ペルシャ王の宮殿では、外交行事として盛大な謁見式が行われたが、そここそケンペルが本領を発揮する場であった。彼は自著『廻国奇観』の中で、異国情緒あふれる豪華なもてなしが

ペルシャ王によるレセプション

（『廻国奇観』216ページと217ページの間に挿入されたもの）ケンペルのスケッチに基づく銅版画。

次々と繰り広げられる様子を詳細に記し、その様子を後世に伝えている。とはいえ、自分一人ですべての様子を正確きわまりなく観察するということは、出来ない相談であった。そこでケンペルは従者に指示を出し、謁見の式典が行われる大ホールの入り口に待機させ、客人用の食事の種類と量を綿密にメモするように命じた。実はこの従者のことがケンペルの著書の中で出てくるのは、彼がケンペルの命令を実行出来なかったからなのである。というのも、立派な食事があまりに大量に運ばれて来たから、従者はその一つひとつについてメモすることが出来なかったわけである。このエピソードから、科学者ケンペルは他の場合でも、協力してくれる人々の力を借りて調査を行っていたであろうということが推測出来る。

ロンドンの大英図書館には今日でも、びっしりと文字が書き込まれたケンペルのメモ用紙が多数保管されている。それを見れば、ケンペルがイスファハンでどれほど情熱を傾けて正確に情報を集めたかがうかがえる。ペルシャの国家財政や宮中に仕官する人々について、あるいはペルシャ各州の大きさや数、その生産品について、さらには過去の歴史や現在のことなどについて、様々な情報がそこには並んでいる。だがこうして集められた情報のうち、彼の『廻国奇観』に見られるのはそのほんの一部にすぎない。『廻国奇観』という書物は九百ページに及ぶ著作であるが、ケンペルはこの著書のタイトルとしてラテン語で控えめに *Amoentitates Exoticae* すなわち「異国の珍味一片」と記すにとどめた。というのはこの著作は、彼が得た全知識のうちのほんの試供品にしかすぎなかったからである。すると当然、次のような疑問がわいて来るであろう。ケンペルには時間のゆとりがあり、また社会的な人間関係にも恵まれていたのであるから、なぜこのような状況を利用して、のちに日本についての大作を書いたように、ペルシャについても堂々たる形式を持つ完全な著作を書こうとしなかったのであろうか。

遙かなる土地への希求

仕事らしい仕事がなくて時間にゆとりのある使節団秘書官としての生活を利用し、アジアに関する第一作をじっくりと書くどころか、ケンペルはしばらくしてからこの快適な職務を辞し、それよりは遙かに困難な状況の中でさらに旅を続けたいという、熱い気持ちを持つようになった。

「ヨーロッパでトルコに対する戦争が続いている最中であるのに、私たちはいったい何事をなしたというのか。私たちはペルシャの豪華な生活でまるまると太り、長期にわたる滞在をしているにもかかわらず、祖国の君主の期待に応えられないでいるのである。」牧師の息子ケンペルはこのように記している。豪奢な生活に対するカルヴァン派的な嫌悪感をここに見て取ることが出来るであろう。

次のように反論する人がいるかもしれない。ケンペルならばペルシャで何事かをなすことが出来たのではないか。ペルシャ王の宮中に三年もいたのであるから、この時間を利用すれば、急いで取ったメモをまとめて一つの学術的な書物をものし、帰国後スウェーデン王の後援を得て著作を出版することが出来たのではないか。

そのようなことをする代わりにケンペルは、使節団の団長ファブリティウスに対し次のように頼んでいる。――あなたはオランダ東インド会社に知り合いがいるのだから、どうぞ私のために人脈を利用していただきたい、そして私がさらに遠くの国々に旅を続けることが出来るような職務をオランダ東インド会社で得られるように働きかけて欲しい。――ケンペルはこのように申し出たのだが、その際彼は使節団秘書官という今までの高い地位に見向きもせず、もしも何らかの職務が得られるのであれば、たとえそれが一兵卒にすぎなかったとしても、自分はその職に従事するつもりであると言明している。

ケンペルがめぐらした策は一つだけではない。シラーズ出身の医師がインドに向かう途中であるという話を聞きつけて、ケンペルはこの人物に対し、使用人としてでもよいから自分を雇って同行させてほしいと懇願している。また彼は他の人々にも色々と依頼の手紙を書いている。このような手紙から伺えることは、ケンペルが出来るだけ早くイスファハンを出発し、そこからさらに遙か遠くの国々に是が非でも行きたいと考えていた、ということである。

ケンペルはこの時点では、まさしく成功を収めた医師であり、またスウェーデン国王から任命された秘書官であった。そのような彼が、なぜ自分の地位をおとしめてまで、似つかわしくない地位でもよいから出来るだけ早くイスファハンをあとにしたいと考えたのであろうか。

知識欲という病

ケンペルは「知識欲という病」に襲われた、と述べている。ケンペルはあたかも結末を今から予感しているかのように、自ら次のように書いている。すなわち、知識欲という病によって「私たち若者はしばしば破滅状態に陥ってしまうのだ。」ケンペルはかつて、まるで学童のように「古代の遺物や……自然界の奇跡、そしてそのほか歴史家が賞賛したようなものごと」を発見してみたいと夢見ていた。イスファハンの豪華さは、ケンペルには満足のゆくものではなかったわけである。彼はさらに東方に転じようと考えた。つまりアレクサンドロス大王が歩んだ道を、自分も歩みたいと考えたのである。

ケンペルのサイン帳に書き込まれた言葉から推測すると、彼は平均以上の学生であり、また教官たちからも賞賛を博した人物である。彼はその学識と如才ない振る舞いのお蔭で、大学での学業を終えてわずか二年後、立派な職務に就いている。またペルシャでは、スウェーデン王室派遣使節団の一員としてよりも、むしろ医師としてケンペルは名声を得ていた。おそらく彼は、他の国に行っても医師として成功するはずだと思いこんだのではなかろうか。

のちにケンペルは思い知らされることになるのだが、ペルシャのようにヨーロッパの医師が尊重される所は他にはほとんどなかったのである。だがペルシャにいた時のケンペルは、ヨーロッパの治療術はインドや中国の王宮においてもペルシャと同じように敬意を払われるはずだと予想していた。そこで彼は使節団秘書官の地位を放棄したのみならず、かつて自分自身が最後の学生時代を過ごしたケーニヒスベルク大学から招聘の話が来た時も、何のためらいもなくこれを断ったのである。仮に低い地位から出発したとしても、自分ならばすぐに高い地位に昇ることが出来るのだと誤解していたようである。なぜ経験豊富な国王派遣使節団秘書官であったケンペルが、必要とあらば一兵卒に身をおとしめてまでも、自己の知識欲を満たしたいと考えたのかという理由は、彼が自分の力を誤解していたということから説明できるかもしれない。

「造物主が私たちに与えたものの中で、時間よりすばらしいものはない。万物が他人のものであっても、時間だけは私たちのものだ。」ストア派の哲学者セネカを引用したこのような言葉がケンペルのサイン帳に見える。これは、ケンペルの同行者で友人でもあったスウェーデン人クリングスティエルナ男爵が、はるかなる地を目指して世界旅行に出発するイスファハンでケンペルのために贈った言葉である。そしてこの言葉に続けてクリングスティエルナは「それゆえにこそ、時間を利用せよ」という自分自身の文章を書いている。「君がアジアの国々でどんなに新奇なものを見つけようとも、幸運に恵まれて旅行を成就させ、そして旅から帰ったあかつきには、君にとって常に心からの友人であるこの僕に、そのことを知らせてくれ。」

ところでセネカは哲学者なのであって、彼の言葉は行動に移すことを勧めるのではなく、むしろ内省を勧めるものであった。だがこうしたセネカのストイックな言葉は、ケンペルの耳には達しなかったようである。ケンペルはオランダ商館長に対して、少なくとも私のことを仮採用くらいはして下さいと頼んでいたのだが、商館長はとうとう、こうしたケンペルの願いに理解を示してくれた。ケンペルはそれどころか、深く考えずにオランダ東インド会社への本採用さえ願い出ていた。本採用はすぐには実現しなかった。一六八四年十二月、ケンペルはイスファハンで東インド会社の上級外科医に仮採用された。本採用となったのはようやく一六八六年八月のことで、それまでの期間は、東インド会社に勤務しているにもかかわらず、仮採用であったために薬剤を自費で負担しなければならなかった。またそれより八年後になってからでさえ、ケンペルは東インド会社に対して、まだ給料が二十カ月と十一日分未払いになっていると申し立てねばならない始末であった。

だがそのようなひどい目に遭うかも知れないなどということは、それまで成功しか知らなかった若き学者ケンペルには、イスファハンではまだ想像だにしないことであった。彼はケーニヒスベルク大学時代の同窓生あてに、高揚した様子で次のように書いている。「僕は当地を出発し、インドの立派な王宮を経由して中国まで旅をする。僕の技芸である医学に対し、天が幸福をもたらしてくれると信じている。」

幸運に期待を寄せてしまうのがケンペルの欠点であった。幸運の女神であるフォルトゥナは、ケンペルの期待とは裏腹に、異国に行きたいというケンペルの熱い気持ちに懲らしめを与え、若者らしい彼の単純な思考法の誤りを正そうとしたのである。

2 イスファハンからの出発

ペルセポリスの遺跡を訪ねる

一六八五年十一月二十一日、ケンペルが長い間待ちこがれていたイスファハン出発の日がとうとうやってきた。イスファハンから遠く千キロメートル離れたホルムズ湾のバンダル・アッバースにむかう東インド会社の現金輸送隊商に同行せよとの命令がケンペルに下されたのである。山道であったが、隊商は平均して一日に三十二キロメートル前進した。宿営地を出発するのは日の出前で、しばしば真夜中の二時になった。それは夜明け前の涼しい時間帯を利用するためであった。一日九時間以上前進することもまれではなかった。

しかしケンペルは自分の研究のために、さらに余分な苦労をなすこととなった。たとえば古代ペルシャ帝国の壮大な遺跡であるペルセポリスの廃墟を探訪したことがそれである。この地を探訪するためケンペルは、隊商の本隊から分かれて寄り道をし、その後急いでシラーズ市にいる本隊と合流したのである。ケンペルはこのようにして三日の時間を得た。ペルセポリスは人間の手で破壊され、また風雨にさらされるままになっていたが、かつては栄光に満ちた時代があった。その栄華の名残をケンペルは調査し、調査結果を記録に残した。この遺跡を調査するには二カ月あっても不十分だ、とケンペルは書いている。そして彼は短い時間で自分のなし得る最高のことを成し遂げようと努力した。彼がこのように困難な状況の中で急いで描き上げた十八枚の図は、丹念に描かれた正確なものである。

のちにこの原画を銅版画に描き直して印刷する際、ケンペルは自身の像を銅版画の縁に描き添えさせた。それは、巻き毛の鬘の上から帽子をかぶり、流行の服を身にまとった自画像で、その手にはスケッチブックと筆記具を持っている。とはいえ、寸暇を惜しんで研究する学者ケンペルの実際の姿は、これとは違ったものであったろう。

現代に至るまで学者たちは、発掘作業をする際にケンペルが描いた図版を参照している。滅亡した帝国ペルシャの重要な遺跡を描いた最も初期の正確な図として、ケンペルのスケッチはいまも名声を博しているのである。

ペルセポリスの遺跡
(『廻国奇観』324ページと325ページの間に挿入されたもの)
左下にケンペル自身が描かれている。ケンペルのスケッチに基づく銅版画。

詩人と薔薇とワインの町シラーズ

夜を徹して進んだ旅ののち、一六八五年十二月四日ケンペルはシラーズに到着した。詩人と薔薇《ばら》とワインの町として有名な都市である。荒れて乾燥した地域を長い時間をかけて旅したのち、ケンペルはシラーズの豊かな美しさにほとんど圧倒されるような思いを抱いた。ここに至るまでの数日・数夜の労苦は、忘れたも同然であった。シラーズの町は風景の美しい場所に位置し、泉からは水晶のように透明な水が流れ、噴水の音が響く庭には花が咲き乱れていた。他には見られないほどの糸杉の林、記念碑的な古代建築、そしてもちろん芳香ただよわせる薔薇の花と、名だたるワインがここにはあった。ケンペルはシラーズの町に最高級の賛辞を惜しんでいない。ペルシャ全土でシラーズほど気候が穏やかで、上水が豊富に流れ、あるいはこれほど花が大量に咲き乱れている所は他に見たことがない、とケンペルは思いこんだくらいである。またケンペルは、この地の糸杉は世界で一番丈が高いと思い、その高さゆえに肉眼では糸杉の先端のところにいる鳥の姿が確認出来ないほどだ、と述べている。

このすばらしい都市でケンペルが過ごすことが出来たのはわずかに三日半のみであった。ケンペルはシラーズのことを「学問の住まい」と名付けている。シラーズの町が昔からその美しさのゆえに、ペルシャの学者たちを引きつけてきたからである。だがケンペル自身はこの短期間の滞在中、水晶のように透明な流水のほとりや庭の木陰で旅の疲れをいやすどころか、むしろ精力的にこの町を歩き回り、質問し、メモを取り、スケッチを描いた。そして彼はこの短い時間で、『廻国奇観』のほとんど三章分にあたる材料を収集したのである。

シラーズの町にケンペルは魅了された。だが、だからといって、ケンペルは当地の詳細な地図を作成し、水の流れを正確に記述することを忘れはしなかった。今日でもケンペルの描いたスケッチの中には、シラーズで集めた正確な情報が未公刊のままに眠っている。なぜ未公刊のままであったかというと、ケンペルは自著の中で読者にとって興味深そうなテーマだけを紹介しているからである。

興味深そうなテーマだけでも十分な量があった。たとえばシラーズの有名なワインについてである。ケンペルはこの地のワインを世界一であると記述している。だがシラーズでは収穫されたブドウのうち、ワイン用に搾られるのは三分の一のみであった。イスラム教徒はアルコールを口にすることは許されていなかったからである。だがシラーズで収穫されるブドウの量は非常に多かったので、その三分の一にあたるワイン用のものだけですでに、海外貿易が十分に維持出来た。ケンペルによればオランダ人は年間三千箱を故国に輸送し、イギリス人とポルトガル人もそれぞれ千箱を下らない量のワインを輸送した。インドに送られたワインも莫大な利益をもたらしていたが、その分はここには算入されていない。

ケンペルの学術的スケッチ

だがこのように評判の高い都市シラーズにおいて、ケンペル一行はほんの僅かしか休息することが出来ず、十二月八日から隊商はまた艱難辛苦の旅を続行したのである。ケンペルは詳細なメモを精力的にとり、土地の様子や隊商宿について描写し、地名や植物を記録した。一日に十一時間——真夜中の二時から昼の一時まで——旅を続けることさえあったが、ケンペルの日記には嘆きの言葉が見られない。彼の日記はあらゆる面で即物的であった。夜間旅を続ける時に三時間にわたって皆既月食を体験したとケンペルは記述している。だが真っ暗闇の中、石油ランプのわずかな光で岩だらけの道を照らしながら異国の土地を進んで、いったいどのような感慨を抱いたかということについてケンペルは何も書いていない。むしろ彼は、かつて人が住んでいた住居が崩落してしまった跡を通りすがりに見て、目に見える限りのすべてを記述しようと試みているのである。

ケンペル個人が何を考えたかは、文章の背後に隠れている。一ヶ月以上の旅行中彼がどのような人々と友人になったか、誰と談笑したか、どこで寝たか、何を食べたか、どのようにして体を洗ったり入浴したりしたか、あるいはそもそも体を洗うことがあったか、ということはケンペルの文には記されていない。文章の行間に、旅が快適でなかったことがにじみ出ているのみである。「そこから約四十歩のところの隊商宿には、湯が湧き出る泉があったが、悪臭を放っていた。この泉をきれいにするか、あるいはもっと良い所に移設したら、温水浴が出来るだろう。」ケンペルはこのように書いている。入浴のことが話題になっていることから推測出来るのは、埃にまみれて旅行を続けるケンペル一行にとって、ほかにはそのような機会がなかったのだろう、ということである。

ケンペルの文章からは、彼がどれほど十分に自分の体験の珍しさを意識していたか、そしてどれほどはっきりと目的意識をもって学術的著作のための資料を収集していたか、ということが読み取れる。たとえば地下水道や高架式水路についてケンペルは長々と詳細に記述している。だが、草が生え放題になり一部が崩落している建築物を調査した時に、どれほど肉体的な苦労をともなったかということについて、ケンペルは述べていない。たんにケンペルは、岩に刻まれたレリーフをはっきりと写し取ることが出来なかったことを弁解するような文言を書いているのみである。それによれば、ちゃんとレリーフを見るために土をかき分けたかったが、彼の手許にはスコップもなく、また手伝ってくれる人もいなかったからなのである。

しかしケンペルは、学問的に重要な事柄を記述するための前置きとなる場合には、日常の事柄を読者にほんの少しかいま見させてくれる。たとえば一六八五年十二月十三日に隊商が休息日をとったことがケンペルの記述からわかる。それは、当日激しい雨に見舞われたからであり、またこれからのつらい旅程に備えて、荷物運搬用の動物たち——人間ではなく——を休ませるためであった。ケンペルはこの雨の休養日に、ある公設コーヒー店を訪れて、コーヒーの入れ方を観察して時を過ごした。

新奇な飲み物コーヒー

ケンペルによれば、ドイツでビール酒場やワイン酒場があるのと同じくらいたくさん、ペルシャにはコーヒーハウスがあるという。ところがケンペルがペルシャに滞在していた当時のヨーロッパでは、コーヒーはおもに薬品として知られているのみであった。東インド会社がはじめてコーヒー豆を大量に輸入したのは、これより二十年以上前のことだったが、定期的に輸入するようになったのは、のちの時代の一六九〇年以降のことである。ドイツでコーヒーが飲み物として知られるようになったのは、ようやく十八世紀初頭になってからである。それゆえケンペルが記録していることは、当時としては新情報であり、そのため彼の記述も詳細なものになっている。

「平らな鉄板を石炭の火の上に置き、かなり煙が出て焦げ茶色になるまで、常に動かしながらコーヒー豆を煎る。そして十分に煎りあがったら……長い時間をかけて石臼で豆を碾《ひ》くのであるが、時間は長ければ長いほどよいとされている。」道端や市場の至る所で、日雇い労働者が額に汗をかきながら力いっぱい杵を頭の上に振りかざし、香り高きこの飲み物を愛する人のためにコーヒー豆を出来るだけ細かな粉末に碾きおろしている姿が見かけられた。こうして出来たコーヒーの粉末を煮出し、耐えられる限度ギリギリの高温にして、小さなカップに入れ、飲むのである。

ケンペルは医師として次のように断言している。――コーヒーは人体を乾燥させる作用を持つので、とりわけ痰に苦しんでいる人に推奨し得る。だがコーヒーを日常的に飲むと、生気のない冷淡な気分になり、それどころか憂鬱な精神状態になる――。コーヒーを飲む人が極端に痩せて黒い髭をはやしていることから、ケンペルはこのように思いこんだわけである。今日多くの人にとってコーヒーはなくてはならないものだが、ケンペルは右のようなわけでコーヒーのことを「陰気な石炭飲料」というふうに否定的に記述しているのである。

ケンペルの日記には詳細な情報が溢れている。だが、読者がそこにケンペル自身の人物像を読み取ろうとしても、おぼろげな影が見えるだけである。人間ケンペルの姿を探そうとするならば、たまま記された何気ない記述を根気よく探し出さなければならない。ケンペルはのちに自画像を自著の銅版画の隅に描かせた。それは鬘をつけ、幅広の帽子をかぶった優美な像であった。この自画像と同様、その文章においてもケンペルは、学者として気高く、日常の生活からは超然としているかのごとき姿を見せているのである。だが、バンダル・アッバースに到着すると、それが一変する。

3　地獄のような環境の中で

バンダル・アッバース

十二月二十八日、ケンペル一行はついに海を目の当たりにした。ホルムズ湾である。一行はまず、山の間のぬかるんだ丘陵地帯を越え、乾いたシュロ園を通り、そして、ヨーロッパ人にとって非常に重要な交易港バンダル・アッバースに至ったのである。だがケンペルにとって、それは二年半にわたるつらい生活の始まりを意味した。この有名な港町は、ケンペルに言わせれば「世界で最も不毛で、最も乾燥し、最も暑苦しく、最も汚染され、最も不健康で、最も不吉な、ほとんど地獄と変わらぬ場所」だったのである。気候の状態はひどいものであったため、現地の人でさえ夏期には保養とナツメヤシの収穫をかねて山地に移動し、そのため市街は死んだように閑散とした。オランダ人だけは商業の利益を追求するあまり、地獄のような暑さを我慢し、その結果健康をそこない、それどころか生命を危険にさらすことさえあった。日本で

バンダル・アッバースの港
(『廻国奇観』758ページと759ページの間に挿入されたもの) オランダ東インド会社にとっては重要な交易拠点であったが，ケンペルには「地獄」であった。

オランダ東インド会社の社員は、まるで囚人のように出島という島に隔離され、日本国内を旅行する時も厳しい監視のもとに置かれていた。だがバンダル・アッバースの生活に比べれば、日本での不自由など、はるかに耐えやすいものであった。バンダル・アッバースでケンペルは健康をそこない、それどころか自分は死ぬのではないかとさえ恐れたのである。たしかにケンペルののちの文章の中のあちこちで、日本で常に監視されて不愉快だという趣旨の文言が見られはする。だが、「地獄のバンダル・アッバース」を経験したのちであってみれば、日本全体についてのケンペルの記述が批判的になるということはなかった。またもう一つ気づくことであるが、バンダル・アッバースで二年半にわたって苦しみに耐え抜いたことで、ケンペルは人間としても、より成熟した。それ以前のケンペルは、自分の周囲の物事のうち、外から見える特徴だけを学者として記述すべきだと考えていた。今やそのケンペルが、肉体的苦痛や精神的苦痛をも記録に残すようになったのである。こうした経験を積んだお蔭で、ケンペルはのちに、日本についての非常に広範な記録を残すことが出来るようになった。

だがケンペルのバンダル・アッバース滞在は、もう一つ彼の日本論成立に決定的な影響を及ぼした。ホルムズ湾の港町バンダル・アッバースの気候は耐え難いものであったので、現地駐在の外国人にとって医師はなくてはならない存在であった。だが医師ケンペル自身が病気になってしまった。そこでケンペルは自分の健康を守るために、会社が許可していない山地への旅行をなすべきだと考え、会社の同僚の反対を押し切って二度避暑旅行を敢行した。そのためケンペルはオランダ東インド会社の中で不興を買うこととなった。人々はケンペルのことを信頼に足らぬ人物であると見なし、のちにケンペルが、「東洋の真珠」と呼ばれたオランダ東インド会社の本拠地バタヴィアに到着した時、当地で彼に提供された職務は、医師の資格があるケンペルにはふさわしくないものであった。バタヴィアでこのようなことがあったため、ケンペルは長崎湾にある閉ざされた島（出島）で勤務するという職務を受け入れ、当初の計画とは全く異なって、日本に行くこととなったのである。

バンダル・アッバースでケンペルは、自分には山地への無許可旅行をする権利があるのだと感じていた。ここほど命が耐え難い所は地球上のどこにもない、しかもそれは夏だけの話ではない、とケンペルは考えていた。ケンペルは兄に宛てた手紙の中で、当地の冬の六カ月間は、日中はドイツの最も暑い夏の日ほどには暑くないという程度の気温であり、逆に夜間は耐えがたいほどにひどく寒く、スウェーデンにいた時よりももっと防寒の用意をしなければならないほどです、と書いている。そして突然極端に湿度が高くなるので、ケースに入れないで置いていた刃物が一晩でさびついてしまい、外気に触れたものはすべて、まるで水で濡らしたかのようになってしまった。だがその直後から空気が急に乾燥しはじめ、人の肌もしわだらけになるのである。ケンペルは人体を衰弱させる原因としてさらに、地面から無水亜砒酸が発散し、それで大気が汚染されるからだと述べている。気温が突然変わり、そのことで肉体がむしばまれる。それに加えて空気が汚染されているので、ひどい熱病にかかりやすく、そのため数日後には死に至ることさえある、とケンペルは述べている。

このようなことは、現地の人々も外国人と変わらない状態だった。暑い季節が近づいてきた時、この地区の太守が不注意にも避暑地への出発を先延ばしにしたことがあった。そのとき彼の妻のうち十七人が死亡した。妻の二人と義父一人（彼らは避暑地に行かずに太守の所にとどまっていたのだ）が冷水浴をしたのちに発熱したが、人々はこれを微熱であると言っていた。その時ケンペルが呼ばれたのであるが、医師ケンペルが出来たことと言えば、この患者たちは死の床に臥せっているのですと断言することのみであった。この殺人的な気候の中では、動物たちも倒れた。ケンペルの報告するところによれば、犬が激しくころげ回ったのちに倒れて死に、また馬が夏の灼熱の中で視力を失ったとされるのである。

だが、これでもまだ災難が出尽くしたわけではないかのごとくであった。人間の体を水が汚染した。乾燥した夏の数カ月の間、運河の底には病原菌が発生したのである。もっともひどい被害を及ぼしたのは線虫であった。線虫は人間の体の中で非常な長さに成長し、化膿した傷口から出てくるのである。腫れ物が出来る原因として、ケンペルは常に汗が噴き出すからだとしている。この腫れ物はしばしば、どんな治療法をもってしても人間の体の表面で増え続ける。このようなひどい汗をぬぐい去ろうとして、いつも体を洗い、冷たい水を浴びても、腫れ物が出来た人はほとんど一年生き延びることが出来ない。

これほど不快な目に遭ったにもかかわらず、二年半におよぶバンダル・アッバースでの滞在中ケンペルは自身の研究で成果を挙げ得た。兄に宛てた手紙の中でケンペルは、自分以外の学者ならばこんな気候には耐えきれなかったでしょうが、それでもここには研究すべきものがたくさんあるのです、と書いている。実際ケンペルは、暑さに耐えられる限り、そして仕事にゆとりのある限り、この上なく新奇な自然現象を満喫した。彼の『廻国奇観』および後にライデン大学に教授資格申請のために提出した博士論文の相当な部分は、この呪われた「地獄のバンダル・アッバース」で執筆した研究に基づいているのであった。

無許可で山地に旅行する

『廻国奇観』の中には、ケンペルが療養のために標高三千メートルを超えるベカン連山に旅行した時の様子が書かれている。バンダル・アッバースの建物や遺跡を描写する時のケンペルの筆は非常に学者的であったが、山地旅行の部分では、読者はケンペルが何を感じ、どういう肉体的状態にあったかが、まるで自分のことのように判る。そこにはケンペルの体が日に焼け、汗がしたたり落ち、唇がはれぼったくなっている様子が書かれ、また寝る時にはどんな掛け物をしたのかということも読み取れる。ケンペルは病気をしてはじめて、自分の体をいたわることの大切さに気づいたかのようである。そして今や彼は、身体を快適に保つことについて書くということが、読者にとっても関心の深いことであるということに気づいたのである。

山地への移動の道は、健康回復の道にもなった。病に冒されたケンペルは、毎日出来る限り自分自身の体をいたわるように心がけた。とある、水が湧き出ている場所には、丸い屋根が掛かっていたが、その入り口の日陰の場所でケンペルは、マント状の肩掛けを日よけの傘のように広げて、それを何度も水でしめらせた。冷気を自分の体にあてて、体を休めるためである。山地のもっと高い所に行くと、このように面倒なことをしなくてもよくなった。ケンペルは岩陰で休息し、その間、従者たちは谷間の森にある牧者の小屋に下りて行き、ミルクやバター、そして食料用の仔山羊を調達したのである。

ナツメヤシの収穫風景
（『廻国奇観』710ページと711ページの間に挿入されたもの）ケンペルのスケッチに基づく銅版画。

バンダル・アッバースを出発した時、ケンペルはラクダの背に掛けた籠に乗らざるを得ないほど弱っていた。だが山地に入ると体力が回復し、ロバの背にまたがって旅を続けることができるまでになった。

　六日ののち、ケンペル一行はついに目的地の村に到着した。その村は人知れぬ豊穣な谷間にあった。村長は白パン、ナツメヤシそして新鮮なミルクを用意してケンペルを歓迎し、夜遅くまでこの地方の名所について話をしてくれた。この村は、敵に包囲された君主が数百年前に逃げ隠れた場所として有名な村であった。ケンペルが耳にした所によれば、山地の高い所には、兵《つわもの》どもが戦った城塞の廃墟があるという。ケンペルはかなり体力が回復していたが、以前ほど廃墟に心惹かれることはなかった。ケンペルは山に登りに行ったが、それはむしろ、山地の珍しいバルサム（含油樹脂）とベゾアール山羊を探すためであった。現地の人々は山羊の腸の中に時々ベゾアール石を発見したが、それはこの地方では——いわゆる山バルサムと同様に——薬として使用されていたのである。病気から回復したばかりのケンペルにとって、廃墟よりも医薬の方が重要であったわけである。

　ケンペルは翌年も同じように、夏の数カ月を休養にあてた。今回は山地でナツメヤシの収穫に行ったのだが、現地ではナツメヤシの収穫作業は労働であるばかりでなく、様々な祭事にもなっていたのである。ここでも彼はナツメヤシに関する論文の材料を集めた。こうして集めた素材は、九百ページにわたる『廻国奇観』の五つの章で活用された。

灼熱の夏の数カ月に山地旅行をしたお蔭で、ケンペルは健康を回復し、猛烈な気候をものともせずに、重要な研究を行った。バンダル・アッバースにおける二年半の滞在期間中、ケンペルは博士論文と大著『廻国奇観』のための資料の大部分を収集したのである。だが他の面から言えば、オランダ商館の商人たちがもっとも医師を必要としていた夏のいちばん暑い時期に、医師ケンペルが現地にいなかったということである。こうしたケンペルの行動を、ひとはすぐには忘れることはなかった。ケンペルが恵まれた環境のもとで再び心静かに研究にいそしめるようになったのは、彼が一六八八年六月三十日にオランダ東インド会社のヨットで「地獄のバンダル・アッバース」を去った時から二年以上たってからのことである。だが彼の行き先は、予定していたようなインドや中国ではなかった。長崎湾にある閉ざされた孤島・出島においてケンペルは、自分の名前を後世に残すこととなる著作を書く環境を見いだしたのである。

第四章　日本への道

1　オランダ東インド会社

東インド会社の組織

ケンペルはアジアへの旅行をさらに続けることになった。このことを可能にしてくれたのはオランダ東インド会社である。この会社は当時、世界で最も巨大で最も近代的な貿易会社の一つであった。オランダ東インド会社が設立されたのは一六〇二年のことである。それまでオランダの港には様々な貿易会社が存在していたが、こうした会社は企業としての競争力を高めるため、一つの企業体に統合しようとしたのである。この新会社の名前は連合東インド会社（Vereenigde Oostindische Compagnie）、略してＶＯＣという。同社は今日の株式会社と同じように、オランダの裕福な市民階層に株を売って資本金を増加させた。そして株を買った市民階層の人々は、会社が上げた利益の配当を受けたのである。経済力のある貿易会社となったオランダ東インド会社は、十六世紀の海上支配勢力であったポルトガルに対抗するようになり、アジアの最重要の貿易拠点を——たいていは戦争という手段を用いて——次々とポルトガルから奪っていったのである。オランダ東インド会社の資本金は約六百五十万フローリンであったが、これはその二年前に設立されたイギリス東インド会社（East India Company）のほぼ十倍に達するものであった。オランダからはアジアに向けて貿易船が定期的に出港し、その数はケンペルが同社にいた時代の一六八一年から一六九一年にかけての十年間で年間平均で二十隻以上であり、三十年後にその数は一・五倍に増加していた。アジア貿易の中心拠点はバタヴィアにあり、ケンペルの計算によると、アジア地区のうちバタヴィア所管分だけで従業員の数は一万八千人を数え、また年間に支払われる俸給は三百万フローリンを超えていた。

このような状況は、当時の日本人にとっては理解しにくいことであった。オランダの「王」について、オランダ人は日本で繰り返し質問を受けた。だが本来の意味での「王」はオランダには存在していなかった。十七世紀初頭以来オランダは共和国になっていて、存在したのはいわゆるオランダ総督のみであった。オランダ総督はかつて、指導的な司令官としてスペイン王家の束縛からオランダ諸州を解放した。オランダの国防は総督の指揮下にあったが、しかし国防のための費用については、まず市民が組織する国家行政機構の承認を受けなければならなかった。オランダ東インド会社も、総督の指揮下にはなかった。オランダ東インド会社を指揮していたのはいわゆる十七人会と呼ばれるもので、この十七人会は、東インド会社に出資する港湾都市の六つの支部から十七人の代表者たちが集まったものであった。このような状況について、日本側でも幾度か耳にすることがあったのであろう。オランダ人たちはしばしば、いったいオランダ国王と東インド会社ではどちらの方が強いのか、との質問を受けたものであった。このような質問にはたいていは答えられることがなかった。真実の所は、おそらく東インド会社の方が強大であった。というのは東インド会社には独自の裁判組織があり、またオランダ本国政府とは無関係に、独自にアジア諸国家と協定を結ぶ権利を有していたからである。だがもしも、このような状況を日本側に詳しく説明したとすると、幕府は不安を抱いたことであろう。そして、ただでさえオランダ人たちは幕府から猜疑の目で見られていたのに、もしも日本側に詳しく説明したとすると、幕府はオランダ人たちのことをなお一層疑いの目で見たことであろう。

オランダ人以外の人々

オランダ東インド会社に雇用された人々は、すべてオランダ人として日本にやってきた。だが、ドイツ人であるケンペルがオランダ東インド会社の社員となったことは、例外的なことではない。オランダ東インド会社の企業活動は、ケンペルの時代以前から非常に広範なものになっていて、その企業活動を支える社員はオランダ人だけでまかなえるような規模を超えていたのである。職務は危険なものであり、賃金は安かったので、私的な貿易による収入で補わざるを得ないほどだった。出帆する船の数は常に増加していたので、船に乗り込む船員や兵士をオランダで十分に確保するため、各港には「魂の売り手」と呼ばれる人々を置く必要があった。彼らは言葉巧みに人を誘惑し、無料で酒をご馳走しては労働契約にサインさせた。そしてひとたびサインさせたら、サインした人の気持ちが変わっても大丈夫なように、出帆の日まで彼らを部屋に閉じこめておくのであった。このような場合には、国籍が何であるかは関係がなかった。あるドイツ人が一七一〇年にバタヴィアから報告している所によると、バタヴィアの要塞で警備隊を構成していたのは、ドイツ人・スイス人・ポーランド人のみであった。この言葉を額面通りに受け取ることは出来ないであろうが、しかしオランダ東インド会社に勤める人々の相当な部分がオランダ人以外であったということは、かなり確実に主張し得ることなのである。

上流の商人層に占める外国人の割合は、これより遙かに低いものであった。だが成果を挙げた場合は、オランダ人以外でも上位のポストに就くことが出来た。たとえばドイツのカッセル出身であるアンドレアス・クライヤー（Andreas Cleyer, ?〜一六九八）は、オランダ東インド会社の日本商館の指揮を二度にわたって任されている。またモルッカの支所を長期間指揮したのは、ドイツのハーナウ出身であるゲオルク・エーバーハルト・ルンプフ（Georg Eberhard Rumpf）であった。そしてケンペルの当時、バタヴィアの司令官を務めていたのはフランス人の新教徒（ユグノー）であった。

とりわけオランダ東インド会社に雇用された医師には、ドイツ人が多く見られた。当時はオランダのいわゆる黄金時代であり、大学卒のオランダ人医師はよい収入を得るためにわざわざ危険な旅行をしてまで海外に職を求めるようなことをする必要はなかった。ケンペル自身が一度書いているのだが、ドイツ国内にはそのような職の可能性はなかった。それゆえ多くのドイツ人医師が名声と収入を求めて、遠方に期待をかけたのである。

前に述べたアンドレアス・クライヤーは、彼自身の言葉によればマールブルク大学の医学部を卒業したのだが、収入の道が無く、たんなる士官候補生としてオランダの船に乗り込んだ。クライヤーはバタヴィアで医療施設の長官にまで昇進し、その後日本のオランダ商館の商館長に任命された。ケンペル来日の四十年前、すでにドイツ人カスパル・シャンベルガー（Caspar Schamberger）が、長崎のオランダ商館で「オランダ人の」外科医として名声を博していた。

医師の重要性

オランダ東インド会社で医師は重要な役割を果たしていた。会社が企業として成功するためには、荷物そのものと同様に、荷物を買い付けたり運搬したりする人間もまた大切な存在だった。だが荷物の寿命よりも、人間の寿命の方が遥かに短かったのである。オランダからアジアへ渡航する旅だけをとってみても、乗組員の六分の一が死亡することがまれではなかった。イギリス人エドワード・バロー（Edward Barlow）は、一六七二年から一六七三年にバタヴィアでオランダ人の捕虜となった人物であるが、バローの述べる所によれば、強健な乗組員三百人のうち、八十人から百人――つまり三分の一弱――がオランダからバタヴィアへの途上で死去したという。

ケンペルはバンダル・アッバースでどれほど死者が出たかを記述しているが、この記述からもはっきりと死者の多さがうかがえる。たしかにバンダル・アッバース以外の商館では、事態はこれよりは遥かにましであった。だが何らかの形で常に健康がおびやかされる、という点ではどこも同じだった。たとえば、ゲオルク・エーバーハルト・ルンプフは、地震で妻子を失った。そして彼自身、のちに熱帯の強烈な太陽光線のせいで失明した。ケンペルが南インドのクイロンに到着する少し前、オランダの東インド総督ヨハン・ファン・ディーレン（Johann van Dielen）の家に仕える人々の多数が、原因不明の病気で一度に死んだ。ケンペルはそれ以上の死者を出さないように治療活動を行い、そのためファン・ディーレンは、この有能な医師ケンペルをクイロンのしかるべき職に就けようと奔走したのである。

気候、慣れない食事、肉体的な労苦、そして何よりも「魂の苦痛」――今日の言葉で表現するとストレスということになる――のせいで、人はしばしばアルコールに溺れたり、麻薬に手を染めたりした。そのために肉体がむしばまれ、より一層熱帯病にかかりやすくなったのである。ケンペルはアルコールに溺れたり麻薬に手を出したりするようなことはなかったけれど、健康を損なうような危険な状況には何度も陥った。たとえば兄に宛てた手紙の中でケンペルは、日本に向かう旅の途上「冷たい粗末な船内食によって」のみならず「不安と苦労によって、悪い病気にかかりやすくなってしまいました」と書いている。

経済的利益のためにオランダ人は、あえて異国の危険な状況に身をさらしていた。そしてこのようにして得た利益を、生きながらえて使えるかどうかが、医師の技量にかかっていたということがまれではなかったのである。

オランダ東インド会社に奉職する医師が果たすべき職務は実に広範なものであった。そのため、医師には高い能力と篤い探求心が必要であった。未知の病苦や病気発生源に遭遇することが何度もあった。参照すべき専門文献はほとんどなく、治療経験を報告し合う医師仲間が見つかることも非常にまれであった。必要に迫られて自ら治療法を開拓せざるを得なかったが、その場合も、手もとにあるごく僅かの医薬品に頼るか、あるいは現地の薬の効能を試してみるしかなかったのである。

研究環境

ケンペルのような人物にとって、このような労働環境こそが、彼を研究へと駆り立てたそのものであった。すでに述べたように、ここで成し遂げた研究を、ケンペルはアジアからヨーロッパに戻ったのちライデン大学に博士論文として提出し、それを『廻国奇観』という形で公刊したのである。こうした著書を発表したため、ケンペルの論文は医学史の中でも常に敬意を払われてきた。そしてケンペルは非常にしばしば、ヨーロッパ人で最初に熱帯病と取り組んだ人物として称揚されてきたのである。だが実際には、このような緯度の地域で臨床治療の活動を行う医師ならばすべて、熱帯病と格闘せざるを得なかったのであって、そのような医師の中には、ケンペルと同様に自分の治療活動を文書として書き残した人もいたのである。そのようなわけで、たとえばアンドレアス・クライヤーがマズラ菌症——このテーマについてはケンペルも書いている——について書いた論文が、すでに一六八五年にベルリンの医師クリスティアン・メンツェル（Christian Mentzel）が発行する雑誌上に公刊された。

クライヤーは当地の薬局経営者であり、のちにはバタヴィアの医療施設の長官になった人物である。彼はまた、薬の原料として、現地の人々が使う治療薬を積極的に活用した。バタヴィアには薬園が二つあり、そこでは四十人から五十人の園丁が薬草を栽培していた。そして実験室では薬草研究者が一人、また調剤師、実験家、記録係が数人いて、奴隷身分の助手の助力を得つつ、薬品の研究・生産を行っていた。そればかりか、解剖室およびハンセン病診療所がバタヴィアに設置されるようになったのも、クライヤーの指導のお蔭であった。

このようにバタヴィアには医師とその協力者による完全なチームが存在していたのであり、彼らは熱帯の様々な病気や治療薬について研究を遂行していた。このことを考え合わせてみると、なぜケンペルが自分の医学論文をのちに、他の全く別の学問分野についての論文にまじえて、まるでついでに書いたような形で一つの同じ著書の中で公表したのかという理由も理解出来る。その著書の名前は『廻国奇観』というが、ラテン語原題の逐語的な意味は「異国の珍味一片」というものである。つまりこの本は、科学一般に興味をもっている人々を念頭に置いて書かれたものであって、決して熱帯で働く医師に向けて書かれた専門書ではなかったのである。

このような執筆姿勢はとりわけ、ペルシャとインドに存在する酩酊作用のある毒物についての論文に表われている。その中でケンペルはそれらを「毒素と酩酊成分をその根に含むものであり……その名前を聞くだけで、われわれヨーロッパ人は身震いを生じ、注意深いヨーロッパの医学研究者が全く排斥したもの」であると紹介している。

タバコの有毒性

このような毒物のうち、ケンペルが最初に挙げているものはタバコである。その名をトバゴ島に由来するというこの植物は、ポルトガル人の関与によって、全世界で栽培されるようになったとされる。そして喫煙の習慣は、信じられないくらいのスピードでたちまち全人類を虜にした。ケンペルは次のように警告している。

「この植物は毒草に数えてしかるべきであろう。というのは、目まいがしたり不安感を覚えることがあるし、慣れない人がタバコを吸うと吐き気をもよおすことがあって、それがタバコの有害性の確たる証拠になっているからである。」ケンペルは別の箇所で、自分自身でもタバコを吸ってみたが、ちょうどビンロウの実を噛んだ時と同じように、不安な感情が生じ、冷たい汗が出、また目まいのような感覚にとらわれたと述べている。当時すでに、ひな鳥の新しい傷口にニコチンを一滴垂らしただけで、そのひな鳥が死んでしまい、人間の場合でも重大な結果になる、という実験が行われていた。

一方でケンペルは、タバコがこれほど有害であるにもかかわらず多くの人間が喫煙に慣れ、タバコを吸っても「実際にはもはや被害をうけない」場合がある、ということも観察していた。ケンペルの時代、ヨーロッパ人はたいてい、近東や極東の住民の大多数と同じように、煙管でタバコを吸っていた。ケンペルが書いているところによると、ただ「有色の現地人のみがタバコの葉を丸めて円錐の形を作ったのち、円錐の底辺部分に火をつけ、反対側の先端に唇をあてがって、道具を使わないでタバコを吸引していた」。

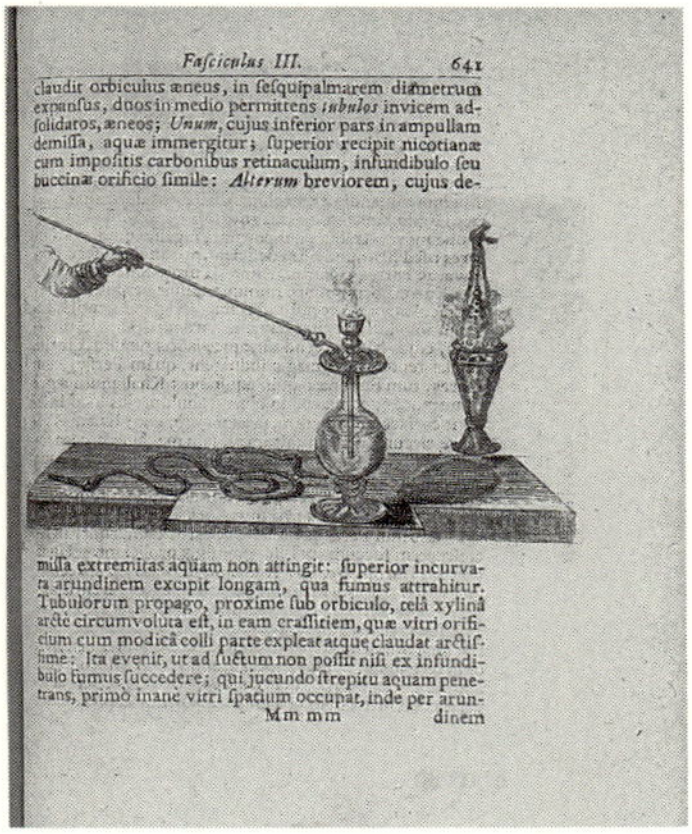
Fasciculus III. 641

claudit orbiculus æneus, in sesquipalmarem diametrum expansus, duos in medio permittens *tubulos* invicem adsolidatos, æneos; *Unum*, cujus inferior pars in ampullam demissa, aquæ immergitur; superior recipit nicotianæ cum impositis carbonibus retinaculum, infundibulo seu buccinæ orificio simile: *Alterum* breviorem, cujus demissa extremitas aquam non attingit: superior incurvata arundinem excipit longam, qua fumus attrahitur. Tubulorum propago, proxime sub orbiculo, telâ xylinâ arctè circumvoluta est, in eam crassitiem, quæ vitri orificium cum modicâ colli parte expleat atque claudat arctissimè: Ita evenit, ut ad suctum non possit nisi ex infundibulo fumus succedere; qui jucundo strepitu aquam penetrans, primò inane vitri spatium occupat, inde per arun-

Mm mm dinem

タバコの喫煙法
（『廻国奇観』641ページ）

アヘンとその他の麻薬

タバコについて論じたのち、ケンペルはアヘンについて語っている。人体はアヘンの場合でも、その有毒成分に慣れることがある。ヨーロッパではアヘンを服用すれば死に至るものと見なされているが、東洋ではアヘン服用が長い間に習慣となり、日常的なものになっていたのである。しかし「肉体は弛緩し、力がゆるみ、精神はまどろみ鈍くなる」。中毒患者はまるで「口のきけない丸太のように」座り込む。医師ケンペルに対し、もしもアヘン中毒の患者を一人でも完治出来たら、黄金百枚を差し上げよう、と約束した人がいたくらいである。

インドで目撃した異様な宗教的なパフォーマンスの多くは、麻薬の服用で説明されうるとケンペルは考えている。ヒンズー寺院には若い娘たちがいて、最初は普通なのだが、しばらくたつと突然荒々しいダンスをはじめ、グロテスクな仕草を見せる。僧侶は信者に向かって、娘たちが神にとりつかれたのだと信じ込ませようとする。だが実は、娘たちにはあらかじめ麻薬が投与されていて、ダンスをして動いているうちに血中に麻薬が行き渡り、その効果があらわれたものである。他の異様な宗教的パフォーマンス、たとえばヒンズーの行者たちが背筋に金具をつけてロープにぶら下がり、ぶらぶらと体を揺らすというパフォーマンスも目撃されたが、これも麻薬を服用したから出来ることだとケンペルは述べている。

2　インド

失望の国

どんな代償を支払ってでもインドに行きたい、たとえ一兵卒として雇われようと、あるいは使用人として雇われようとも、とにかくインドに行きたい――ケンペルはこのように熱望していた。だがこの国には失望されられた。インドへの想いがあったからこそ、ケンペルは国王派遣使節団秘書官の地位をすて、地獄のようなバンダル・アッバースの二年半を堪え忍んできた。

インドの蛇使い
(『廻国奇観』567ページの一部分)

だが批判精神旺盛なケンペルの眼力の前に、インドについてのイメージはまるで玉虫色のシャボン玉がはじけるように消えてしまった。この国で見られることの多くは、ケンペルの目にはごまかしであり、いつわりであり、まやかしであるように見えた。

ケンペルはすぐに見抜いたのだが、猛毒を持つように見えたヘビも、実は定期的に毒を抜き取られていて、無害であった。コブラが踊り出すのも、ヘビ使いの術のせいではなくて、実はこうしたヘビが郊外の路地の片隅で大量に調教されていて、それを詐欺師が買い求めたにすぎない。インド南部にある都市ツチコリン（トゥーットゥックディ）の郊外にあるヒンズー寺院を訪問した時でさえ、ケンペルはがっかりさせられた。

この建築物は、かつて装飾が施されていたという痕跡をとどめているにすぎなかった。彩色を施された像やピラミッド形の門など、すべては大昔に崩壊していた。ケンペルはそこには自分一人しかいないと思い込み、好奇心にかられて、あえて一番奥にある聖なる場所とされる所に足を踏み入れた。ゾウの神様の彫像を近くから観察するためであった。低い丸天井には窓がなかった。黒くすすけたこの神殿の内部では、ドアから射し込む光と薄暗い灯明の炎によって、暗い影がゆらゆらとゆれていた。突然ケンペルは床の上で動くものに気づいた。暗闇の中で何かの目がこちらの方をじっと見つめて輝いているように感じたのである。驚いたケンペルはドアの所まで逃げたが、そこで彼は科学者としての落ち着きを取り戻した。今見たものは家畜か、そうでなければ「悪魔の化身」である。どちらにしても、簡単に逃げ去るのは賢明ではない。勇気をふるって、ケンペルは戻ってみた。不思議な目の正体は、三人のヨガ行者の目であった。彼らは信仰心ゆえに自分の体を奇妙な形に曲げていたが、その体は牛の糞や灰にまみれ、ぼろぼろになった布地を身につけていた。ケンペルが二度目にその場に入ってきた時、彼らはすでに、この聖なる場所からケンペルを追い出す準備を整えていた。つまり彼らは、丸く曲がった水牛の角笛を使って、腹の底にまで響くような騒音を響かせたので、ケンペルも逃げ出さざるを得なかった。三人の裸のヨガ行者はさらに追いかけてきたので、ケンペルは、もう安全という所に来るまで逃げ足を止めなかった。インドでこのような体験をした後からすれば、きちんと片づけられて丹念に飾りが施されている日本の神社や仏閣は、ほとんどケンペルの故国の教会を思い出させるくらいであった。

乗船したコペレ号の積み荷の関係で、ケンペルが目にすることが出来たのは、広大なインドの国土のうち、わずかに沿岸地方のみであった。ケンペルはアレクサンドロス大王の足跡を自らたどりたいと夢見ていた。だが、その足跡をたどれるものと考えていたインド奥地には、まったく行くことが出来なかった。さまざまな動植物や巨大な過去の遺跡、そして現在統治を行っている諸侯の華麗な宮殿のあるインド内陸部は、ケンペルの前には閉ざされたままであった。

ケンペルのインド研究

こうしてケンペルは、港湾都市をいくつか見物出来たことを除いては、インドについては実に少しのことしか見聞出来なかったのである。とはいえインドに対するケンペルの失望は、このことだけによるのではなかった。クイロンにあるマラバール海岸駐在のオランダ人統治者のもとでケンペルは六カ月滞在した。このオランダ人統治者と、またそれとは別にコロマンデル海岸商館のオランダ総務理事長が、ケンペルに仕事を提供しようと申し出てくれた。だがケンペルはこうした申し出を断った。なぜだろうか。彼の手紙には、私は故郷に帰りたいと思っています、と書かれている。

クイロン滞在の数カ月の間に、ケンペルは海港都市コーチンも訪問した。この間、ケンペルはインド西海岸地方を研究した。ケンペルの遺品の中には、細かく書かれたメモ書きのノートが残されている。このノートを見れば、ケンペルが多くの場合、ほかの書物から抜き書きをしつつ、知るに値する事象をすべて記録に残した、ということが読み取れる。マラバール海岸の地理や経済、政治についてのデータは、ケンペルの関心をひきそうな事柄であった。しかしこのテーマについて単独の著書を書くためにもっと資料を補充しようという気持ちになるほどではなかった。彼は一六五一年の「異教」についての書類から抜粋して写しを取っている。その書類の中にある「バラモン僧はパゴダ（塔）のことをどう考えているか」というテーマや、ガンジス川の水の治癒効果についての研究結果について、ケンペルはとくに興味深いものであると感じた。また「日本の偶像神」である阿弥陀についての記述も、ケンペルの興味をひいた。

この時点においてケンペルの頭の中で、日本はどの程度の役割を果たしていたのだろうか。すでにケンペルは日本に興味を持っていたのだろうか。それとも興味を示したのは偶然にすぎなかったのだろうか。ケンペルは東洋の文化や歴史について、インドで多くの知識を収集した。そうして集めた情報は、のちに彼の日本論の中に盛り込まれることになる。とはいえ、他の人が書いた文献からの抜き書きだけでは、独立したインド論を書く基礎としては不十分であった。彼に職を提供しようと申し出たのは、イスファハンにいる時から夢見ていた「インドのきわめて立派な王宮」ではなく、それは実にオランダの会社管理人にすぎなかったのである。ケンペルの夢は覚めてしまった。彼が故郷に帰りたいという気持ちになったのも不思議ではない。しかし彼は故郷に帰ることはなかった。ケンペルの手紙には、故国での戦争状態が決心を鈍らせてしまった、と書いてある。それとも知識欲にあふれるケンペルは、この間に新たな旅行目的地を発見したのだろうか。

3　バタヴィア

東洋の真珠

ケンペルがバタヴィアに来たのは一六八九年のことだが、その当時バタヴィアは「東洋の真珠」として有名な都市であった。運河には木々が影を投げかけ、そしてヨーロッパ人の超高級住宅が運河にそって建っていた。彼らの妻や子供は、必ずしもヨーロッパ系ではなかった。バタヴィアでは、西洋の文化と東洋の豊饒が麗しく結合しているように見えた。ここでは、レストランや馬車、教会、診療施設にはじまって、ヨーロッパからの輸入品に至るまで、故国ヨーロッパの快適な生活を享受することが出来た。労働者は安く雇用することが出来、また現地の贅沢品も入手出来たので、生活は快適であった。

バタヴィアという都市は、十七世紀前半に要塞として成立し、当初激しい戦闘に見舞われたが、そののち平和が訪れていた。そのお蔭で、ケンペルが最初にここを訪れた時には、バタヴィアの市域は旧市街の街壁の外にまで広がって久しかった。三十年前からすでにヨーロッパ人は、現地人からの攻撃を心配しないで、市域の外にある豊穣な後背地において高収入の得られる砂糖農園を設立したり、あるいは優美な別荘を港の内側の島に建てて、そこで涼しい風を満喫することが出来たのである。熱帯の植物には、薬草もあれば毒草もあり、またあふれるばかり多数の花があった。このような植物の世界を思う存分研究することが出来、また労働者を安い労賃で雇って農園を作り、そこで新しい形に品種改良することも出来たのである。それゆえバタヴィアはしばしば、植物学者のパラダイスと呼ばれた。

大旅行六年目にして、ケンペルははじめて故国に戻ったような気持ちを味わったかもしれない。ケンペルはバタヴィアで小さなオランダを発見した。石造りの家は高くそびえ、道路は舗装され、運河の水は清く澄んでいた。ケンペルと同時代の人々のバタヴィア崇拝を信じるならば、バタヴィアはヨーロッパよりも遙かに美しい所であった。そこに住むヨーロッパ人はおよそ二万人、そして何らかの形でヨーロッパ人のもとで雇用される現地出身のアジア人および移入してきたアジア人は約一万五千人いた。それゆえこの地を訪問した人は、ここは熱帯に移植された小さなヨーロッパであるという印象を持ち得たくらいである。銀色の巻き毛の鬘をつけ、帽子を優雅にかぶっている人がいても、バタヴィアではもはやジロジロと好奇の視線を浴びせられることはなく、同じような格好の人々の間を自由勝手に歩き回ることが出来たわけである。

ケンペルに与えられた職

数年以前より、アンドレアス・クライヤーはバタヴィア市の保健組織の大整備にとりかかっていた。当地には大きな病院が一つ、診療所がいくつか、解剖室が一つ、そして薬局が一つ設置され、市の郊外にはハンセン病診療所が一つあった。ケンペルがバタヴィアにやって来た頃、ちょうど医師のポストを二つ埋める必要が生じていた。インドへの夢が打ち壊されたケンペルは、バタヴィアでの勤務に期待をかけることになったのだろうか。

繁栄をきわめたこのバタヴィアが、半世紀後にはもう衰退しはじめることになろうとは、予想の出来ないことであった。運河が汚染され、水の流れが渋滞するようになったため、病人や死者が出るに至ったのである。歴史学者の論によると、もともとバタヴィアは住民の権利を十全に守るような都市ではなく、むしろ、営利のみを重視するオランダ東インド会社の拠点が肥大化したにすぎない。それゆえバタヴィアは衰退に向かったとされるのである。

ケンペルも経験することになるのだが、バタヴィアではただ一つの意見、すなわち東インド会社の意見しか通用しなかった。診療所は医療総監の監督下にあった。当時診療所では上席医師および薬剤師の二つのポストが空席となっていたが、医療総監はそのどちらの席もケンペルには提示しないという決断を下した。その代わりにケンペルに与えられたポストは、バタヴィアの優雅な生活とはほど遠いものだった。つまり港の内部にある小島の造船所のポストであった。そこでは騒音の中で船の修理が行われていた。

手紙も論文も、膝をついて書かざるを得なかった。日が暮れたのちにともすことが出来る灯火は、十分なものではなかった。「私はこの地では、役牛の間に座っています。牛と牛の間で、まるで穀潰《ごくつぶ》しのように、何をなすこともなく、二度と取り返せない貴重な人生の時間を、ただただ無駄に過ごしているのです。」ケンペルは友人に宛てた一六八九年十月の手紙の中で、このように不遇を嘆いている。日本で勤務しないか、という声がかかったのはちょうどこのころである。このポストを紹介してくれたのは、総督ヨハネス・カンプハイス（Johannes Camphuis〔Camphuys〕、一六三四～一六九五）であろうと思われる。

4　日本を目指す

日本愛好家カンプハイス

カンプハイスはすでに三度商館長として日本勤務の経験があり、日本から非常に強い印象を受けた。そのため彼はバタヴィアの湾内にある島に、日本式の家屋を建てたほどであった。またその家屋では週に一度、毎週木曜日には日本料理が出ることになっていた。ただしそこを訪れたヨーロッパの客人からしてみれば、日本料理も、そして日本料理を口に運ぶために使用する二本の木片（箸）も、どちらも感銘の深いものではなかった。

この日本式の家にはケンペルも招かれている。ただしケンペルがどれくらいの頻度でカンプハイスと会ったか、またどの程度カンプハイスから日本についての情報を得たのか、ということについては正確な記録が残されていない。

十九世紀になってオランダ人ヅーフ（Hendrik Doef, 一七七七〜一八三五）は、ケンペルの日本論は実はケンペルが書いたのではなくてカンプハイスが書いたのだと主張した。ヅーフによれば、カンプハイスはケンペルがオランダに戻る際に、原稿をケンペルに手渡して、それをヨーロッパへと持ち帰るよう依頼したのだが、一六九五年にカンプハイスが死去したのち、ケンペルはこの原稿を自分自身の著作として出版した、というのである。ヅーフがこのようなことを述べる根拠は、一七七三年に出版されたカンプハイス伝である。この伝記の中で著者オンノ・ズヴィール・ファン・ハーレン（Onno

Zwier van Haren）は、自分はこのことを人から聞いたのだと述べている。だがファン・ハーレンが述べていることは、ヅーフの主張の正しさを証明するどころか、むしろその反対になっている。ファン・ハーレンは明確に次のように述べている。すなわち、カンプハイスはケンペルが「たぐいまれな学識を持つ人物であり、しかも鋭い観察眼を併せ持つことを確認した」のであり、このように認識したから、カンプハイスがケンペルを日本に送り出し、日本についての著作を書かせたと述べているのである。ファン・ハーレンはまた、ケンペルが日本からバタヴィアに戻って、さらにヨーロッパに旅立つ際、カンプハイスは自分が日本論を書こうと思って二十年の間に収集したすべての資料をケンペルに贈与した、とも述べている。

オランダ人が日本で活動するようになってすでに六十年以上たっていた。だが彼らは、この閉ざされた国・日本についての包括的な著作をまだ出してはいなかった。宣教師たちの日本情報はもう古めかしいものになっていた。フランソワ・カロン（François Caron, 一六〇〇～一六七三）と言えば、しばしば、オランダ人たちが平戸での自由な生活を捨てて出島での不自由な生活を余儀なくされた責任を負うべき商館長とされる。このカロンの著書は短いもので、学術的でない部分もあり、書かれてからすでに六十年になろうとしていた。ヴァレニウス（Bernhardus Varenius, 一六二二～一六五〇）やモンタヌス（Arnoldus Montanus, 一六二五頃～一六八三）のような学者は、宣教師の文書やカロンの著作の中から一番面白そうな所を探し出して、自らはヨーロッパを出ないままに、あらたな日本論を書いたのである。こうした日本論は、事実というよりはしばしば空想に近いものであった。だがヨーロッパ人の日本イメージは、このような著作に基づいていたのである。日本愛好家カンプハイスは、こうした事態に心を痛めていたに違いない。

日本論の成立

ひょっとするとカンプハイス自身、自ら日本についての著作を書こうと思い、その目的のためにファン・ハーレンが述べていたような資料を集めていたのかも知れない。しかし著作を一つ書くという困難な計画を、カンプハイスは実行しなかった。旅の途上で蓄えた知識をまとめ、構成のしっかりとした一つの著述となすということは、十分に学術の訓練をつんだケンペルにとってさえ、そう簡単に出来ることではなかった。大旅行を開始した当初、ケンペルは集めた情報を日付の順に日記に書き込んでいた。だがこのようなスタイルは、異国の民族についての学術的著作にはふさわしいものではなかった。それゆえケンペルはイスファハンにおける長期滞在の時から、ペルシャに関して集めた資料をテーマ別に配列しはじめた。だがバンダル・アッバースですでにケンペルは、ペルシャについての基礎的資料が欠落していることに気づき、イスファハン在住の親切なデュ・マン神父にもっと情報をくれるように依頼した。だがペルシャについての完璧な著作を書くには、こうして集めた記録でもまだ十分でないとケンペルは考えたようである。

地理書や旅行記は、今日では書架にあふれんばかりに存在する。何か新しい地理書や旅行記を書こうと思えば、著者は新たな枠組みを考えなくてもよいほどである。手本となる著作は周囲にいくらでもあるので、そうしたものに大なり小なり自分流のアレンジを施せばよい。だが十七世紀は、事情が異なっていた。たしかに古代の昔から、地理書は書かれていた。だがこのような古代の地理書は、もはや十七世紀後期の学者たちには満足のゆく手本とはならなかった。十七世紀後期に至るまでに、百科全書派の人々が新しい基準を打ち立てていたのである。それゆえ、何か新しい地理上の知識を得た場合であっても、百科全書派の人々を満足させるようなスタイルで本を書こうと思えば、それは非常に大変なことになる。地理学者ヴァレニウスは、地理学上の著作を書く際に、それがいかに大変な作業であるかを真剣に考えた人物である。ヴァレニウスは一六五〇年に書いた『一般地理学書』（*Geographia Generalis*）の中で、地理書すなわち異国についての記述というものはいったいどのようなテーマについて情報を与えるべきか、ということを論じていた。その一年前にヴァレニウスは、右に述べたように、ヨーロッパで入手出来る日本についての情報を材料にしてあらたに一冊の著作にまとめていた。この著作がヴァレニウスの理論的研究を実践面で応用した実例と言えるかどうか、今日でも論争がある。

ヴァレニウスといえば、ケンペルと同じようにケーニヒスベルク大学で医学を学んだ人物である。だが不思議なことにケンペルは、このヴァレニウスの著作二つのいずれについても言及していない。だがケンペルの日本論の章立ての仕方は、ヴァレニウスの著作のそれと似ている。ケンペルはバタヴィアでモンタヌスの著作を研究していたようであるが、右にしるしたようなことから、彼がバタヴィアでヴァレニウスの著作も目にしていたという可能性は排除出来ないのである。

ケンペルが日本論を書く際には、大旅行で得たさまざまな経験が役に立った。そればかりではなく、日本で調査するための準備が、ケンペルには十分に出来ていた。日本に到着したのち、ケンペルはカンプハイスに宛ててお礼の手紙を書いている。その手紙の中からは、日本に旅立つ前にケンペルがカンプハイスから日本についての資料を手渡されていた、ということが読み取れる。またケンペルは日本への旅行に際して、かつて日本を訪問したことのある旅行家の日記を少なくとも一つ、ひょっとしたらそれ以上携行していたこともわかっている。文献の写しを取るためには、大いに苦労して筆写しなければならなかった時代である。そのような時代であるから、ケンペルは非常に価値ある持ち物を持参出来たわけである。

商館長の日記

このような日記類の一つに、かつて長崎の商館長であったダニエル・シックス (Daniel Six, ?～一六七五) が一六六九年に書いた日記がある。シックスの日記の中には、毎年行われる長崎から江戸へのオランダ人の参府旅行についての記載があった。この参府旅行は、大きな変更が加えられることなく毎年行われるものであった。それゆえケンペルは、一六九一年初頭に自身が江戸参府旅行を行った際、シックスの日記の記述をほとんど一字一句活用して、自分の記録文書を書くことが出来た。シックスの記述の中には、江戸への参府旅行の際に通過する宿場の全てが記載されていたのみならず、そうした宿場と宿場の間の距離も記されていた。このような予備知識があったからこそ、ケンペルはシックスの記述が正しいかどうか再調査し、あるいは細々とした情報を追加して、彼自身の研究を奥行き深いものにすることが出来たのである。のちに十八世紀になって、ケンペルの著作の写しが日本に船載されてきた。その時日本人は驚き、かつ恐れの気持ちを抱いた。外国人は厳しく監視されていたはずなのに、そのうちの一人が日本のことをかくも正確に描写し得たということを知ったからである。だが、もしシックスたちの情報がなかったとしたら、ケンペルもあのように正確な記録を残すことは出来なかったであろう。先人たちが残してくれた記録文書を良心的に検討したからこそ、ケンペルは自身で見たことを正確に記録し、正しく分析することが出来たのである。

かつて日本を旅行した人々の日記以外にケンペルが研究したものには、オランダ商館長が日本からバタヴィアの東インド総督に送った内密の営業報告書があった。ケンペルはちょうど現代の研究者が行うように、まず日本関係の文書資料で手に入るものは一度すべて読み、そののち自分が見聞きしたことを付け加えていった。

一六九〇年五月七日の日曜日、ケンペルはバタヴィア港でワールストローム号に乗船した。その時、ケンペルは十分確信を持っていた。ケンペルはまもなく四十歳になろうとしていたが、長い時間をかけたのち、ついに再び確乎たる使命感と目標を手にした。カンプハイス総督の依頼を受けて日本についての文書を書くべく、彼は旅に出たのである。

5　シャム王国

調査と探求の日々

バタヴィアで恵まれない経験をしたのち、ケンペルは今やあらたに生きる力をみなぎらせた。ワールストローム号は港を出たが、風が弱かったために、船の進みは遅かった。あまり出来事のない航行であったが、ケンペルはインド滞在以来中断していた日記を再開した。日記の新しい一ページを、ケンペルは躍動感あふれるアラビア文字で書き記している。レムゴ出身のキリスト教牧師の息子が、アラビア語でアラーの加護を念じているのである。

ワールストローム号はまずシャムに立ち寄り、日本との貿易のために毛皮や赤い色をした木材サパンを積み込む必要があった。そのため船はスマトラ海岸に沿って進んだが、行く手には島や浅瀬、それに岩礁があって、苦労の多い危険な旅であった。昔から数多くの船が、二度とこの海域から戻って来なかったくらいである。ワールストローム号の船長は、陸地からあまり離れないように注意深く船を操縦し、夜は碇をおろすことにした。

スマトラが視界から消え、マレー半島の先端を通過したのち、ワールストローム号はティオマン島に到着した。この岩だらけの島も今日では、近くにある百万都市シンガポールから保養のために訪れてくる数千人の人々のための観光地になっている。しかし当時でもすでに、ティオマン島の人口は二千人を数えたとされる。ケンペルはティオマン島上陸の機会を捉えて、島の清らかな水で体を洗い、洗濯物を洗濯させたが、またこの島の植物や住民のことも調査した。

海の上でケンペルは、海岸の景色が変化する様子をメモし、また珍しい魚や海洋動物を記録にとどめた。こうした魚や海洋動物は、船の上から釣ったり、あるいは現地の人から購入したものである。何も記録することがない場合、ケンペルは、同じ船に乗り合わせた人々の所に行ってみた。すると彼らは、人食い人種のことや尻尾の生えた悪魔の噂を物語ってくれた。だがこうした話よりも信憑性があったのは、船が難破してごくわずかの仲間とともに無人島に漂着して助かったという、日本人ハンエモンの話である。ハンエモンたちは八年の間、鳥や亀を食べて飢えをしのぎ、大きな貝殻に飲み水をため、鳥の羽や木の皮を身にまとって暮らしたという。だが彼らは孤独に耐えきれなくなり、流木を集めて筏を造り、生きるか死ぬか、大洋に出ることにした。結果は吉と出た。彼らは中国南部の海岸に漂着し、数年後ついに、もと住んでいたバタヴィアに帰り着くことが出来たのである。だがハンエモンの妻は、すでにポルトガル人男性と再婚し、一人の息子を産んでいた。まるで「ロビンソン・クルーソー」のような話だが、当時はこのようなことはおそらく無数にあったことだろう。ただし、漂着して助かった人々のうち、大部分は二度と再び故郷に戻ることはなく、したがって悲惨な体験を語り聞かせることもなかったのである。十七世紀に船で旅をする者は、常に難船の危険と隣り合わせだった。

ケンペルのメモによると、五月三十一日朝、突然大嵐が襲ってきた。あまりに突然のことだったので、帆を下ろし投錨する暇もないくらいであったという。そして、マストが一本折れて砕け、その一部は船内にまで飛び込み、また一部は甲板にいる乗組員二名を巻き込んで海に落下した。非常に苦労したあげく、ポールと縄をつかってようやく二名は救助されて、再び甲板に引き上げられたのである。

ケンペル一行を悩ませたのは天候だけではなかった。静かな海を航行している時でも、岩礁や浅瀬のせいで難船する可能性があった。シャム湾の海域にはゴツゴツした岩の壁や岩礁があって、その風景はスウェーデンの様子を思い出させる、とケンペルはメモしている。だがオランダ人一行が使う海図には、このような危険な岩礁は描かれていなかった。こんな海図をたよりに船旅を行わねばならないなどとは一つの恥だ、だがおよそ海図を持っているということ自体は幸福なことなのだ、とケンペルは書いている。

今日のタイであるシャムに、ケンペルはちょうど一ヶ月滞在した。バタヴィアでケンペルは失望し、時として探求心が萎えることもあった。だがそのような体験があったことなど、ここシャムでは忘れたかのようであった。滞在期間が短かったために、かえって以前のような探求心が増してきたのである。シャムについては、ヨーロッパにもいくつか情報が寄せられていた。その多くはイエズス会士がもたらしたものであったのだが、ケンペルはほんの数週間の滞在期間中、この国について一冊の本を書けるだけの材料を集めてしまった。ケンペルはのちに、日本についての著作原稿を書いた。だがそのあと、タイに関して集めた数多くのメモ書きを材料にして一冊の本を作るだけの時間は、生前には残されていなかった。イギリスでケンペルの日本論を翻訳して出版したヨハン・ガスパール・ショイヒツァー（Johann Gaspar Scheuchzer, 一七〇二〜一七二九）は、ケンペルが残したタイについてのメモ書きの中から一番読みやすい部分を抜粋し、日本論に付加することにした。

王国の政変劇

今日の首都バンコクはメナム川の河口からさほど離れていない所に存在しているが、当時は一つの漁村に過ぎず、その近くにはフランスの城塞施設の残骸があった。当時の首都アユタヤは内陸部、すなわちメナム川の上流に存在していた。日本とは違い、当地では外国人の往来が自由であった。アユタヤには外国人居住区があり、ギリシャ生まれのフォールコン（Phaulkon）なる人物が国王の片腕となり、シャムで最も権勢を誇る人士のうちの一人となったくらいである。だがオランダ人や宣教師たちが独自の活動を行うようになると、国王の外国人優遇政策に対する不信感が次第に広まるようになった。ケンペルがシャムを訪れる二年前の一六八八年に国王は退位を余儀なくされ、国王の信頼を受けていたフォールコンは殺害された。さらにフォールコンの盟友であったフランス人たちは要塞を失い、イエズス会士たちも自宅拘留処分となった。ただオランダ人のみ、以前と変わらず貿易を続けることに成功した。今日、メナム川の河口から一マイル離れた所に現代的なショッピングセンターがあって、そこには首都から買い物客がやって来る。当時はそこでオランダ人たちがアムステルダム商館を経営していたのである。

タイのメナム川流域の村（大英図書館 SL 3060 fol. 433.）ケンペル画。

この政変劇についてオランダ人たちは記録文書を残しているが、ケンペルはそれを克明にメモしている。だがケンペルは、オランダ人側の文書だけでは満足しなかった。学者ケンペルは、牢獄にとらえられているイエズス会士たちのもとを訪れ、敗者の側の意見をも取材したのである。ケンペルは大旅行からヨーロッパに帰ったのち、日本人の多くがキリスト教徒よりも幸福な生活を送っていると率直に書き、またバタヴィアから日本に向かう際にはアラーの加護を祈っていた。ちょうどそのようにシャムでも、プロテスタント牧師の息子であるケンペルは、カトリックの聖職者が敬虔な心を持っていると、偏見なしに述べている。イエズス会士の司教は己の運命に従容として従い、それがために囚人監視人からも敬意を払われていた人物であるが、ケンペルはこの人のことを聖パウロの生まれ変わりであると記している。ケンペルはこの人物の敬神の念や徳の高さを賞賛するのみならず、この人物がシャム人の宗教やその聖典について深い知識を有していることも賞賛している。

イエズス会士の司教とケンペルの会話は、ラテン語で行われたものと思われる。というのは、ケンペルの日記に記されている二人の会話の様子が、ラテン語でメモされているからである。司教から教えられた所によると、仏教はバラモン教に由来するものであり、偉大な訓育者である釈迦、別名仏陀が紀元前五世紀に登場し、宗教界に新たな方向性を与えたという。司教はまた、仏教の基本的な考え方、たとえば世界の中心にあるという聖なる山（須弥山《しゅみせん》）について教え、また日本の仏教についても語ってくれたのである。

6　異文化への眼差し

宗教を考える

南インドおよびセイロンに行った時すでに、ケンペルは仏教についての情報を得ていた。そしてケンペルはすぐに、自分が集めた情報の多くが互いに矛盾する内容を含むことに気付いた。学者ケンペルは、無秩序な情報を整理しようと試みた。十七世紀後半の学者としてケンペルは、植物学や医学の知識のみならず、エジプトの宗教と歴史についても造詣が深かった。エジプトについての知識のお陰で、ケンペルは自分なりの説を展開することが出来た。ケンペルの整理によると、輪廻転生《りんねてんせい》思想や、この思想と結びついた動物崇拝は、エジプト人に由来するものである。インドでは牛が崇拝されるが、その起源はメンフィス（古代エジプトの都があった都市）の聖牛であるとされ、また仏陀はメンフィスの一僧侶であったが、ペルシャによってエジプトが崩壊した際にインドまで逃げてきた人物であるとされる。また輪廻転生という信仰は、民族がエジプトから離れるに従って、弱まって行ったとケンペルは考えている。そしてケンペルは散文的に次のように書いている。人の血を吸った蚤や蚊は、ガンジス川の西側では逃げるのに必死だが、東側ではそのようなことはない。

真理の核心

ケンペルは集めた情報を報告しただけの人物ではない。彼は自分が見聞したことを、自分なりに整理して理解しようとした。彼が集めた情報の中には荒唐無稽な話も多くあり、そうした話に対してケンペルは、理性的な人間として距離を置いた態度をとった。だが彼はこのような荒唐無稽な話に対しても、決してあざけったり見下したりしたような態度はとらなかった。彼は良心的に、荒唐無稽な話の中に真理の核心を探し求めようとしたのである。ただしケンペルが持っていた知識には時代の制約があって、バロック時代に生きた彼が述べている見解は、今日からすると古めかしく、それどころか素朴すぎて滑稽であるように見えるかもしれない。その意味で言うと、ケンペルの研究は時代の制約を受けている。というのはケンペルの知識の中には、ここ三百年の学問の発展が反映されていないからである。

だが別の観点からすると、ケンペルはまったく現代人と同質であり、時として現代人以上である。すなわちケンペルは、異国の習俗や宗教のことを、まったく偏見なしに記述しているのである。こうした態度を取り得るためには、キリスト教以外の宗教を信奉する民族の習俗や生活様式に敬意を払うという心の準備が必要であった。シャムの宮廷に仕える人や役人は、ケンペルからすれば、決して極彩色の制服を身につけてドタバタ喜劇を演ずるエキゾチックな登場人物などではなかった。彼らは政府の官僚なのであって、ケンペルにしてみれば、彼らがどのような肩書きを持つのかを正確に知り、どのような職務上の権力を有しているのかを把握することが重要なことであった。それゆえケンペルは、船旅の疲れをいやす暇も惜しんで、彼らについて出来るだけ正確な情報を集めることに時間を費やした。首都アユタヤには、ヨーロッパ人がアジアの他の諸都市で作ったような舗装道路はなかったようである。しばしば人は、転んで泥の中に沈み、あるいはぬかるみの上に架けられた板の上を、バランスを取りながら歩いたものであった。アユタヤはたしかに都市と呼ばれてはいたが、その多くの部分は、木や茂みが生えた土地にすぎなかった。しかしケンペルは努力を重ね、長い時間をかけてシャム王国の首都アユタヤを歩き回り、歩数でその広さを計測して地図を作製した。足は痛み、暑さで体は参ってしまった。だがケンペルは、木の葉や竹だけで出来た小さな家屋のあるこうした道路こそが重要なものである、という姿勢を持っていたのである。

このような姿勢は、彼と同時代の人々の姿勢とは異なるものであっただけに、なお一層驚嘆に値する。たしかに、ヨーロッパでは啓蒙主義の時代が始まろうとしていた。だが自分の文化の価値観にとらわれないでいるような人は、きわめて少なかった。人々の多くは、非キリスト教圏の文化に接した際に、異文化を真面目に理解するという態度をとることが出来なかったのである。たしかに、ゴットフリート・ヴィルヘルム・ライプニッツのように、それが出来た人もいた。だがそうした数少ない人々も、自宅の肘掛け椅子にゆったりとすわって異文化に理解を示したに過ぎない。それは、焼け付くような熱帯の太陽の下で泥に足を取られながら前に進み、害虫やその他の苦難に襲われながら、それでもなお異国の文化に対する敬意を持ち続ける、という態度とはまった違うものであった。

自分は知識欲という熱に浮かされている、とケンペルは述べている。だがケンペルは、決して猪突猛進の人間ではなかった。それどころか、ヨーロッパで戦争が起きるかも知れないという情報を得ると、そのたびに彼のヨーロッパ帰国は延期になった。というのは、彼は戦争の危険を恐れていたからである。彼を遠い異国まで駆り立てたのは、冒険心ではなかった。むしろ書物からは学べない、しかし必ずや知るに値すると思われる事柄を学ぶために、ケンペルは旅の苦労を買って出たのである。非キリスト教圏の異文化から何かを学ぶという知識欲の前提には、どのような民族であれ人間はみな等しいという考え方があった。そうした精神的態度は、彼の著作の中ににじみ出ていて、同時代の人にショックを与えた。この意味で言うと、自分の文化の価値体系しか認めない今日の多くの人間よりも、ケンペルの方がより近代的なのである。

日本への危険な航海

一六九〇年七月七日、ケンペルは再びワールストローム号に戻ってきた。彼がここ二、三週間で得た学術上の収穫は満足し得るものだった。ケンペルのメモやスケッチ、地図は何ページにも及んでいる。シャム語の文法書も、あとから送ってもらう約束になっていた。短い滞在期間ではあったが、彼は小さな著作をなすに十分の材料を集めたのである。資料を集める点でも、体系的に物事を把握する点でも、また素材を再構成する点でも、大旅行を開始した最初のころに比べて、いまやケンペルは遥かに熟練し、日本における自己の使命に対して確乎たる自信をもって立ち向かう事が出来るようになっていた。彼の前に立ちはだかっているものと言えば、シャムから日本へ船で旅をする、ということのみであった。しかし、この船旅こそ彼にとって、ほとんど命がけの旅だったのである。

オランダ人が東南アジアから日本に向けて航行するのは、七月初めであった。この季節には南ないし南西からモンスーンの風が吹くので、その風を帆に受けて日本に航行することが出来たのである。晩秋には大陸の方面から北風ないし北東の風が吹き、船は再びバタヴィアに戻った。七月初めと晩秋の間は、風向きが変わる危険な季節だった。その季節の海は、ある時は静まりかえっていたかと思うと、次の時には恐ろしい台風によって荒れ狂った。この季節、オランダ人は安全な長崎港にとどまり、貿易活動を行っていた。

だが、一六九〇年は別だった。ワールストローム号の乗組員は、シャム湾を出発して日本に向けて航行するために都合のよい風が吹くのを待ったが、そのような風が吹いて来なかったのである。通常よりはるかに遅れてワールストローム号がようやく中国南部の海岸ぞいに日本を目指して航行していた時、風向きの変わる例の季節が始まっていた。死んだように静まりかえっていた海上で、突然稲妻が光り、雷鳴がとどろいた。それは台風が近づいていることの予兆であった。中国の船乗りはそのことを知っていたので、中国沿岸の安全な港に逃げ込んだのだが、ワールストローム号の船長の頭の中には、遅れを取り戻すという考えしかなかったので、予定のコースをそのまま進むように命じた。だが木造の帆船ワールストローム号は巨大台風に二度襲われ、ケンペルの目には、まるで船自体が海底に突き落とされたかのように見えた。帆は引きちぎられ、船のあちこちが破損し、そして侵入してくる海水によって積み荷はずぶ濡れになってしまった。飲料水が底をつき、乗組員はアルコールで喉の渇きをいやしたが、ケンペルが見るところによると、酔ってなお一層彼らは、最期が近づいているのではないかという懸念の気持ちを強めたようである。

　乗組員たちの不満は爆発した。彼らは船長に対し、航行を中断してバタヴィアに戻るように談判したのである。だがケンペルは、是が非でも日本に行くのだと心に決めていた。というのは、船に海水が侵入し自分の貴重なノート類の一部が台無しになってしまう様子を、ケンペルは目《ま》のあたりにしていたからである。ケンペルは船長に対して次のように言った。シャムで積み込んだ毛皮類は、海水でずぶ濡れになってしまったが、このような品物を持ち帰って、暑くて湿度の高いバタヴィアの空気にさらすと、品質がそこなわれ、経済的な大損失になる。この言葉を聞いても、船長の気持ちは揺れていた。そこでケンペルは船長に対し、昔の日記に書かれていた記録を見せて、ついに日本への航行を続けるように決心させた。その日記類はケンペルがバタヴィアで入手していたもので、そこには、このように遅い季節になっても日本への航行が出来たということが書いてあったのである。

ワールストローム号はもう遭難してしまったのだと出島のオランダ人たちが考えはじめたその時、船はついに長崎湾の入り口にその姿を現した。そして一六九〇年九月二十四日の日曜日、ワールストローム号は安全な繋留地に到着したのである。

第五章　元禄の長崎

1　初めて見る日本

長崎に着く

長崎に到着したその瞬間から、外国人は監視のもとに置かれた。港には多数の見張り小屋があり、山には遠見台があって、その上から見張り人が海の上まで見渡し、船の出入りを監視していた。また水際にも監視所があり、さらに岸から少し離れたところ、港の両側には立派な将軍の御番所があった。将軍の御番所は陣幕で覆い隠されていたが、それは、中に駐屯する侍が何人いるか、また大砲が何門あるかということを知られないためであった。それに加え、オランダの船は常に番船二艘に護送され、番船の乗組員は六時間おきに交代した。

日本人はキリスト教に対して恐れを抱き、猜疑心を持っていた。オランダ東インド会社は、日本人のこうした感情を考慮に入れて、その猜疑心をこれ以上増幅させないように腐心した。キリスト教の痕跡を少しでもとどめるものがあれば、オランダ人一行は、船が長崎に碇をおろす前にそれらすべてを集め、大きな樽の中に入れて封をした。賛美歌の本や聖書のような信仰関係の書物はもちろんすべて隠し、さらにまた宗教画や聖像なども樽の中に入れた。それどころか宗教と関係のないものも、日本への持ち込みが禁ぜられていた。たとえば硬貨などである。ヨーロッパの硬貨には、しばしばキリスト教のモチーフが描かれていたからである。こうしたことに加え、オランダ東インド会社では、日本での振る舞い方を定めた社員規則を作っていた。その規則の中には、日本人が指示することには常に丁重に従うこと、というものもあった。これに対し日本側でも、新たに長崎に到着したオランダ人に対して、役人が法令と禁令の長い一覧を読み聞かせ、その後オランダ人一人ひとりに対して徹底的な検査が行われた。乗組員名簿に記載されている名前が読み上げられ、年齢や職業がメモされた。日本側では、やっかいなことが生じないように、来日した外国人がみな再び実際に日本から立ち去ることに意を用いた。オランダ人の幾人かに対しては尋問が行われた。オランダ東インド会社が日本に届け出た旅行ルートと船が実際に来たルートが一致しているかどうかを探るためである。その後、日本人の侍と書記役が船に乗り込み、武器すべておよび大砲の火薬に至るまで差し押さえて帰った。ほかの乗組員同様、ケンペルも船を下りて、出島のオランダ商館に入るための許可状を日本の役人から交付してもらわなければならなかった。ケンペルは次のように書いている。「こうした手続きがとられることは日本では日常的なのだということを、私はあらかじめ知っていた。もしもそういうことを知らないでやって来たとしたら、おそらく私は、自分たちが敵国にやって来たか、あるいはスパイと見なされていると思いこんだことであろう。」

長期滞在を決意

初めのうちケンペルは、こんなに厳しく管理されるのだったら、せいぜい一年しか耐えられないだろう、そして一年経ったらヨーロッパに戻ろうと考えた。十月二十日付の手紙からは、まだそのような考え方がうかがえる。ケンペルはこの手紙を、日本を出るオランダ船に託したのである。ケンペルは出島のことを「牢獄」と呼んだが、しばらくすると平穏な出島の生活を楽しむように変わってきた。十一月四日、こんどは中国の船に託して郵便物を送る機会を得たが、その手紙の中でケンペルはオランダ東インド会社に対し、日本にもう一年滞在出来るように取りはからってほしい、と依頼している。その手紙によれば、ケンペルは日本語を学習しはじめ、すでに平仮名と片仮名が使えるようになっていた。またその手紙には、ケンペルが熱心に日本語の文法と語彙を学習し、機会を見つけては日本語の語学訓練に励んでいる旨が書かれている。彼はさらに、日本語を学習したお陰で、日本の植物について予定していた研究が非常に容易になった、とも書いている。

他の手紙の中でもケンペルは、日本の植物について研究しているということだけを書いていて、日本の国そのものについて研究しているとは書いていない。その理由は明らかである。植物の研究ならば、日本側から異議を唱えられることはなかったからである。著書『日本誌』の中で書かれているのだが、植物についての研究は日本人からは非常に立派な学問だと評価されている。長崎奉行の一人は、ケンペルが日本の植物について正確な研究を進めていることを自分は非常に高く評価している、そして自分自身も植物研究に大きな関心を抱いている旨、ケンペルに対して人づてに特に伝えてきたくらいである。植物学研究を日本人が尊重しているという点を、ケンペルは最大限に利用した。植物研究を口実にケンペルは日本語を学んだが、実は当時の日本では、外国人が日本語を学習することは普通ではあまり好ましいこととは見なされていなかったのである。ケンペルは二度江戸参府旅行を行ったが、その際彼は、植物の下に羅針儀を隠し、植物のスケッチをとっているかのようなふりをして、旅行ルートの正確な図面を完成させたのである。

ケンペルは予定していた日本論のことを「計画」と呼んでいたが、彼が一年を越えて日本に滞在することが必要となったのは、こうした「計画」実行のためばかりではない。ケンペルは新しい故郷と相性が合ったのである。日本人の丁寧さと理解力は、予想していた以上であったとケンペルは書いている。それどころか、あの厳重な監視体制や、あるいは外国人が数多くの定めに従わねばならないということについて、ケンペルは理解を示している。こうした監視体制や法令は、日本人が外国人に不信感を抱いていたり、あるいは日本人の心性が低劣であるからではなく、むしろそのようなシステムで日本の統治が行われているからなのである。バタヴィアに宛てた手紙の中でケンペルは、日本の気候は故国の気候と同じであり、私はとうとう肉体的な活力を完全にとり戻しました、と書いている。さらにまたケンペルは、商館長も食べ物も住居も、そして生きて行くのに必要なあらゆる事柄が、まったく私の希望の通りであり、十年の世界旅行の果てに、ついに私は心の平安を得たのです、と書いている。

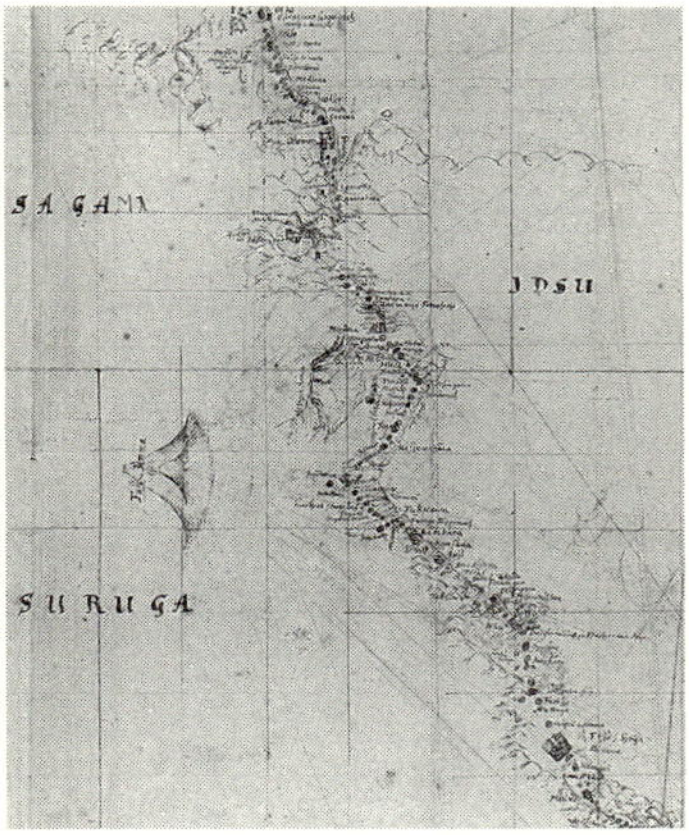

江戸への旅程図（部分）
（大英図書館 SL 3060 fol. 510.）
上に示したのは富士山付近の地図である。ケンペル画。

バタヴィアで植物を研究した時、ケンペルには机一つ満足に使用出来なかった。それとは大きく異なって、ここ出島でケンペルは、ゆっくりと自分専用の研究部屋で仕事を進めることが出来た。日本人とオランダ人の貿易業務が終わり、オランダ船が帰国するのは新暦の十月末であった。また毎年行われる将軍の居城への参府旅行は、二月にその準備が始まった。十月から二月までの出島での生活は、単調きわまりないものだった。ケンペルだけでなく、日本人の通詞《つうじ》や出島に勤務する役人たちも、時間をもてあましていた。そのようなわけで、日本人はケンペルに対し喜んで日本のさまざまな植物の名前を教え、またケンペルがスケッチをとるのを許した。それどころかケンペルには、アルファベット順に索引を作って、集めた膨大な資料を整理する時間さえあった。

ケンペルは几帳面で整理整頓が好きな人間であった。だが一方で、ケンペルには「知識欲という熱」があった。整理整頓の精神と知識欲という熱は、つねに相容《あいい》れない関係にあった。知識欲という熱に衝き動かされたからこそ、どんな劣悪な状況の中でも、またどんな肉体的な辛苦の中でも——北部ペルシャの雪と氷の中でも、あるいはアラビア湾の殺人的な猛暑の中でも——ケンペルは未知のものを探求し、あらゆる情報を可能な限り正確に記録にとどめた。何かに駆り立てられたかのようにケンペルは、自らの肉体を酷使してまで、多数の資料を収集した。だが、集めた資料の多さたるや、整理好きのケンペルでさえ整理をあきらめねばならないほどであった。

ここ日本においては、飽くことを知らないケンペルの知識欲に対して、役人が制限を加えた。外国人は出島で厳しい監視体制のもと、閉ざされた形で生活を送っていた。それゆえ、ケンペルがあらたに目にする日本の事物も、その多彩な全容をあらわすというよりは、むしろ小さくまとまった適度な分量でその姿をあらわすにすぎなかった。出島に通じる橋は厳しく監視され、この橋によって向こう側にある多彩な日本文化と、島内に住む外国人とが隔絶されていた。閉ざされた国である日本についての著作が無かったのは、まさにこの橋のせいであると、オランダ東インド会社に勤務するケンペル以外の人々は思っていた。だが、知識欲の熱に衝き動かされた科学者ケンペルにとって、隔絶を余儀なくされたことは、むしろ自身に益するところとなった。なぜなら、このように隔絶されたからこそ、追い立てられるような気持ちを持たないで、ケンペルは研究にいそしめたからである。

「牢獄」出島

人工の島である出島は一六三五年に作られた。それまでポルトガル人は、長崎で自由に暮らしていた。出島が建設されたのは、日本人をポルトガル人から隔絶し、またポルトガル人のローマ・カトリック信仰からも隔絶するためであった。六年後、ポルトガル人は完全に日本から追放された。その際オランダ人に対し、平戸にあった自由貿易商館を、ポルトガル人が追い出されて空いた長崎の港にある「牢獄島」に移すように命令が下された。

出島の内の狭い部分を、ケンペルは八十二歩で歩くことが出来た。出島の中央には少し湾曲した路地があり、それは島の端から端まで通じている。ケンペルはその路地を二百三十六歩で歩いた。この いわゆる十字路横町のところに、オランダ人の居宅があった。それはもともと長崎の町人によって建築されたものであって、オランダ人たちはこの住居を高い家賃を支払って借り受けざるを得なかったのである。家賃が高かったにもかかわらず、ケンペルによればオランダ人が借りた家は「ひどい建物で、粘土と樅の木を組み合わせて作ったものであり、まるで山羊小屋のように見えた。」家屋は二階建てで、二階はオランダ人の住居となっていた。一階は荷物用倉庫として使用されたが、時にはビリヤード台が置かれることもあった。オランダ人は皆、こうした家屋を出来るだけ快適なものにしようとした。彼らは費用を自ら負担して襖や障子を入れ、床には日本式の畳を敷いた。壁には色とりどりの紙を貼ったが、そうした壁は当時日本でよく見られたものであった。

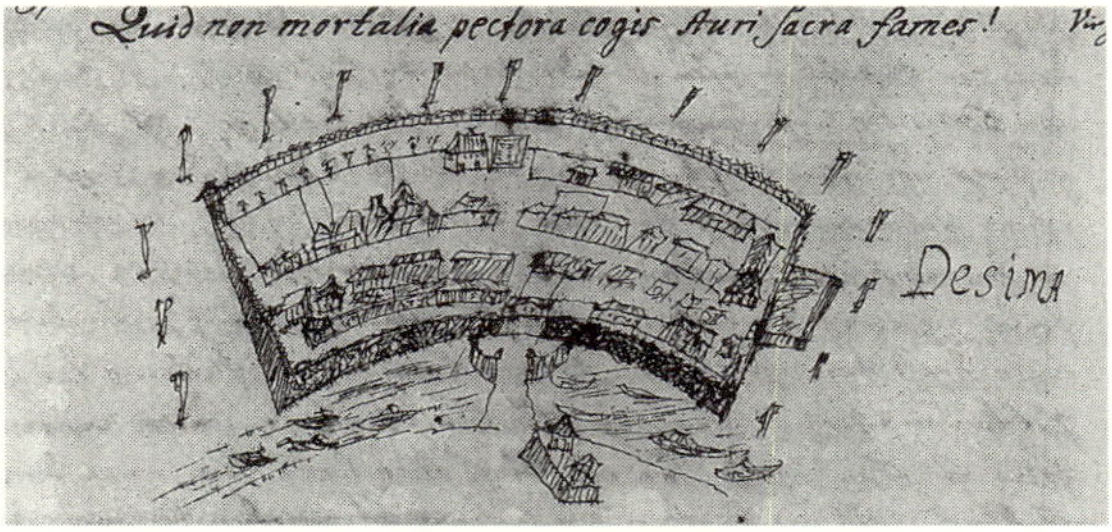

出島の図（大英図書館 SL 3060 fol. 239.）
ケンペル画。図の上部にあるラテン語はヴェルギリウス『アエネイス』III: 56からの引用で「黄金への渇望は，人の心をどのような行為にも駆り立てるものだ」という意味である。ケンペルはこの文章によって，オランダ商人が金儲けの理由だけで出島での隔離生活を甘受しているのだ，ということを言いたいのである。

出島で生活するオランダ人（神戸市立博物館蔵）
渡辺秀石画「唐蘭館図巻」（池長孟コレクション）の部分。

十七世紀後半でケンペルほどの地位と教養を備えた人間は、ヨーロッパでは重厚な石造りの家屋に住んでいた。そのような家屋は、日本の軽量木造家屋とは比べものにならなかった。おそらくそのようなわけで、ケンペルは「山羊小屋」という低い評価の書き方をしたのだろう。神戸市立博物館には、ケンペルとほぼ同時代の絵師である渡辺秀石《しゅうせき》（一六三九～一七〇七）が描いた作品があり、そこにはオランダ人の生活ぶりが克明に描かれている（およそ百年後にこの絵を模写した川原慶賀《かわはらけいが》の絵の方が有名である）。その絵に描かれているオランダ人の生活ぶりは、ケンペルが言うよりもはるかに快適そうに見える。オランダ人たちは優雅な衣装を身にまとい、南アジア出身の従者にかしずかれ、風通しの良い立派な邸宅の二階で、長テーブルを囲んでヨーロッパ式に着座し、あるいはパイプをくゆらせながらベランダの上から長崎湾の美しい風景を楽しんでいる。従者たちの楽団がヨーロッパ音楽を演奏しているように見える。だがこの絵に描かれていることを無条件に信じてよいとはいえない。たとえば、日本の絵師の絵ではオランダ人の家屋はふつう二列に並んでいるように描かれているが、実際にはそれ以上の家屋が並んでいたことが知られているのである。本当のところは、ケンペルのいう「山羊小屋」と日本人絵師が描く理想化された邸宅の中間であったのだろう。

　日常の家事を処理するためケンペルは、ほかのオランダ人たちと同様、バタヴィアから従者を一人連れてきていた。そのほかさらに、オランダ人は何人かの日本人従者を雇用するように強いられていた。だがケンペルによれば、こうして雇われた日本人は、従者であるというよりはむしろ監視人の役割を果たしていたのである。オランダ人は出島に料理部屋を造っていて、そこには日本人の料理人が三人、見習いが二人、合計五人が働いていた。オランダ船がバタヴィアに帰った後、出島にはオランダ人が七人残っていたが、その七人のために、日本人調理人が食事を作ったのである。ケンペルは不満を述べているが、この方式では、ヨーロッパよりもはるかに出費がかさんだ。というのは、この料理部屋にはオランダ人の他に、いろいろな人が食事をとりに来たからである。たとえば日本人の園丁

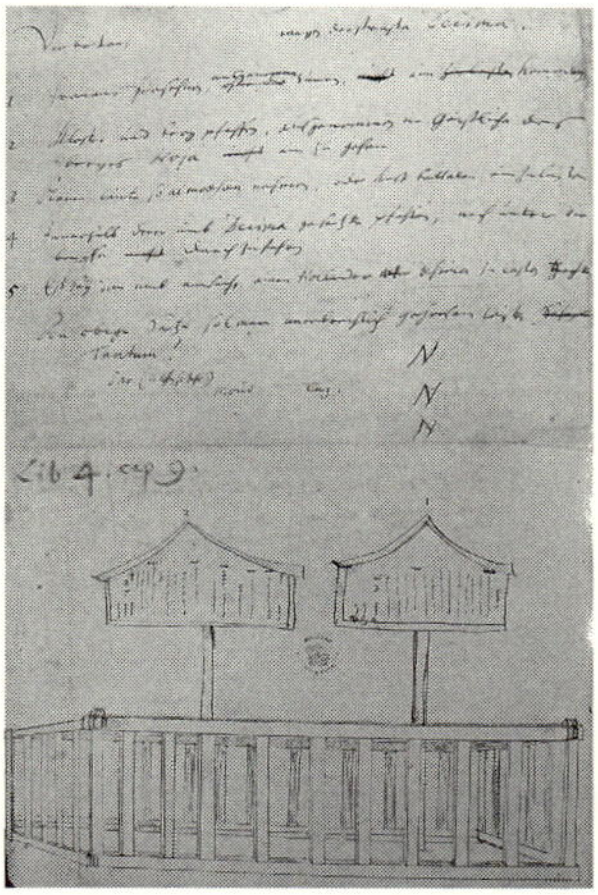

出島への出入り口に掲げられた禁令の高札（大英図書館 SL 3060 fol. 469v.）
ケンペル画。『日本誌』の本文には高札に書かれた禁令の内容が記されている。Nという文字は「名前」を表す。すなわちこの禁令には3人の署名がなされていた。

や従僕、それにいわゆる家畜肥育人であった。出島には菜園や様々な小さな「楽しみの庭」（遊歩庭園）があったが、それ以外に家畜を飼育することも試みられた。だが、家畜のうち雄の方はすぐに死んだので、家畜飼育の試みは成功しなかった。家畜の雄は、毒を与えられたり、脚を折られたりして、繁殖の役には立たないようにされたのである。ケンペルによれば、出島のオランダ人に肉を納入している日本人の商人たちは法外な儲けを得ていて、彼らは、もし島で動物の肥育が成功したら自分たちの収入が減少する、と恐れたのである。

何ごとにつけ、オランダ人は高価な代金を支払わなければならなかった。竹で作った樋を通って長崎の街から出島まで流れて来る飲料水であれ、「夜のお楽しみ」であれ、すべては高価であった。もちろん「夜のお楽しみ」にふけったのはケンペル自身ではなくて、「道徳とキリスト教を忘却した若者たち」であって、彼らは日本人に買春の注文を出したのである。長崎の一般の人々がオランダ人と接触することは固く禁ぜられていたが、遊女だけは、外国人のもとに行くことが許されていたのである。

ヨーロッパ人は肉を多く食するが、日本人ほどには入浴を好まない。そのようなヨーロッパ人の体臭が日本人を悩ませないよう、出島のオランダ人は、体をきれいに保つことに意を用いた。そのようなわけで出島にはかなり大きな「洗い場」があり、それに加えてさらに浴場が一つあった。

だが、こと貿易品の保管に関しては、日本人の管理体制に対してオランダ人側は不満を感じていた。それゆえオランダ人は、耐火倉庫と物品販売用の特別の家屋を建築していた。密輸を防止するため、公式の売買開始日まで全物品を自分たちの管理下に置き、鍵をかけて保管するのだと日本人は言い張った。ケンペルは不満の声を漏らしているが、新しい洋服を作るための生地でさえ、仕立て職人が来てはじめて倉庫から取り出されるくらいであった。オランダ人の側では、日本人の見張り番のことを信用せず、自ら倉庫の回りを巡回した。日本人が品物を倉庫から盗み出さないようにするためである。

出島では日々、日本人とオランダ人の間で信頼と不信の奇妙なドラマ――むしろ喜劇と言うべきか――が演ぜられていた。

信頼と不信

出島は、外から見ればまるで小さな城塞であった。オランダ人が居住する所からは外海の方向にかけて柵が張り巡らされていたし、海には警告のための高札が立てられていた。その高札には、現地の船が出島に近寄ることを禁ずる旨が書かれていたのである。出島の北側にある狭くなった部分に、ただ一箇所水門があり、オランダ人の品物や荷物が届いた時には、厳重な監視のもと、その水門が開かれた。出島から流れ出す排水用の溝でさえ、まっすぐに伸びずに、くねくね曲がっていた。その理由は、およそ通路になろうとは考えられないような場所にも警戒の目を光らせ、日本人がオランダ人と接触する可能性を排除するためであった。日本側の監視施設があったのは島の内部だけではない。この小さな出島の周りの港に停泊する船の上にも、監視員が常駐していた。彼らは常に外海の方向から出島を監視し、地元の船がここに近寄らないように警戒していた。

そのようなわけで、オランダ人と接触するためには、石造りの小さな橋を通るしかなかったが、この橋が出島と長崎市街を遮断していたのである。この橋を通ることが許された日本人はごくわずかであった。しかも彼らはあらかじめ、オランダ人と個人的な関係を持たないこと、日本についての情報をオランダ人に伝えないこと、そしてほかの日本人協力者がこの規定に違反した場合に気づいた時には直ちに届け出る旨、宣誓させられていた。宣誓に違反した場合は死罪に処せられたのである。密輸を行った場合も死罪であった。出島に通じる橋を渡る者は、まるで国境を越える時のように通行許可証を提示しなければならなかった。またごく少数の例外を除いて、身体検査を受ける必要があった。品物はすべて厳格に検査された。それに加え、書記官が細かな情報に至るまですべてを大きな記録台帳に書き留め、その後この台帳は上役に差し出されたのである。

にもかかわらず、ケンペルは日本についてきわめて詳細な情報を集めることが出来た。それゆえ、十八世紀後半になって日本人たちがオランダ語訳のケンペル『日本誌』を調べた時、彼らはその情報内容に驚き、日本に侵入をはかる敵軍がいたとしたらケンペルの日本情報は敵軍に利するところ大となろう、と考えたほどである。関東地方のことをまだ知らない人は、ケンペルの本を読みさえすればよい——蘭学者青木興勝《おきかつ》は、一八〇四年このような警告の言葉を発し、オランダ人を直ちに国外追放するよう提言した。たしかにケンペルの著書には、たとえば、重要な港湾の錨泊地の深さやその状態について、あるいは監視人詰め所の位置について、細かな情報が記されている。それのみならず、監視人が何人いるか、また彼らが何時に交代するかということまで、ケンペルの著書には書かれている。ケンペルは地図や図像、参考図書、諸々の特殊テーマについて書籍を多数収集した。オランダ人の動向を監視する日本人監視人の目をかいくぐって、ケンペルはこうした書籍の一部を日本人助手に翻訳させ、また帰国の際にはこうした書籍や翻訳をひそかに持ち帰ったのである。どのようにしてこのようなことが可能となったのであろうか。

ケンペルが日本に来てまもなく気付いたことがある。それは、オランダ人のことを監視する役目の日本人たちが、将軍の定めた厳しい規定のことを、しばしばそれほど厳格には受け止めていない、ということである。例を挙げると、たしかにオランダ人宛の手紙は、オランダ東インド会社の船舶が運んできたものでさえ、すべて長崎奉行のもとにまず提出される規定になっていた。だが実のところ、そのようなことがなされたのは公的な書簡のみであり、私信の場合はひそかに、ただちにオランダ人に手渡されたのである。物品の密輸をした場合は死刑に処せられることになっていて、ケンペルが日本に滞在した二年間に、五十人以上の日本人が処刑された。しかし、上級の役人や通詞は密輸で私腹を肥やしていたし、またこうした人々は——自分自身の命に関わりかねないことであったが——他人の密輸行為に対しても、しばしば見て見ぬふりをした。

密輸がどんなに危険な行為であるかということをオランダ人に警告するため、一六九一年十二月オランダ人同席のもと、出島で密輸をしていた日本人二名の処刑が行われた。一人はオランダ人から樟脳をわずか一ポンド購入しただけであり、もう一人は彼のために元手を貸してあげただけであった。ケンペルが得た情報によれば、このような行為があったことについては、三人の通詞が情報を得ていた。そのうち二人は、これは些細な犯罪なのだから見逃してやろうと考えたが、三人目の通詞が役所に届け出をした。他の二人の通詞は、密輸人が死刑になることを防ぐために、長崎奉行に対する報告書の中で、これは密輸ではなくて窃盗であったと記した。基本的に幕府は、オランダ人に対しては出来るだけ利益を与えさせないようにと考えていたので、オランダ人に対する窃盗行為は微罪で済んだのである。だが三人目の通詞――ケンペルはこの人物のことを「血に飢えた犬」と呼んでいる――は奉行宛の報告書に署名しようとはしなかった。だがこの三人目の通詞も、他の二人の通詞をお上に訴えるほどには血に飢えていなかったようである。なぜなら通詞三人はともに、密輸行為があるということを知っていたのであり、知っていたということ自体、死刑に処せられかねないことであったからである。

密輸人二人のうち、特に若い方の人物がみせた、死を恐れぬ剛胆な精神に対して、ケンペルは奇妙な感動を覚えた。二人が跪《ひざまず》いて上半身裸で処刑を待っていた時、年配の方がお経をとなえはじめた。それを聞いて若い方は、次のように言って咎め立てをした。「そんなに怖がっている様子をみせて、恥ずかしくはないのですか。」年配の者は「ほんの少しお経をとなえているだけだ」と応えたが、若い方は「お経を唱える時間なら、これまでにもあったでしょう。今頃お経を上げても、オランダ人たちにそれと悟られて、かえってあなたが恥をかくだけです。」これを聞いて、年配の者は黙ってしまった。

矛盾に満ちた国

ヨーロッパ人の目から見れば、当時からすでに日本は矛盾に満ちた国であった。一方には、自分の職責や家系を非常に重要視する誇り高い役人がいた。だが他方こうした役人も、「袖の下」を使って買収でもしない限りは、まったく部下を昇進させようとしないような連中であった。長崎奉行の一人は、将軍から直々にこの高い職に就くよう指名されたのであるが、奉行に任命された理由はと言えば、彼が前任地の江戸において犯罪者を千人以上捕まえて処刑したからである。ケンペルによれば、この奉行は正直で善良な人物であって、自分の収入を領民に気前よく分け与えるほどの人物だったが、他方、長崎でもまだ前職時代の流儀を守っていて、自分の召使いが些細な不正行為を働いただけで「有無を言わさずにその首を刎《は》ねてしまった」のである。同様にケンペルにとって、わずかな量の密輸を行ったというだけで人が二人処刑されたこと、しかもこの二人が処刑を前にして泰然とした態度をとっていたことは、理解の及ぶ範囲を超えていた。

ヨーロッパ人ケンペルからすれば、このように不可解で時に苦笑を誘うような矛盾が多々存在した。だがそれにもかかわらず、日本にはケンペルの目を惹き、賞賛に値するような事柄も数多く存在した。オランダ人には、長崎の市街やその近郊を散策することが、まれではあるが許された。そのような時いつもケンペルは、町の人々の生活の中に秩序と品の良さがあることに強い印象を受けて出島に帰ってきた。人々の生き方を見ると、非常に貧しい農民から身分のきわめて高い君侯に至るまで、まるでこの国全体が礼儀と道徳を教える高等学校であると呼んでもよいくらいだ、とケンペルはのちに書いている。さらにケンペルは、長崎の監視人たちを除けば、参府旅行をするオランダ人に対して示す日本人の礼儀正しさは、世界の他のどの国よりも優れていると述べている。

ケンペルは日本に至るまでの大旅行の途上で、様々な文化圏の人々を研究した。そのようなケンペルであるからこそ、自分にとってしばしば矛盾に満ちていると思える日本の事柄に対しても、これに適応することが可能となったのである。まずケンペルは、日本の士農工商の身分制度の中では、商人であるオランダ人がいちばん低い地位にあるという状況に配慮し、そのことを自らの態度に表した。他方でまたケンペルはすぐに、ヨーロッパの学問が非常に高く評価されているということに気付いた。とりわけ通詞たちは、しばしば自分自身が学者として活動していたこともあって、ヨーロッパの学問を高く評価していた。通詞たちの信頼を得るため、またお返しを期待する意味もあって、ケンペルは天文学や数学などの専門分野について、彼らに無報酬で知識を与えた。医師としてもケンペルはこれと同様に振る舞い、それどころか、無料で自前の薬剤を投与してあげたのである。ケンペルが幅広い学識を有し、しかも気前がよい人物であるという噂はすぐに広まり、ケンペルのもとを訪れる役人や通詞の数は急に増えていった。彼らはひそかに、ケンペルに対して学問上の教示や助言を求めに来たのである。このような訪問客があった場合、ケンペルはしばしば甘いリキュール酒を出して持てなしたが、リキュール酒を飲んだ客人たちは口が軽くなり、ケンペルの質問には喜んで答えた。ケンペルがのちに書いているところによれば、日本人はケンペルと二人きりなった場合には、ケンペルの出す質問に答えないことは一度もなかった。長崎の町を差配する人や通詞たちとケンペルの間には、このような信頼関係が成り立ち、その関係たるや、来日オランダ人の長い歴史の中でかつて見られなかったほどのものである――ケンペルはこのように述べている。

他の町と同じように、出島町は「乙名《おとな》」と呼ばれる役人によって統治されていた。出島の乙名は、オランダ人を監視する際の統括を行い、またオランダ人の貿易を監督する立場にあった。ケンペルは病気がちであったこの出島乙名に対して無償で診察を行い、友好関係を築いた。その乙名の名前は吉《よし》川《かわ》儀《ぎ》部《ぶ》右《え》衛《も》門《ん》というが、彼はオランダ人から嫌われていた。というのは、儀部右衛門は非常に厳格であったからであり、かつまた、彼は自ら貿易を行って収益を上げ、そして出島の家屋の三分の一を所有することによる収益もあったからである。儀部右衛門は日本人からも好かれていなかった。なぜなら彼は、自分の上司を裏切ることによって乙名という重要な職務を手に入れたからである。ケンペルによれば、この上司とは代官・末次平蔵《すえつぐへいぞう》であり、吉川儀部右衛門がもたらした情報によって一六七六年に密貿易の咎《とが》で訴えられ、磔刑に処せられた。このように悪名高い人物であったが、ケンペルの書くところによれば、儀部右衛門は学識ある人物で、儒教の教えや先祖伝来の作法、そして日本の歴史や宗教についての造詣が深く、「無学で野蛮な人間を憎む人」であった。

2　ケンペルの弟子

一人の青年

儀部右衛門は、日本人がオランダ人と接する際の責任者であった。その儀部右衛門のおかげで、和漢の学に造詣が深い学習意欲に燃えた一人の青年が、奉公人兼助手としてケンペルのもとに差し向けられた。この青年には例外的に、ケンペルの日本滞在期間中ずっと助手として側にいることが許されたし、それに加え、異例なことであるが、二度にわたるケンペルの江戸参府旅行に同行することも許可されたのである。このように学識のある青年が、かくも長期にわたってオランダ人に奉公することが許されるなどということは、それ以前にはまったくなかったことだ――ケンペルはこのように書いている。

ケンペルはまず、この青年にオランダ語を教えた。他の通詞たちと同様、この青年も子供の頃より出島に出入りしていた。早い時期からオランダ語に慣れ親しむためである。しかし当時のオランダ語習得法は、オランダ語文法を正確に学ぶことなしに、たんにオランダ人がしゃべる様子を耳にして、それを自分でもまねしてみる、という程度のものであった。オランダ語の文法は日本語文法とは根本から異なっているものであるから、耳から学ぶだけのオランダ語習得法で得られるものは、実に限られていた。オランダ人は年に一度将軍に拝謁することになっていたが、そのような時に、通詞たちの語学力がいかに不足していたかということが白日のもとにさらされることがあった。拝謁の場には、たとえば長崎奉行などの役人が同席したが、通詞の上役である彼らは、通詞の不十分な通訳ぶりが将軍の不興を買わないかどうか絶えずピリピリし、冷や汗をかいたので、高価な衣装をびっしょり濡らしたほどであった。

学者としてケンペルは、自ら多くの言語を学んでいた。それゆえケンペルは、オランダ語文法について正確な知識を弟子に授けることができた。そのお蔭ですぐにこの青年は、ほかのどの通詞たちよりも上手にオランダ語をしゃべるようになった。ケンペルが残したメモの中には、たとえば『王代記』のように難解な古典的文書からの翻訳が含まれている。そのことから明らかなように、ケンペルの弟子は、基礎のしっかりした語学力を身につけていたのである。ケンペル自身は明言していないが、おそらくこの青年に対してケンペルは、ラテン語の手ほどきも行ったようである。というのは、ケンペルは青年に解剖学と医学を教えており、この二つの分野を理解するためには、当時ラテン語が欠かせないものであったからである。オランダ人側が残した後世の記録によれば、この青年はラテン語辞書を一冊所持していたという。

ケンペルはこの青年に対していろいろな物事を教えたが、それはこの青年に対して、お返しとして日本情報をケンペルに提供しなければならないという義務感を植えつけるためであった。だがこうした義務感を植え付けるための方策は、これ以外にもあった。すなわちケンペルはこの青年に対して、通例以上の報酬を与えたのである。それには理由がある。ケンペルに日本の事柄を教えるということは、機密保持の宣誓に違反することであり、こうした宣誓に違反してまで、ケンペルが望む日本についてのあらゆる情報を提供するという行為は、この青年にとっては命の危険を冒すということを意味したからである。この青年は稽古通詞《けいこつうじ》であったから、出島に立ち入る際の身体検査を免除されていた。それゆえ彼は、書籍や資料をひそかに出島に持ち込むことが出来た。だがケンペルはしばしば、文書資料がないような事柄についてさえ、青年に情報を求めた。たとえば、長崎の町がどのように統治されているのかということについての様々な具体的情報である。そのような場合、この青年は当該の問題に詳しい人々に金銭を渡して、口頭で情報を買い、それをケンペルに教えたのだが、こうした行為は実に危険な企てであった。

ケンペルがこのようにして日本のことを調査しているという事実は、ほかの通詞たち——彼らはオランダ人の動向を監視する職責をも帯びていた——に隠しおおせることではなかったはずである。しかし彼ら自身、ケンペルからいろいろと教えてもらって益するところ大であり、その返礼として、外国人に教えてはいけない情報をケンペルに教え、さらにまた通詞たちはケンペルのことを、学者として同僚として高く評価するようになっていたから、告発が行われるようなことはなかったのである。

この青年の名前について、ケンペルは黙して語っていない。そして日本側の資料にも、ケンペルの弟子として名前の挙がっている人はいない。この青年が、のちの著

今村源右衛門

名な通詞今村源右衛門《げんえもん》であり、そのことが最近になってようやく判明したという事情については、筆者は拙著『ケンペルと徳川綱吉』の中で述べた。源右衛門は医学を学ぶ際にケンペルからラテン語を習っていたが、このラテン語の知識を活用して、源右衛門はのちに、幕府によって身柄を拘束されていたイタリア人宣教師ジョバンニ・バチスタ・シドッチ（Giovanni Battista Sidotti, 一六六八〜一七一四）との会話を行うことが出来た。儒学者新井白石（一六五七〜一七二五）は、ヨーロッパについての知識の大部分をシドッチと源右衛門のこの会話から得たのであり、そこで得た知識の内容は、白石の著書『西洋紀聞』に記されている。さらにその後、八代将軍吉宗の治世のもとでも、源右衛門は一つの重要な役割を果たしている。将軍吉宗は、ことのほか外来の馬に興味を示した人物である。そこでオランダ東インド会社は、外来馬についての専門家を日本に派遣したが、源右衛門はその通訳にあたったのみならず、この分野についての専門書の翻訳も行ったのである。将軍吉宗は、馬の病気の治療法に

ついて書かれた難解な獣医学の論文を翻訳するよう求めたが、ケンペルのもとで医学を学んでいたから、源右衛門はその翻訳をうまく成し遂げることが出来たのである。

源右衛門が傑出したオランダ語力を持っていることは、周囲の人々から評価されていた。源右衛門は何度か小さな罪を犯し処罰を受けたが、周囲の人々の評価のお蔭で、そのつど彼は通詞の職務に公式に復帰した。また彼の子孫は、最も有力な通詞の家系の一つをなし得た。だがオランダ人たちは通詞源右衛門のことを、その語学力にもかかわらず、さほど評価していなかった。源右衛門についてオランダ人は「悪賢い」と記している。彼らはまたしばしば、自分たちが提出した訴状や口頭での抗議を、源右衛門がわざと不正確に翻訳している、と非難している。のちに源右衛門は、毎年行われるオランダ人の江戸参府旅行を何度か監督したが、その時の様子についてオランダ人たちは、源右衛門はオランダ人に対する職責を果たすよりもむしろ、酒や美味しい食事の方にご執心である、と苦情を述べている。源右衛門のために弁解しておけば、次のように考えてもよいだろう。すなわち源右衛門はかつてケンペルと親密な関係にあったのであり、そのために仲間の通詞から、卓越した通詞として今でもオランダ人からシンパと思われているのではないかと疑われるかもしれない。そのことに源右衛門は配慮したのであろう。ひょっとしたら源右衛門は非常に意図的に、オランダ人から好かれないように振る舞ったのかもしれない。

ケンペルは今村源右衛門と非常に近い関係を得たが、このようなことも、出島の乙名吉川儀部右衛門の同意なしにはあり得なかっただろう。ケンペルは当初より、病気がちであった儀部右衛門の治療に出かける時には、意識していつも源右衛門を同行させた。源右衛門が治療術の上で進歩したことを儀部右衛門に知らしめるためである。ケンペルのねらい通り、乙名吉川儀部右衛門は次のように考えるに至ったようである。源右衛門がケンペルのもとでこれからも引き続き研鑽を積めば、ケンペルが帰国した後も、源右衛門は治療活動を行えるであろうから、それは自分にとって得になる。のちに儀部右衛門は自分の姪を源右衛門に嫁がせた。儀部右衛門は、ケンペルが日本についての研究を非合法に行っていることを知っていた。それのみならず儀部右衛門は、むしろこれを促進していた。これは非常に大きな危険を冒すことを意味していた。だが、有能な青年と縁戚関係に入ることによって、儀部右衛門はその危険性を幾分なりとも回避することができたわけである。のちに源右衛門の娘は、出島の家主二十五家系のうちの一家系の息子と結婚した。出島の家主のことをオランダ人は「カセロス」(Caseros)と呼んでいる。家主の課す家賃は高く、また出島ではこの家系に対して敬意を払う義務があったので、オランダ人からは好かれていなかった。オランダ人の間では家主たちのことは、右に記したようなポルトガル語の名前(カセロスとはポルトガル語で「家主」を意味する)で知られていた。カセロスとは、当初ポルトガル人のために住居を建設した七つの家系のことを指していた。源右衛門はこうした出島の声望ある人々と縁戚関係を持つに至った。そのため、源右衛門とケンペルとの間にかつて法に触れるような緊密な関係があったことは、誰も思い出そうとさえしなかった。源右衛門の子孫でさえ、ごく最近までケンペルとの関係については全く知らなかったのである。

しかしケンペルにしてみれば、かつて上司の違法行為を告発し、そのことによって乙名という重要で収入の多い職務を手に入れた吉川儀部右衛門が、他方で、右に記したような方法で自ら法を破っているということは、これも日本の矛盾を示すもう一つの例であった。

3　長崎についてのケンペルの記述

長崎の行政

ケンペルは長崎についていろいろと書いているが、その中には「町」の長である「乙名《おとな》」の義務について、詳細な報告がある。ひょっとしたらこの情報は、乙名の職務がいかに重要なものであるのかを認識させるために、儀部右衛門がケンペルに対して個人的に伝えたものかもしれない。

長崎は将軍の直轄地であった。というのも日本の対外貿易にとってこの海港都市は非常に重要であったからである。ケンペルの時代、長崎は三人の奉行――ケンペルはこれを「総督」（Gouverneur）と呼んでいる――が交代で統治していた。長崎全体はこのように、将軍の任命により江戸から派遣された高官によって統治されていたが、トラブルなしに日常生活を送るということに関しては、乙名の指導のもとに町民がその責任を負うことになっていた。

ヨーロッパの都市は中央集権的であるが、それとは全く異なり、長崎は八十七の町に分かれ、そのそれぞれが乙名――ケンペルが言うところの「町長」（Bürgermeister）ないし「上役」（Vorsteher）――によって統治されていた。乙名を選ぶ際には町民が投票を行ったが、好ましい人物を第一候補として立てる権利が長崎奉行にはあった。ただし、すべての町民が投票権を持つのではなく、土地を所有する町民のみに限られていた。土地を所有しない家系は、選挙権のある家系よりも下に位置した。五つの家庭が一つの「組」を構成し、組のメンバーの中から代表者が選ばれ、この代表者が乙名のもとで組の利益を代弁したのである。

一つの町には家が三十軒から六十軒あり、町全体が長崎のほかの地区とは門でへだてられるように配置されていた。これもケンペルにとっては目新しいことであった。ヨーロッパとは異なり、日本では都市は街壁で囲われることはなく、町と隣の町とが壁と門で区切られていた。それゆえ門をへだてて町と他の町とが区切られているということは重要であった。なぜなら家主は借家人の犯したことについて責任を負うのであり、また乙名は町で生じたあらゆる事柄に対して責任を負ったからである。夜間、あるいは特定の事柄が生じた場合——たとえば群衆が押し寄せてきた場合や、逃亡した犯罪者を捜索している場合など——には、安全のために町の門は閉ざされた。ヨーロッパの都市には公共の都市警察があったが、それとは異なって、日本では私人である家主が警備の責任を負っていた。そして警備の実務を下役のものにさせるか、あるいは特別な機会には、家主自身が警備を行ったのである。

どの町でも、中心部に警備の人々が駐屯し、絶対的な命令権を有していた。彼らに逆らう者は死刑に処せられた。騒乱の恐れがある場合には、乙名自身が指揮をとった。というのは刀を抜いたという事くらいで、当の犯罪者のみならず、犯罪者の周囲の人々や上役、はては乙名自身も重罪に処せられることがあったからである。

ケンペルの故国では、どのような市民でも、自分が犯したことについてだけ責任を負った。ところが日本では、自分の家の前の路上で喧嘩があった場合、たとえ見も知らぬ人が喧嘩をしていた場合でも、その道の前の家に住む住民にも責任が問われた。このことはケンペルの興味をひいた。喧嘩で一方が死んだ場合、先に手を出したかのがどちらかということとは無関係に、生き残った方も自分の命をもってその代償を支払わねばならなかった。そればかりか、喧嘩があった場所の近くに住む全ての住民も、数カ月のあいだ自宅謹慎の処罰を受けた。謹慎中は食料を自宅に備蓄することは許されたが、家の窓や扉に板が釘で打ち付けられたのである。町のその他の住民、なかでも喧嘩を阻止できたかも知れない立場の人々は、罪を免れなかった。とりわけ喧嘩をした人間の上に立つ者ないし監督者は、罪を免れなかった。というのは彼らは、配下の者が激しやすい性格の持ち主であるかどうかを知っておくべきであり、喧嘩などをしでかさないようにあらかじめ策を講じておくべきものとされていたからである。

このような事情があったので、お上から俸給を得ている取り締まりの役人はもちろんのこと、一般住民一人ひとりもまた、警備の仕事をことのほか真面目にこなした。そのようなわけで、たとえばオランダの貿易船が出港する時など、長崎の住民に対してたいていの場合一晩に三回点呼が行われ、そのため住民たちはほとんど眠ることができなかったほどである。点呼を行った理由は、オランダ船のあとを小舟で追いかけて、ひそかにオランダ人から品物を受け取って密輸する、という輩が出ないようにするためであった。

同じ理由で、家を売ったり他の地区に移転することは、ケンペルの故国に比べると遙かに困難なことであった。それゆえケンペルはこのことについて非常に詳細に述べている。家の買い手が見つかった場合、売り手は近所の人に買い手を紹介し、その人がどんな経歴の持ち主であるかを伝えねばならなかった。近所の人が一人でも反対すれば、転入は拒否された。とりわけ、転入希望者が喧嘩好きであるとか酒好きであると見なされた場合がそうであった。転入が認められた場合、転入者はまず捺印済みの立ち退き証書と、前住所での素行を記載した証書を届け、そののち転入先の人別帳に記載してもらう。さらにそのあと転入者がご近所に挨拶の配りものをし、負担金を支払った。

ケンペルの『日本誌』は、彼の死後まず英訳版が出版された。英訳版序文の中で英訳者はすでに、日本人が互いに監視しあうことについて、これは非キリスト教国の非常に過酷な法律である、と強調している。ケンペルもまた、自分の知らないところで起こった事件や自分が関わっていない事件について、日本ではかくも簡単に処罰され、これに対して身を守るすべがほとんどないことを指摘せずにはいられなかった。だがケンペルの意見によれば、たしかに日本人は厳しい体罰を受け、信じられないくらいの規律に従わねばならなかったが、しかしながら、ヨーロッパの市民を苦しめる多種多様な耐え難い負担よりはましであった。ケンペルが指摘する事柄で、もう一つ考えさせられることがある。どのような罪を犯しても、日本では罰金刑に処せられることはなく、常に体罰や投獄あるいは死刑という罰に処せられた。「彼ら〔日本人〕が言うには、それ以外の処罰だと金持ちの人間は簡単に罪を犯せることになり、その方が不条理だ。」日本人のこの言葉を聞いて、ヨーロッパの裁判のことをどう考えるか、ケンペルは読者にその判断を委ねている。ヨーロッパでは裕福な人間が高い報酬を払って弁護士を雇い、長期にわたる訴訟を乗り切って、しばしば無罪を勝ち取るのである。

日本人は外国人に対して敵意——あるいはたんに「恐れ」であったかもしれないが——を持っている。ケンペルはこのことを批判的に指摘している。だがその時でさえケンペルは、日本人がヨーロッパ人と同じくらいに原理原則と秩序を重んじていることを指摘し、そして具体的な例を詳細に記述している。

日本人とキリスト教

ケンペルが記述しているのは、たとえば、長崎近辺の住民が心の中でキリスト教のことをどう思っているのかを毎年どのようにして厳密に調べるのかということである。元日のすぐあと踏み絵が行われた。十字架に掛けられたキリストや様々な聖人の真鍮製の像が、乙名と宗門改め役の手によって慎重に特別製の箱の中に納められ、それがおごそかに大きな館一軒一軒に運び込まれる。そしてその箱は、集められた住民たちの前で床に置かれる。すでに前年末に、「筆者」と呼ばれる書記が住民それぞれの年齢・出生地・家族構成・宗派を記録していた。踏み絵の時にはその記録台帳から住民の氏名が読み上げられ、名前を呼ばれた人は、一人ひとり前に進み出て自分の足で真鍮の像を踏み、そのことによって自分がキリスト教を嫌悪していることを周囲に知らしめるのであった。まだ歩けない幼児でさえ、抱いてもらって像の上に足をつけた。住民すべてが踏み絵を行った後、乙名と宗門改め役が交互に踏み絵を行い、互いにそのことを証明しあった。

この町の牢獄には、いわゆる切支丹がまだ何人か投獄されていた。その監視ぶりも同様に厳密なものだった。ケンペルによれば、切支丹たちはキリスト教について、イエスの名前くらいしか知らない素朴な人々であった。だが彼らは、父祖の信仰を守り続けるため、異教信仰を捨てて自由を得る代わりに、むしろ牢獄の独房の中で苦しんで生涯をまっとうすることを選んだのである。こうした切支丹がもはや何ものをも恐れないことを役人たちは承知していたので、彼らは切支丹を生かしておき、二カ月に一度ずつ義務的に信者を長崎奉行の前に引き連れていった。そのつど尋問が行われたが、いつも同じ内容の尋問を奉行が行い、信者もいつも同じ応答をした。

一六九二年九月、牢獄の番人の判断を迷わせるような一件が生じた。死去した友人の霊を弔うため、投獄されていた切支丹のうちの三人が、牢屋の中で苦労して得た労賃の一部を、阿弥陀をまつる寺院に送り届けようと考えたのである。寺の方は、長崎奉行の許しをあらかじめ得てからでないと、切支丹から送られたお金を受け取れないと言った。長崎奉行は、この件の処理については自己の権限を超えることと判断し、前例のないこの一件を江戸の幕府に転送するのがよいと考えたのであった。

長崎の遊里

システムとして町を管理するという方法は、ケンペルが「娼婦の町」と名づけた所にも当てはまっていた。長崎の遊里は小さな二つの区画よりなり、丘の上の方に伸びていて、丸山という名前で知られていた。ケンペルは「長崎で最も美しい建物が建ち並び、あの職業の経営者以外は住まいを持たない」と書いている。九州の概してかなり貧しい家庭の娘が遊女となったが、彼女たちは京都の遊女と並んで最も美しい女性とされていた。彼女たちは七歳の時に両親と別れ、十年から二十年の年季で遊里の経営者に売られる。長崎の遊里は、美しい芸妓が多いことで日本全国にその名をとどろかせていた。幸運にも裕福な楼主に買われた場合、娘には十分な稽古がなされ「そして毎日、舞踊の練習、楽器の演奏、手紙の書き方、そのほか女性として身につけておくべき技能、そして上品でまた贅沢な生活に必要な技能が十分に教え込まれた。」年の若い娘は同時にまた、修練を積んだ年長の遊女の下働き兼見習いとなる。稽古を積み、客が多くつき、楼主に収入をもたらすほどに、その遊女にはよい住まいがあてがわれ、待遇もよくなる。もちろんヨーロッパにも売春は存在した。だが日本に見られるような、いろいろな定めが掟で決められている、というようなことはなかった。日本では遊びの価格にさえ公的な定めがあり、それを超えることは許されなかった。

ケンペルの故国とまったく異なることが、もうひとつあった。誰かが結婚のために楼主から遊女を買い取ったり、あるいは年季が明けたあとで遊女が結婚することがあり得たのである。結婚相手の男性が立派な人物であった場合、かつて遊女であった彼女たちが、何ら非難されることなく世間に受け入れられた。ヨーロッパでは売春婦は、生涯を終えるまで不浄の存在と見なされたのだが、それとはまったく違って、日本では彼女たちの過去を非難する人はいなかった。それどころか、彼女たちは振る舞いが上品で教育が非常に行き届いていたから、主婦として非常に評価されたのである。ところが楼主の方は、どれほど裕福であろうとも、決して尊敬に値する人物と見なされることがなかったのである。

秩序に服さぬ者たち

この国では、遊里にさえ秩序とよい習俗が見られた。だが秩序に服そうとしない輩もいた。その一つはチンピラ連中であった。ケンペルの目には、彼らは世間をあざけっているように見えた。彼らは、オランダ人を見かけると、侮蔑の言葉を投げかけたのである。もうひとつは犬であった。ケンペルは次のように書いている。

「通りの至る所に犬が寝そべっていて、馬が通ろうが人間が通ろうが、道を空けようとしない。犬が人を傷つけたり、あるいはそのほか殺されても仕方ないようなことをしでかした場合でも、お上の命令を受けた捕縛人以外は犬を殺すことができない。」どの地区にも小屋があり、病気の犬や弱った犬が養われていた。ケンペルによれば、犬が死んだ場合、人間と同様に葬ってやらねばならなかったという。

ケンペルが耳にしたところによると、このように犬を大切にするのは、戌《いぬ》年生まれの将軍の迷信に基づくものである。将軍は戌年生まれゆえに犬を尊崇しているが、これはローマ皇帝アウグストゥスが山羊を尊崇したのと同じだ、とケンペルは考えている。興味深いのは、戌年生まれを理由としてあげているのはケンペルだけに見られるということである。同時代の日本の文献では、犬を保護する理由として将軍の生まれ年を挙げるものはない。後世の嘲笑的な文献である『三王外記』において、再びこの説が登場する。それゆえケンペルの時代にあっては、このような説は、真面目に受け取るべくもない民衆の嘲笑として受け取られていた、と推測しなければならないであろう。ケンペルが耳にした次の話も、ひとつの風刺と考えるべきであろう。

「死んだ飼い犬を非常に苦労して山に運んだひとりの農夫が、となりの人に、こんなに苦労をさせられるのも、将軍が戌年生まれのせいだ、と嘆いた。それを聞いた隣人は、こう応えた。そんなにお嘆きなさるな、将軍が午《うま》年生まれなら、もっと重たい目に遭っていたことでしょう。」

ケンペルと交流を持った日本人は、十分に教養を積んだ人々であった。それゆえ、五代将軍の法律によれば、馬も死んだら埋葬すべきものとされていたことを承知していた。ケンペルは、この話がただの冗談であることに気づかなかったか、あるいは十分に承知していながら、読者を楽しませるために、あえてこの話を書き記したのかのどちらかであろう。ケンペルは二度にわたって長崎から江戸へ参府旅行を行った。そこで見聞した日本の姿は、犬を保護する法律によって苦しんでいるという、日本の歴史書の中でよく主張されているようなものとは違っていたのである。

庶民の目で見る

ケンペルは日本人の生活ぶり、ことに一般庶民の生活ぶりを非常に詳細に書き残している。ケンペルのまなざしが向けられたのは、とりわけヨーロッパとは異なるものごとであった。だがケンペルは、生類憐みの令については、ほんのわずかしか述べていない。日本の歴史資料によれば、生類憐みの令は天下万民を大いに苦しめたとされている。生類憐みの令についてケンペルは、右に紹介した部分以外には、わずかに二カ所で、しかもごく短く述べているだけである。江戸に滞在していた時、ケンペルはある男を治療するように依頼された。この男は長崎から来た男で、犬に咬まれたのだという。ケンペルはこの男に、犬に仕返しをしてやったのか、と問うてみた。すると返ってきた答えは、いや、そんなことをすれば生類憐みの令によって、自分の命の方が危なくなる、というものであった。また、オランダ人の一行が江戸参府を終えて長崎に帰る途中で九州の久留米を通った時、彼らはある高札を見た。そこには、犬殺しの犯人を告発した者には、報酬として二十朱を与える、と書いてあった。このことを紹介した後で、ケンペルは、日本語に翻訳しにくいウィットを述べている。「犬のゆえに損害をこうむる人間が何人かいる、ということを述べておく必要がある。」（ここの「損害をこうむる」という表現は、ドイツ語では「毛が抜ける」という意味にもなっているのである。）ケンペルは、日本人の生活のうち、ほかの側面については、非常に詳細に書き残している。そのことを考えると、ケンペルの書き方は、生類憐みの令については非常に短すぎるように思える。生類憐みの令に違反した者が死刑に処せられることを、ケンペルは知っていた。だがこれと同様、将軍の発するほかの法令に違反した者もまた死刑に処せられた。このこともケンペルは知っていた。たとえばケンペルは、次のように書いている。すなわち、ケンペル来日までの六、七年の間に、密輸をしたという理由によって長崎で死刑に処せられた人の数はおよそ三百人であり、ケンペルが日本に滞在していた二年間で「五十人以上」であった。

日本の歴史資料はほとんどまったく、武士階級が書き残した文献に基づいている。そして武士たちにとって生類憐みの令は、大きな重荷であった。それまで武士は、一般庶民を無礼討ちすることが許されていた。だが今や、武士は犬さえ打ち殺すことが許されなくなった。狩猟のため武士は犬を飼い、屋敷の中にいる犬の数は、しばしば百頭を超えた。犬の数が増えすぎると、武士たちは犬を町の中に放ち、餌を自由にあさるにまかせた。町に放たれた犬は町民たちを苦しめ、人々を襲い、それどころか子供や弱い人々を咬み殺すことさえあった。五代将軍のもとで、武士は飼い犬一頭一頭に対して責任を負うようになった。生類憐みの令は、行政官僚としての武士たちに対し、重い負担となってのしかかってきたのである。いろいろな著作の中で歴史家・塚本学氏が詳細に述べていることだが、台帳に登録する必要があったのは犬だけではなかった。捨て子や子殺しを防ぐため、妊婦や子供も登録されねばならなかったのである。捨て子や孤児のため、役人は養父母を捜さねばならなかった。役人たちはまた旅行中に病気になった人々の面倒を見なければならなかったし、それどころか綱吉は、牢屋の設備改善のために新たな法令を発したほどである。

武士にとって五代将軍が発した法令は、今まで見なかったほどの大きな重荷であり、それゆえ彼らはこうした法令のことを、天下万民にとっての苦しみであるように記述したのである。ケンペルのお蔭で私たちは、人口の九〇パーセント以上を占めていた一般庶民にとっては、実はそうではなかった、ということを知るわけである。

第六章　参府旅行

1　江戸に行く

出発準備

三代将軍家光のもとで鎖国が行われ、大名の参勤交代が実施されるようになったが、オランダ人に対しても、将軍に敬意を表するために毎年江戸に参府して拝謁するようにとの命令が下された。日本ではオランダ商館長は「甲比丹《カピタン》」と呼ばれていたが、家光が命令を下す以前から、将軍を表敬訪問するために商館長は江戸に参府していた。だがそれは不定期のものであった。一六三三年以降、ちょうど大名や重臣たちと同じようにオランダ人も、幕府によって指示された期日に江戸に向けて出発しなければならなくなった。出発の期日はたいてい正月の十五日か十六日で、これはオランダ人の暦では二月の第二週にあたった。

とはいえ、出発の準備はそれよりかなり早くから行われた。最も重要なことは、将軍や重臣たちへ

オランダ人江戸参府旅行の図（大英図書館 SL 3060 fol. 501.）
ケンペル画。人物にはそれぞれ番号が振られ，説明が施されている。ケンペルと今村源右衛門も描かれている。ケンペルの姿を拡大した図は本書の口絵１頁を参照。

の贈り物として何を選ぶかということであった。というのは、適切な贈り物をしておけば、オランダ人たちが日本で生きてゆく上での苦労も軽減され得たからであった。逆に言えば、選択を誤ると非常に不愉快な事態を招く可能性があったわけである。たとえば四代将軍家綱の時に、次のような話がある。当時外国人を監督する責任を負っていたのは老中稲葉正則（一六二八～一六八三）であった。オランダ人が稲葉正則から聞いたところによると、将軍家綱は、代々の将軍が祀られている日光の霊廟にヨーロッパの灯籠を飾りたいと希望しておられる、とのことであった。オランダ人たちは美しいシャンデリア型灯籠を手配し、長崎奉行の勧めに従って一六六六年の拝謁の際に、灯籠を将軍の御前に差し出した。だが実は、長崎奉行の勧めは間違っていた。稲葉正則は、自分自身が将軍から気に入られるために、灯籠を手配させたのである。稲葉正則にとって、貴重な品を自らの手で将軍に渡せないということは、非常に腹立たしく、また面目を失う事態であった。ケンペルによれば、正則は「体の一番奥の血に至るまで」侮辱されたと感じ、復讐を計画した。五年後、彼の親戚である牛込重《うしごめしげ》恭《のり》（一六二二～一六八七）が長崎奉行に任ぜられた。おそらく正則の指示によったのであろう、牛込重恭は長崎における貿易の諸条件を、オランダ人にきわめて不利益になるように変更したのである。もっとも、オランダ人が献じた燭台は、今日でもなお日光で見ることができる。

将軍や江戸の重臣たちからお返しの品としてオランダ人が受け取ったのは、金襴の施された絹で織られた、いわゆる「時服《じふく》」であった。オランダ人が受け取った時服の総数は、しばしば約百着に至った。この高価な絹製の衣装は、オランダ人の手によって海外に転売され、ヨーロッパの裕福な人々の間で、エキゾチックな遠い異国から来た衣服として、非常に珍重された。モーツァルト（Wolfgang Amadeus Mozart, 一七五六～一七九一）の歌劇『魔笛』は一七九一年に初演が行われたが、その台本における登場人物の衣装の指示を読めば、日本の着物がヨーロッパでどれほど知られ、また広まっていたかということがわかる。『魔笛』の台本には、第一幕で王子タミーノが「日本の服」を着て登場するよう記されている。これは観客に対して、王子がエキゾチックな遠い異国から来た人物である、ということを示しているわけである。

五代将軍綱吉

ケンペルは二度江戸への参府旅行に同行したが、それは五代将軍綱吉の治世にあたる。歴史家はたいてい、綱吉のことを十五代にわたる徳川将軍のうちの異端児であ

江戸城本丸玄関（大英図書館 SL 3060 fol. 521.）
ケンペルが密かに描いた江戸城本丸玄関。右側に見える小さな人物たちは御書院大番を示しているようである。万治時代に建設された江戸城は1844年に焼失した。それゆえこの図は，本丸玄関を描いた唯一の具体的な図であろう。大英図書館 SL 3060 fol. 521.

ると批判してきた。ところがケンペルの見解によれば、綱吉は善良かつ公正、そして賢明な君主であった。筆者は拙著『The Dog Shogun』で詳しく述べたのだが、綱吉は武士階級の間で評判がよくない。というのは、綱吉が発した法令の多くは、武士階級の優越的な地位や特権を制約するものであったからである。江戸時代の知識人や歴史家は、ほとんどすべてが武士であったから、彼らは五代将軍の治世を暗い色調で描写し、そのことをもって復讐を行ったのである。だが井原西鶴の小説などを読めば、庶民にとって元禄時代は、日本の歴史の中で、昭和の好景気に至るまで経済的には最高の時代であったことがわかる。そして綱吉の治世は元禄時代と重なっているのである。このようなわけで、歴史書の中には、相矛盾する評価が残されることとなった。すなわち元禄時代のことを、文化の花が開き繁栄を謳歌する時代であるとする歴史書がある一方、武士側の資料によれば、この時代、五代将軍の悪法の下で、天下は言いようのないほどの苦難に見舞われたとされるのである。今日ではたいてい見落とされてい

江戸城大広間の図（大英図書館 SL 3060 fol. 512.）
ケンペル画。将軍に対するオランダ人からの献上品が置かれている。３人のオランダ人が帽子を手に持ち，通詞がお辞儀をしている。オランダ人一行３人のうち１人はケンペルであると思われる。

ることだが、「天下」というのは、もっぱら武士の世を指すのであって、庶民は天下の内には含まれていなかったのである。

当時の歴史家は、五代将軍の治世によい面があるとは認めたがらなかった。それゆえ、日本の歴史上最大の自然災害の一つが、綱吉の治世のもとで克服されたということは忘れ去られている。人口密集地帯である関東地方に最悪の被害をもたらした地震は、一九二三年に起こったマグニチュード七・九の関東大震災でなく、一七〇三年のマグニチュード八・二の地震であった。この地震の震源地は、関東大震災の時と同じく相模湾であった。この恐ろしい地震のあとで、巨大な津波が発生し、津波は沿岸を襲った。あわせて二十万人以上の人が命を落とした。この大災害から立ち直るいとまもない一七〇七年、富士山が史上最大の噴火を起こし、江戸に至るまでのすべての地域が火山灰で覆われた。だが十八世紀後半の浅間山噴火の場合と異なり、綱吉の治世においては食料不足や一揆は見られなかった。食料不足が生じて農民一揆が起これば、将軍が処罰するのは農民ではなくて役人や大名である。このことを役人たちは知っていた。それゆえ、最も地位の高い大名の一人である老中大久保忠増《ただます》（一六五六〜一七一三）は、不穏な動きを見せる農民たちに対して、もしも必要とあらば自分の持っている一番良い刀剣を売り払ってでも、農民が要求している援助のために資金を工面しよう、と約束したのである。だが、農民や幕府の圧力によって大名がこのような約束をしたという事についての史料は、武士階級が書いた公的な文書の中には見られない。たんに「富士山砂降り訴願記録（相模）」『日本農書全集、巻六十六』のような地方の記録文書に見られるのみである。

ケンペルが書いていることは、江戸時代のたいていの日本の歴史家が書いていることとは異なっている。ケンペルは五代将軍綱吉のことを賞賛しているのである。だがケンペルの書いていることは、まじめに受けとってよい。というのは、これは日本やその統治ぶりについて、武士階級の視点からのみ書かれたのではない、非常に数少ない報告の一つであるからである。

2 拝謁

ケンペルのパフォーマンス

ヨーロッパでは、オランダ人は非常に厳しい批判を受けていた。というのは、商業上の利益を挙げるため、オランダ人は非キリスト教徒の支配者の前に跪《ひざまず》いたからである。だが日本の政治状況のことをよく知る人は、将軍に拝謁を賜ることがオランダ人にとって非常な名誉であることを知っていた。日本に来たオランダ人は商人であって、商人が将軍に拝謁を賜ることは、本来はないことであったからである。中国の商人はオランダ人ほど幕府から優遇されていなかった。中国人商人はオランダ人とは違って、貿易が終了すると、行きと同じ船で日本から帰らねばならなかったのである。オランダ人のみ、一年中日本にとどまることが許された。商館にとどまった人数は約七名である。本来、商館長は一介の商人にすぎない。また商館長は、日本においてオランダ政府を代表する立場にもなかった。だが、年中行事である江戸参府旅行の際、商館長はまるで外国の国王から派遣された使節団長であるかのように取り扱われた。すでに述べたように、実は当時オランダ国王などというものは存在していなかった。オランダは十七世紀には共和国になっていたのである。

ケンペルは将軍への拝謁の様子をスケッチに残しているが、これはケンペルが描いたスケッチの中でも最もすばらしいものである。このことから、

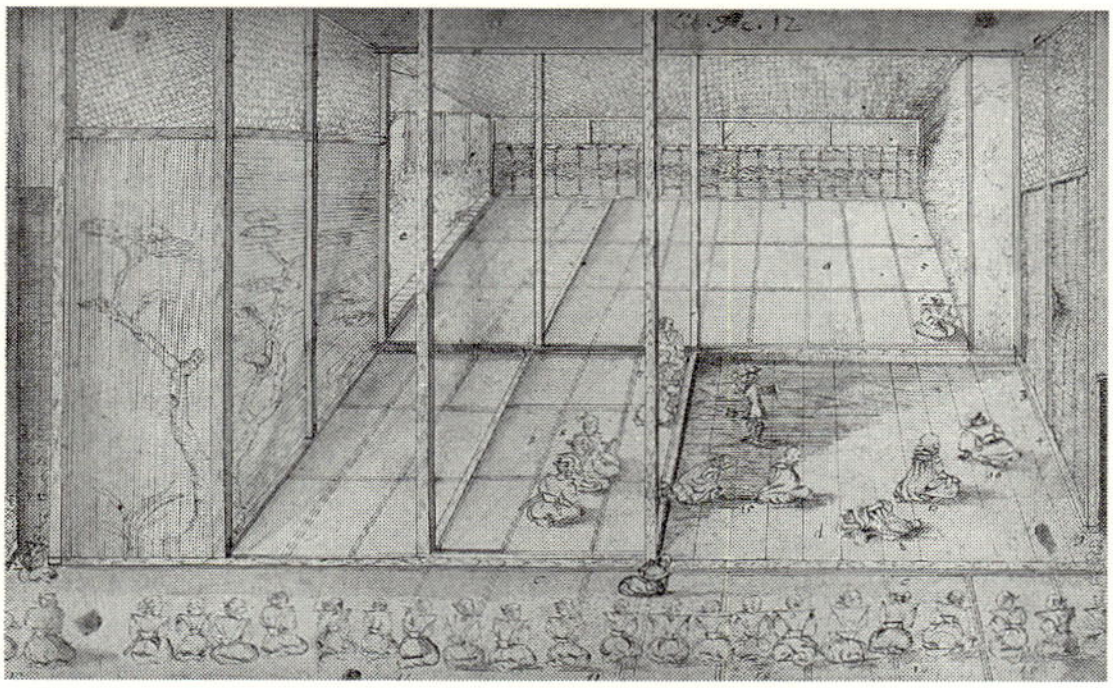

江戸城白書院における非公式の第二回拝謁の図
（大英図書館 SL 3060 fol. 514v.）
ケンペル画。右端の御簾の内側には将軍とその家族がいた。右上部で座しているのは側用人牧野成貞。手を広げ，将軍の求めに応じてダンスを披露しているのがケンペルである。

ケンペルが拝謁を屈辱的なものと考えたどころか、むしろこれを非常に名誉なことだと思っていたということがうかがえる。たしかに、ケンペルは『日本誌』本文の中で、オランダ人一行が将軍の前で「猿芝居」をさせられた、と書いている。だがそれと同時にケンペルは、そのような場合でも決してオランダ人の対面を汚すことのないような配慮がなされていたと述べている。また商館長は、ほかのオランダ人よりは身分が高いものとされていたので、将軍の前でのパフォーマンスは免除された。また他のオランダ人にパフォーマンスが要求された場合でも、非常に丁重な仕方で要請がなされたのである。

いわゆる『商館長日記』には、毎年行われる拝謁の様子が細かく記載されている。もちろんケンペルはそれを読んでいて、準備も十分行っていた。ケンペルが描いたスケッチには、大きな身振りで歌を歌っているケンペル自身の様子が描かれている。スケッチではケンペルは腕を高く差し上げ、ダンスをしているかのように右足を少し曲げている。出版のためにケンペル自身が準備した原稿には、ケンペルが将軍に披露した歌の歌詞が記載されている。それは次のようなものである。

一　この地球の裏側で
　私は想う　愛の義務を
　麗しい人よ　あなたは　私のものになってくれない
　愛する人よ　あなたの姿に　私の心は乱れる
　心の底から　私は

母なる　陽の光にかけて
あなたに　誓いを立てた
永遠に　あなたに忠実であろうと

二

義務や　つとめではなく
約束や　ちかいでもなく
天があなたに　さずけた
あなたの美しさ　そして
あなたの人徳こそが
私を　とりこにする鎖
私の心を　とじこめる牢獄

三

ああ　その私は
切ない想いを　心にいだき
天使のようなあなたのことを　忘れ去ろうと
あなたのもとから　逃げ去った
クリミヤ　コーカサス　トルコをめぐり　はては

インダス川　ガンジス川を越えて　この異国に来た　しかし
私はあなたから　離れられない
熱き心を　おさえることは出来ない

四
天の御子　偉大なる将軍
この遠い異国の　支配者
財宝にあふれ　力をほしいままにする人よ
私は　あなたの玉座の前で　誓って言おう
あなたの富も　あなたの栄華も
あなたのまわりの美女たちも
あなたのすべての栄光は
わが愛しい人に比べれば　何の価値もない

五
虚栄の宮殿よ　消え去れ
宝あふれる国よ　消え去れ
私の心を　とらえるものは
愛しいあの人の　心だけ

私の心をとらえる　フロリメーネよ
私の心をそそる　ただ一つのもの
私たちは　おたがいに　もとめあう
私はあの人を　あの人は私を

ケンペルの死後、彼の著作はまず英訳版で出版されたが、その中にはこの歌詞は収められなかった。ケンペルのスケッチには、将軍と側近の人々が御簾の後ろで身を隠している様が描かれている。御簾のすき間は狭い。それゆえ、すき間を広げてよく見えるよう、小さな紙片が御簾のすき間に差し込まれていた。ケンペルが数えたところによると、その数は三十以上あった。そこでケンペルは、御簾の背後には少なくとも三十人以上の見物人がいたものと考えている。またこのスケッチには、好奇心がとりわけ旺盛な一人の人物が描かれている。この人物は、御簾を手で少し脇に押しやり、そこから顔を出して覗いているのである。

興味深いのは、オランダ人一行が畳の上ではなくて、床の上に座っている、ということである。ケンペルは詳しく記しているが、スケッチに描かれた各部屋は、それぞれ畳一枚分、床の高さが違っていた。そして見物する侍の地位により、座る場所が決まっていた。オランダ人の座る部屋からは畳が撤去されていた。つまりオランダ人は日本人よりも低い位置に座ることになり、それはすなわち、オランダ人がその場にいるどの日本人よりも身分が低いことを示していた。とはいえ、商館長は頭を下げずに座り、ほかの二人のオランダ人は少し頭を下げて座っていたが、通詞たちは床に頭をつけてひれ伏していた。ケンペルのスケッチに見られる人物の中で、一番高い場所に座っていたのは側用人牧《まき》野《の》成貞《なりさだ》（一六三四〜一七一二）であった。ケンペルは書いているが、将軍のお言葉はあまりにも勿体ないものであったため、将軍が通詞に直接言葉をかけることはあり得なかった。将軍は側用人に言葉をかけ、側用人がそれを通詞に伝達した。通詞からの返事は、今度は逆にまず側用人に伝えられ、側用人から将軍に伝えられたのである。

側用人牧野成貞

側用人牧野成貞は、後任の柳沢吉保《やなぎさわよしやす》（一六五八〜一七一四）同様、日本の歴史の中で悪名を馳せた人物である。側用人が非難の対象となっているのは、彼らが将軍からの過った指示に無批判に従ったから、というばかりではない。彼らは将軍に対してお世辞を言ったり、いい加減な助言をして、結局は自己の栄達のみを考えていたのであり、そのことによって、彼らは幕府に大きな損害を与えた、とされる。だがわれわれは、ケンペルの著書の中でこれとはまったく違う見解を見いだす。当時ケンペルが聞いたところによると、牧野成貞は野心的でもなければ復讐心にこりかたまった人物でもなく、また不公正でも利己的でもなかった。つまり、われわれが多くの歴史書の中に見いだすのとはまったく違った判断がそこには示されているのである。しかしまたケンペルは、成貞が将軍に仕える第一の補佐官であり、将軍から全幅の信頼を寄せられている唯一の人物である、とも述べている。このことは、諸大名——彼らは前の将軍である四代将軍のもとで補佐官の役割を果たしていた——にとっては、もちろん不愉快なことであったに違いない。そのようなわけで、成貞のことを悪く言う人がいたとしても、驚くには当たらない。ケンペルは成貞のことを「ほとんど七十歳に近い人物であり、少し背が高く、痩せている」と書いている。実際のところ、その時点で成貞は五十七歳になったばかりであった。自らの双肩にのし掛かる重責のゆえ、成貞が実際以上に年老いて見えたものと推測される。そして、実際以上に年老いて見える瘠せた人物という成貞の姿は、自己の利益のみを追求する悪党という伝統的な側用人のイメージとはまったく一致しない。成貞の顔つきについて、ケンペルは「ほとんどドイツ人のようである」と書いている。これはきっと、一つのお世辞であったに違いない。一六九一年、オランダ人一行が江戸で拝謁の日を待っていた時、牧野成貞が一行に対してオランダ産のチーズを少々所望した。成貞自身がチーズに関心を示したのであろうか。それともひょっとすると、オランダ人が何を食べるのかということに将軍が好奇心を抱き、しかしそれを公に言うことを欲しなかったので、成貞が将軍綱吉に代ってオランダ人一行にチーズを所望したのであろうか。

将軍の好奇心

ケンペルのスケッチからは、オランダ人たちが巻き髪の鬘をかぶっている様子がよく見て取れる。当時ヨーロッパでは、よい衣装を身に付ける時には、白ないし灰色の長い巻き髪の鬘を付けることが流行していた。だが綱吉は、ヨーロッパ人の鬘の下に生えている本物の頭髪をはっきりと見たいと考えた。そして翌年の拝謁の時、綱吉はケンペルに対して鬘を外すよう、そして御簾の前まで進み出るようにと所望した。綱吉は何にでも興味を示す人物であった。そのようなわけで、オランダ人一行は、ヨーロッパ人がどのように挨拶や喧嘩、あるいは仲直りをするのかということを実演して見せ、それどころか妻に対して夫がどのようにキスをするのか、ということさえ演技して見せなければならなかった。だが他方、比較的まじめな質問もなされた。あいかわらず、オランダ東インド会社とオランダ王室との関係についての質問が下された。ひょっとすると日本側も、うすうす現実に気が付いていたかも知れない。すなわち、オランダには正式な意味での国王が存在しないこと、そして総督よりもオランダ東インド会社のほうが遙かに大きな影響力を持っているということに気づいていたかもしれないのである。

一六九一年、ケンペルがはじめて拝謁を賜った。その時将軍綱吉は、医師ケンペルがとりわけ学識豊かな人物であると気づいたようである。医学上の治療方法についての様々な質問がケンペルに下された。それどころか、癌の治療法についての質問さえなされた。当時すでに、癌の治療は焦眉の問題となっていたようである。そして現代の人々とまったく同様、当時から綱吉は、ヨーロッパに長生きの薬があるかどうかということに関心を持っていた。ケンペルはとっさに長いラテン語の名前を口にした。薬品にはラテン語の名前が多かったからである。だがそれに続いて、その薬を調合することはできるか、という質問が下された。商館長はケンペルに対して、できませんと答えるよう合図を送った。だがケンペルは、医師として弱みを見せたくなかった。そこでケンペルは、薬の調合法は存じておりますが、日本では材料がありませんと如才なく答えた。するとオランダ人一行に対して、海外で薬の材料を調達するように、との委託がなされたのである。

一六九二年にケンペルが二度目の拝謁を賜った時は、前回にもまして多くの質問が下された。将軍綱吉が知りたがったのは、オランダの家屋はどんな外観なのか、オランダの風習は日本の風習と違っているのか等のことであった。それどころか、埋葬の種類についてさえ綱吉は答えを求めたのである。そしてさらに、オランダの統治について質問がなされた。またケンペルに対しては、西洋医学について質問が直接下された。前年にケンペルが城中の人々に歌を披露したが、それはおそらく強い印象を与えていたのだろう。ケンペル個人に対し、今回も一曲歌うようにと依頼がなされたのである。一六九二年の拝謁の儀は、前年同様二時間ほど続いた。

3　特別の拝謁

非公式謁見と饗応

大名同様オランダ人一行も、江戸を立ち去る許可が出るまで、幕府からの公式のお別れ行事を待たねばならなかった。お別れの行事の場では、幕府の高官が商館長に対して、オランダ人が遵守すべき規定を読み上げるという小さなセレモニーがあり、また将軍からの贈り物がオランダ人に手渡された。この行事が終わると、すぐにオランダ人一行は江戸城を立ち去るのが通例であった。一行のあとには、将軍からの贈り物を運搬する従者がおごそかに付き随ったものである。ところが一六九二年のケンペル第二回江戸参府の際には、通例とは違うことが行われた。お別れの行事が終わったのち、そのまま待つように、との指示があったのである。オランダ人一行に対して、将軍用の厨房から食事が供されるとのことであった。ケンペルはその食事の内容をこと細かく記している。ただし、味の方は特に美味しいとは思わなかった。食後、オランダ人一行はさらに別の部屋に通され、そこで待つように言われた。待っていると、将軍の部屋から銀製の水差しと深皿の載った台子が下げられる様子が見られた。このことから、ちょうど将軍も食事を終えたところであろうということが推測された。さらにしばらく待ったあと、特別の第二回目の拝謁のため、一行は将軍の非公式謁見の間に通され、御簾の近くに座るように命ぜられた。

ようやく特別の拝謁が始まった。オランダ人一行は、いつものように日本風に敬意を表そうとしたが、今回はヨーロッパの流儀で将軍に挨拶を行うように、との指示があった。そののちケンペルに対して、もう一度歌を歌うようにとの依頼がなされた。曲が終わると将軍は、今の歌の歌詞はどんな意味であるか、とお尋ねになった。実は恋の歌だったのだが、ケンペルは将軍の幸福と健康、そして神のご加護を念じた歌です、と述べる方がよいと判断したのである。

医術を見せる

ついでケンペルの前に、僧侶が一人連れて来られた。僧侶の足には傷があって、少し炎症をおこしていた。ケンペルに診てほしい、というわけである。鼻の色から判断して、この人物がかなりの酒飲みであることが見て取れた。そこでケンペルは、僧侶の足に貼ってある絆創膏をすこしだけ剝がして傷口を見、あたかも傷口を見ただけで僧侶が酒飲みであることがわかったかの様子で、酒を控えるようにと僧侶に忠告の言葉を述べた。ケンペルのこの見立てを聞いて、将軍や城中の人々は非常に満足した。それからさらに、ケンペルに様々な質問をするため、将軍の侍医が二名呼び出された。二人は、たとえば膿瘍はどの段階に至ると危険なのか、あるいは西洋ではどのような時に瀉血《しゃけつ》を行うのか、ということを知りたがった。

西洋医学については、この当時の日本でも、ある程度までその内容が知られていた。十六世紀後半から十七世紀前半にかけて来日したイエズス会士たちは、すでに病院を運営していた。また鎖国以前にも、海外の医学知識を身につけた日本人は何人かいた。鎖国以後も、キリスト教を捨てたイエズス会士で日本名を沢野《さわの》忠庵《ちゅうあん》というクリストヴァン・フェレイラ（Christovão Ferreira, 一五八〇〜一六五〇）が、南蛮流外科の技術を日本人に教授した。オランダ商館の時代になったのち、商館付きの医師は、診察術や医学知識を教えるように日本人から求められた。ケンペル以前に来日した商館付き医師の中で、とりわけ有名なのはカスパル・シャンベルガー（Caspar Schamberger, 一六二三〜一七〇六）である。シャンベルガーもドイツ人である。彼は一六四九年から一六五一年にかけて日本に滞在し、それどころか、将軍への拝謁が終わったのちも、他の分野の専門家とともにさらに二、三カ月江戸にとどまるよう要請されたくらいである。カスパル・シャンベルガーは、いわゆる理髪師であり、正式な医学教育は受けていなかったようである。また彼はヨーロッパに戻った後は、医師としてではなく商人として活動した人物である。だが、彼によって日本に伝えられた医学上の知識は、「カスパル流」として日本医学史にその名をとどめている。

一六九二年にケンペルが特別の追加拝謁の際に出会った将軍の侍医も、西洋医学に無知ではなかった。彼らは西洋流の膏薬の名前を知っていて、その名前を口にしたが、ケンペルによれば、彼らは「舌をもつれさせながら」発音した。ケンペルは、よりよく理解してもらえるように、膏薬のラテン語名を教えたのみならず、それを日本語に訳して述べた。将軍はケンペルのしゃべる言葉に注意深く耳を傾けていたものと思われる。というのは、将軍は突然、あの外国人は何語をしゃべっているのか、と尋ねたからである。通詞が述べた答えは「日本語です。しかし下手です」というものであった。

そののち、将軍の御簾の前でオランダ人一行に対して、もう一度食事が提供された。だが彼らは、ほんの少し口にしただけであった。すると、分厚い白紙と贈答用の紐が持ち込まれ、通詞たちに対して残りの食べ物をオランダ人のために白紙に包むようにとの命令が下された。最後にもう一度オランダ人一行は御簾の前で別れの挨拶をしたが、御簾の後ろにはまだ将軍が座していた。ようやく一行は拝謁の間を去った。役人たちがオランダ人に対して祝いの言葉を述べて言うには、今までオランダ人がこれほど厚遇されたことは記憶にない、これほどのことが近いうちにもう一度あるとは思えない、とのことであった。実際、この次オランダ人が将軍から特別の追加拝謁を賜る機会があったのは、一七〇一年四月であり、ケンペルたちの拝謁から十年ほど経ったのちのことであった。

吉宗と綱吉

たいていの歴史家は八代将軍吉宗のことを、徳川将軍の中で、西洋の知識を受け入れる姿勢を示した最初の人物であると賞賛している。だが吉宗は、西洋の知識についてというよりもむしろ、歴代将軍と同様に馬や乗馬術に関心を示していたのである。このため、オランダ人によって、馬と乗馬の専門家であるカイザーリング（Johann G. Keyserling, 一六九六〜一七三六）が江戸に派遣され、馬の治療術について書かれた西洋の書物を翻訳するよう、その時代で最も優れた長崎の通詞に命令が下された。じつはその通詞こそ、かつてのケンペルの弟子今村源右衛門であった。

五代将軍綱吉は、伝統的なスポーツである鷹狩りをほとんど廃止したが、吉宗はこれを復活した。たしかに、それまで厳しく制限されていた洋書の輸入を緩和し、オランダ語と西洋流学問の研究を促進したのは吉宗である。だが吉宗を洋学推進へと駆り立てたのは、むしろ、西洋流の馬療術が功を奏して彼のお気に入りの馬の治療がうまくいったからこそである、とさえ見えるくらいである。

吉宗が公式に西洋の学問を奨励しはじめる約半世紀前、まだ将軍になる以前の若き綱吉は、オランダ人に対して興味を示していた。当時行われたのは、公式の拝謁行事のみであった。そしてその場合も、諸大名と同じく商館長も、無言のまま将軍の前にひれ伏し、ケンペルの言葉によれば「まるでザリガニのように」這いながら後に戻ったのである。ところが、将軍の弟であった綱吉は、オランダ人が拝謁を待っている部屋に何度か現れた。予定にない綱吉の行動にその場の役人たちは狼狽したが、綱吉の方はまったく平気な様子でオランダ人の前にやって来た。そして綱吉はオランダ人の姿をしげしげと眺め、その名前や年齢を聞いた。自身が将軍になってから二年後、綱吉は非公式の第二回拝謁を行うよう手配した。この非公式の拝謁の場において、綱吉は個人的に世界の状態やオランダの様子を質問したのである。当初、この非公式の拝謁が行われる理由として、将軍の幼い息子の教育のためである、ということが言われていた。だが綱吉の息子が幼くして亡くなったのちも、非公式の拝謁は続けられた。たしかに八代将軍吉宗のもとで、西洋の学問への制限は緩和された。だが吉宗は、日本以外の国々で人々がどんな生活をしているのかということについては、綱吉ほど個人的な関心を示してはいなかった。吉宗が将軍になってのち、はじめてのオランダ人拝謁の際、吉宗はオランダ人一行に対し、オランダの馬を日本に連れて来ることはできるかと質問した。だが外国人をそばに寄せてその姿を見たり、あるいはその他にいろいろと質問を浴びせる、というようなことについては、吉宗は関心がなかったのである。

4　日本の風習とその国土

拝謁についてケンペルが記述している文章を読めば、日本の資料にはあらわれてこない五代将軍についての情報が得られる。これと同様、長崎から江戸への旅行についてケンペルが書いた詳細な旅行記録を読むと、他では見られない十七世紀後半の日本人の日常生活の様子をかいま見ることが出来る。

宿の様子

とりわけ、当時の人々にとってはあまりに日常的すぎて、記録に残すほどの価値はないと思われた事柄で、現代ではもうどんな様子だったかわからないようなことが、ケンペルの文章には残されている。たとえば、お手洗いである。ケンペルが旅の途中で宿泊した施設では、手洗いは庭の方に伸びた場所に位置し、そこに行くには戸を二つ開けて行かねばならなかった。刈り取ったばかりの藁でできた真新しい草履が、利用客のために置いてあり、身分の高い人が泊まる場合には、戸の引き手と覆い板にそのつど新しい白紙が貼り付けられた。手洗いのすぐ横には、手を洗うための手水鉢《ちょうずばち》があった。

オランダ人一行にとって、毎日風呂に入るということは、慣れないことであった。温泉が利用できない所では、日本人は水浴びをしないで、蒸し風呂に入り、桶に冷たい水と温かい湯を交互に入れて体を洗っていた。風呂の下には大きな蒸気釜があり、それで熱い湯を沸かして蒸気を作り、その上に簀子《すのこ》を敷いて、蒸し風呂の部屋を造っていたのである。しかしその他の点では、ケンペルが書いている十七世紀後半の日本の宿泊所は、今日の高級旅館の様子と変わりがない。最上の部屋はきれいな小庭に面し、部屋の襖には花模様の紙飾りが施してあった。部屋を飾るものは、巧みに取り付けられた違い棚と、宿の主人が飾り付けを行った床の間である。しかしそれ以外には家具らしいものはなく、木製の枕（箱枕）を除いては寝具はなかった。旅行者は自分用の寝具を持ち歩くか、あるいは畳の上にじかに寝て、自分の上衣で身を覆うのであった。

日本の街道

今日、大きな駅ではどこでも弁当や飲み物を買うことができる。それと同じように当時も、急ぎの旅行客のための用意が調えられていた。沿道では、串に刺した食べ物を火にあぶって売っていた。急ぎの旅行者はこれを携行し、馬に乗りながら、あるいは歩きながら食べ物を食べることができたのである。このような屋台では、せんべいや小さな菓子も売っていたが、ケンペルによれば、それらは歯ごたえがありすぎて「噛んでも噛みきれない」ほどであった。飲み物としては、煮出した茶があった。だがそれは、今日のお茶のようにお湯をそそいで入れたものではない。ケンペルはこの「茶色い茶のスープ」のことを「かなり苦い」と述べている。鉄製の柄杓《ひしゃく》で湯飲みに半分熱い茶を注ぎ、それに冷たい水を足す。そうすることによって、熱い茶が冷めるまで待つまでもなく、旅行者はすぐにお茶を飲むことが出来るのである。

ケンペルは日本の街道の様子を非常に賞賛している。日本は細長く伸びた地形をしていて、山脈がたくさんあるために国土が分断されている。それゆえ初代将軍である家康は当初より、この国を支配するためには道路網の整備がきわめて重要な課題であると考えていた。そして家康は権力の座に着くとただちに、一六〇一年伝馬制度を導入した。それに引き続き彼は、大きな街道を修築し、木を植えた一里塚と呼ばれる小さな塚を街道の両脇につくり、そこに江戸の日本橋からの距離を示す立て札を立てたのである。このように街道を整備することによって、情報や命令の伝達、必要な物資の輸送、軍隊の移動が素早く行えるようになったが、これは幕府にとってきわめて重要なことであった。それに加え、江戸からの距離を測って一里塚に掲示したため、この国の政治の中心が京都でなく、いまや江戸にあることを人々に知らしめたのである。諸大名は自国内の街道を維持管理する責任を負っていたので、日陰ができるように街道の両脇に木々を植え、道が非常に険しい場合には敷石で舗装することさえしたのである。

ヨーロッパには、早くから立派な道路網が整備されていた。「すべての道はローマに通ず」ということわざがあるが、これはローマ帝国の道路網がいかにすばらしいものであったかを示している。紀元前三〇〇年ごろに建設がはじまった全長五〇〇キロメートル以上に及ぶ舗装道路・アッピア街道は、現在でもその一部が残っていて、ローマの街道のすばらしさの証拠となっている。その後ローマ人がアルプスを越え、ヨーロッパの大部分をその支配下に収めた時、彼らはまたそこに真っ直ぐな道路網を建設した。この道路を通じて軍隊が北進したのである。だがローマ帝国の権力が弱体化するのに伴い、道路網も荒れ果てた。ケンペルの時代、たしかにまだ「神聖ローマ帝国」は存在していたが、それはたんに名前の上での「帝国」にすぎず、実際はさまざまな国家や公国の寄せ集めであった。そこでは中心的な道路網を建設するだけの権威を持つ者や、そうしたことに関心を持つ者は一人もいなかった。それどころか、もし道路を整備したとしたら、それは敵国の軍隊の侵入を許しかねなかったのである。そのような状態であるから、公衆が旅行のために利用した乗合郵便馬車は、整備状態の悪い道を進まざるを得ず、道路に深い穴があるような場合には時として馬車が転倒したのである。そのような場合御者は、時として乗り合いの旅行客の力を借りて苦労の末に馬車を起こし、そしてしばしば馬車を押しながら山を越えなければならない有様だった。

ケンペルは若いころからヨーロッパを広く旅行してきた人物である。彼は日本の道路を高く評価し、その様子をヨーロッパの読者のために詳細に書き残している。日本の街道のことをケンペルは「軍用道路」と呼んでいるが、ちょうど小川が大河に注ぎ込むように、各地域の道が大きな軍用道路に注ぎ込んでいる、とケンペルは述べている。

雨水の水はけをよくするため、街道は片方が少し高くなっていた。そして激しい雨ののちに身分の高い人々が通行する場合には、道を早く乾かすために、あらかじめ特別に砂が撒かれた。ケンペルは読者に対して、次のように物語っている。すなわち自宅の床を掃除するのとまったく同じように、農民たちが街道を毎日掃き清め、身分の高い客人が通行する際には、もう一度通行の前に道を掃くのである。道に落ちて来るものは、樅《もみ》の木の葉であれ馬糞であれ、あるいは旅行者が投げ捨てた草鞋《わらじ》であれ、あらかじめ熱心に収集された。集めたものは、肥料にしたり、ものを燃やす時に使って再利用できたからである。この「リサイクリング」はもちろん、環境保護のためというより、むしろ貧困のゆえになされたものであった。旅人が便所として使用できるように、道ばたには小屋が立てられたり、あるいは単に壺が置かれているだけのこともあった。これも、貴重な肥料を集めるためであった。

大名行列

街道の道幅は、行列が二つすれ違っても問題ないくらいの広さになっていた。江戸に向かう大名行列は、総勢二千人にも及ぶことがあったから、それくらい広い道幅が必要であった。オランダ人たちが驚いたことには、これだけの大人数が通行している時でも、まったくの静寂が保たれていた。聞こえるものといえば、衣ずれの音と低い足音のみであった。オランダ人一行が大名行列とすれ違う時、しばしば通り過ぎるまで三日もかかった。第一級の宿泊所はあらかじめ大名一行がおさえていたから、オランダ人たちは第二級の宿泊所で満足せざるを得なかった。街道を通行する人々の数は非常に多かったので、日の出前に出立したり、あるいは夜遅くまで明かりをともして旅行を続ける、ということもしばしば見られたのである。

大名行列が近づいてくると、オランダ人とお付きの人々は馬や駕籠から降り、脱帽した。時としてオランダ人たちは、多幸を記念する言葉を大名に伝えることがあった。そのような時大名はそれに応え、駕籠の御簾を少し脇に寄せて、オランダ人に親しげな表情を見せたのである。

このように大名行列は静かで品のあるものだったが、その威厳をそこなうものがほんの少しあった。槍や駕籠を担ぐ人々は、腰まで着物の裾をからげていたので、ケンペルの目には下帯がほとんど役に立っていないように見えた。そして担ぎ手たちは、見物の衆が集まるやいなや、奇妙な動作をして見せた。「彼らは一歩あゆむたびに、片足をほとんど尻につくかと思われるほど伸ばし、それと同時に、伸ばした足とは別の方の腕を前に突きだしたので、まるで空中を泳いでいるかのようであった。」特に駕籠の担ぎ手は、奇妙な仕草をして見せた。彼らは幅の広い袖を紐で背中に結びつけ、むき出しになった腕で、ある時は駕籠を肩に担ぎ、ある時は頭の上まで腕を伸ばして駕籠を担いだのである。「彼らは、駕籠を担いでいない方の腕は手の平を水平に伸ばしていた。足の歩幅を小さくし、膝をこわばらせて歩んで、こっけいな恐ろしさの身振りや、用心深い様子の身振りをして見せた。」このような奇妙な動きは、今日でも歌舞伎などの舞台で見られて、観客を喜ばせている。だがケンペルのお蔭で、駕籠を担ぐ人々が本当にこのように奇妙なダンスをしていたことが分かるのである。駕籠に乗ることが許されるのは、幕府の命により身分の高い人に限られていた。駕籠を担ぐ奴《やっこ》があのように激しい動きをすれば、駕籠は非常に揺れるはずなのに、身分の高い人々がなぜそれを許していたのか、不思議である。

オランダ人の行列

大名行列が前を通り過ぎる時、オランダ人一行は馬から下りて脱帽した。だが旅の途中には、オランダ人に対してこのような敬意が示されることがあった。とくにそれは九州で見られた。オランダ人がいることによって、またオランダ人と貿易を行うことによって、他の地域にもまして九州地方には利益があったからである。大名行列の場合と同じように、オランダ人一行が通る直前に、もう一度道が掃き清められ、乾燥した日には道に打ち水がなされ、一

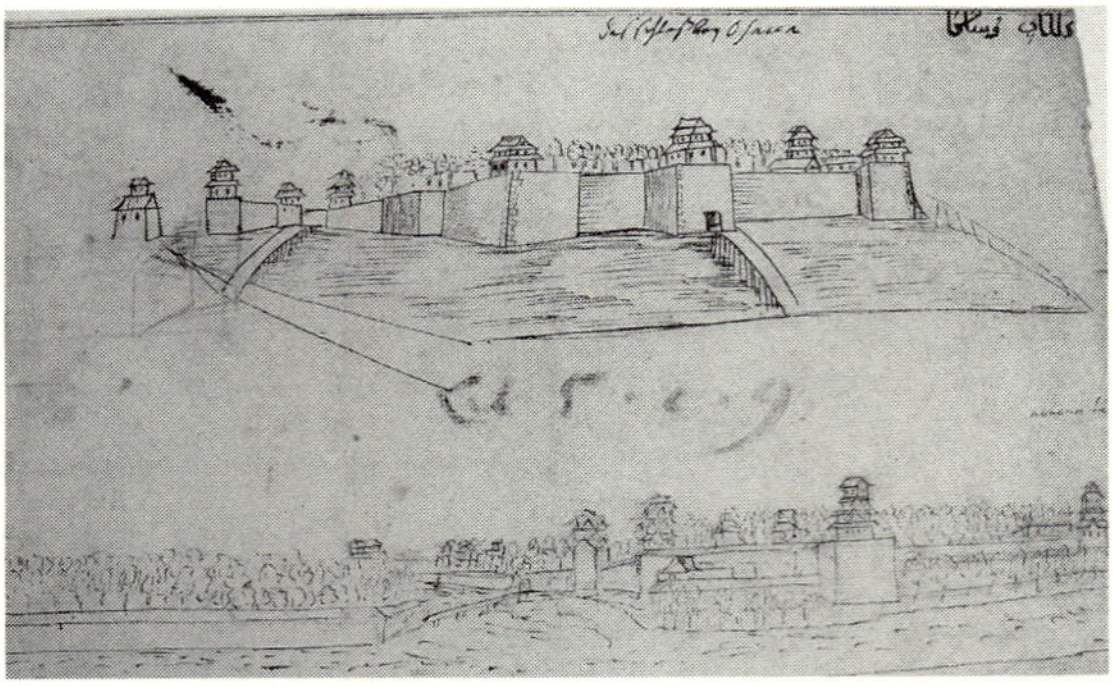

大坂城（大英図書館 SL 3060 fol. 557.）
ケンペル画。ケンペルはこの図が何を示すのかを隠すため，城の名前をアラビア語で書いている（右上）。

行が埃にまみれないような配慮がされたのである。一般民衆は家の奥に引きこもるか、あるいは道に背を向けた姿勢で土下座をした。というのは、面《おもて》を上げることは不躾《ぶしつけ》であるとされていたからである。九州の大名は、オランダ人のためにたいてい無料で運搬用の馬や担ぎ手、小船を提供し、しばしば丁重にもてなした。だが本州では、運搬用の馬などには費用が請求された。しかもその際、オランダ人の見るところ、通詞が費用の一部を自分の懐に入れていた。またオランダ人が疑ったことには、担ぎ手や馬の代金が高めに請求されたばかりか、他の人々の荷物まで一緒に運んで、しかもその代金がオランダ人に請求されたようなのである。

江戸参府の始まった当初、オランダ人一行は、長崎から兵庫まで直接船に乗って行った。だがある時、九州沿岸を航行した際に海難事故が発生したため、それ以降は徒歩で九州を進むよう命令が下された。この地を通る道は、馬でさえ歩みにくいような険しい山道であった。そのため、旅は非常につらいものであったが、ケンペルには非常に面白い旅となった。ケンペルが述べるところによれば、谷から谷に進むにつれて、住民の服装や言葉、習慣が異なり、そればかりか人種的にも異なった。考古学的発見によれば、日本には数百年にわたり何度も大陸から人々が逃げ場を求めてやって来たのであり、注目すべきことに十七世紀後半に至るまで、様々なグループの人種的特徴が保持されていたのである。他の箇所でケンペルは、体格を見ればその人が日本のどの地方出身かが分かる、と述べている。

4　街道を行く人々

街道の規律

ケンペルの旅行記を読めば、十七世紀の街道がどんな様子であったかについて、活き活きとした印象を得ることができる。当時は数多くの法律があって、街道での振る舞いは法によって規制されていた。そのため歴史家はしばしば、街道においては非常によく規律が保たれていたと考えている。だが、馬にあまり荷物を積み過ぎてはいけないとか、あるいは馬が死んだら葬らねばならない、等々のことが法律で定められているということからは、逆に、積み荷を馬に積み過ぎたり、また馬が病気になったら道に放置して死ぬにまかせるということがなされていた、ということが分かる。そして同じ法律が繰り返し公布されたということから推測できるように、法律が公布されても、それは守られてはいなかったのである。人間でさえ、道ばたに放置されて死ぬにまかせる、ということがあった。ケンペルの記述には次のようなものがある。僧侶が一人死にかけていて、道ばたに横たわっていた。それでもなお彼は、何か声を発していた。他の人が見て、この僧侶は死んでいるのだと思いこみ、彼のことを死体として乱暴に扱う、ということにならないようにするためであった。その他のところでは日本人について賞賛の言葉を多く述べているケンペルであるが、この件に関しては次のように述べている。「うめき声は、石を和らげることはあっても、日本人の心を動かすことはない。」

徳川時代の法律によれば、旅行をしようとする人は誰でも、まず自分が住む地域の為政者から旅行許可証を取得しておく必要があった。これはちょうど、現代のわれわれが外国旅行をする時にパスポートや査証を必要とするのと同じであった。旅行許可証を得るためには、旅行の理由を申告する必要があったが、神社仏閣への参拝を理由に挙げると、為政者もなかなか拒絶するわけには行かなかった。そのため旅行者の大部分が、お参りをする旅人ということになったのである。だがお参りをする旅人の中には、旅を続けるのに必要な費用を持っていない人も多く、旅の途中で滞在費を稼ぐために、彼らは時として思いもよらないような方法を考え出したのである。

旅費を捻出する人々

音楽を演奏する旅人は多かった。たとえば八丁鉦《はっちょうがね》とよばれる楽器がそれである。この楽器は重くて演奏するのがかなり大変だったので、たいてい力の強い若い旅人が演奏していた。肩の所に棒がくくりつけられていて、そこに八つの鉦が紐で結び付けられていた。そして演奏者がすばやく自分の体を回転させると、鉦が空中に舞い、それを小槌で叩いて音を出すのである。ケンペルは、今日ではあまり知られていないこの楽器のスケッチを完成させているが、そのスケッチには他の楽器も描かれている。またそこには幅の広い被り物をかぶった男の小さなスケッチがある。四つの輪がついた錫杖《しゃくじょう》を手に持っていることから、これは山伏を描いたものと思われる。ケンペルによれば、山伏はお祈りのための特定の言葉を言う時には、錫杖の輪で音を鳴らすとのことである。

まるで公家あるいは内裏に仕える舎人《とねり》のように、白い亜麻布の衣装を身につけて旅をする人々もいた。彼らはたいてい四人一組で、そのうち二人は、たとえば大鐘のように誰もが知っているものの模型をのせた吊し屋台を運び、三人目は棒を携えて、いかめしい態度で前を歩き、そして四人目が喜捨をもらうために家々の戸を叩いて回ったのである。背中に仏画を背負っているだけの物乞いも多かったが、これとは別に、僧侶の服装をしている人もいた。彼らは経典を読み上げているようなふりをしていたが、実は文字が読めず、たんに文章を暗唱して口に出しているだけにすぎなかった。

ほかにもまた、無言の行をしている旅人もいた。彼らは身振り手振りと、喜捨を求めるような目つきをすることによって物乞いをした。さらに、冬でさえ素裸でお参りの旅をする人々もいた。このような

音楽を演奏する旅人（大英図書館 SL 3060 f. 516.）ケンペル画。とりわけケンペルは八丁鉦に関心を示し（左上），詳細に説明を施している。

形で贖罪を行えば、神仏が希望を叶えて下さると期待していたからである。お参りの旅をする人々の多くが目的地としていたのは伊勢神宮であった。子供でさえ、親から罰を受けるようなことをしでかした場合、親の許しを得ないままに伊勢神宮に向かったものである。こうした子供が伊勢神宮から贖罪のお札をもらって親元に戻ってくると、無許可で旅に出たことばかりか、ほかの諸々の不始末も含めて、みな許されたのである。だがお参りの旅に耐えられない子供や体の弱い大人もまれではなかった。こうした人々は病に倒れて道ばたに伏し、あるいは死ぬものさえいた。

ケンペルが最も気に入ったのは比丘尼《びくに》である。比丘尼とは若い女性の物乞いのことで、頭は剃っていたが、非常に美しく着飾った人々である。日本の女性の中で比丘尼はほとんど一番美しい人々であると、ケンペルは述べている。ヨーロッパの絵画では、つばの広い帽子をかぶり棒を手に持った若い羊飼いの女性がロマンチックに描かれるが、ケンペルは比丘尼をこうしたヨーロッパの羊飼いの女性になぞらえている。比丘尼のまわりにはしばしば、頭を剃った子供の一群や、山伏の一団がついて来ることがあった。ケンペルは山伏の治療術に興味を持ったのみならず、彼らの厳格な黙想修行にも関心を示し、その服装や彼らのしきたりについて詳しく記録に残している。

先入観のない記述

エンゲルベルト・ケンペルは、自分が見聞きしたことをきわめて端的に書き記している。キリスト教文化圏には属さないが非常に洗練された、世界の別の果てに存在する日本人という民族について、先入観を持たないで記録したケンペルの書きぶりは、ヨーロッパに住む何人かの人々に強烈な印象を与えた。時あたかも、キリスト教のみが唯一の神聖な宗教であるという考え方に対して、ヨーロッパの知識人たちの一部が疑問を呈しはじめたころである。ケンペルの死後七十年以上経って、ようやく彼の日本論の全体がドイツ語で出版された。それはまさしく、作家ゴットホルト・エフライ・レッシング（Gotthold Ephraim Lessing, 一七二九〜一七八一）の出版物をめぐる神学論争がさかんになった時代であった。この神学論争はしばしばルター（Martin Luther, 一四八三〜一五四六）の宗教改革以降最大の衝撃をドイツのキリスト教世界に与えたと称されるものである。レッシングの友人が一人、自著を携えて彼を助けに来た。その文書の中では、錫杖を鳴らしながら富士山を登る山伏の様子を記録しているケンペルの報告が、特別な役割を果たしているのである。

だがケンペルの遺稿とその影響を紹介する前に、私たちはケンペルが京都を訪問した時の様子と、彼のレムゴへの帰国について目を向けようと思う。

第七章　京都のケンペル

1　京都を見物する

長崎から将軍の居城のある江戸までの長い旅行の途上、街道にある名所にオランダ人が立ち寄ることは、ふつうは許されていなかった。とはいえ、江戸からの帰り道、当時すでに観光名所となっていた京都の有名ないくつかの寺院を訪れることは許可されていた。それはすなわち、幕府がオランダ人に見物を許可したということを意味するだけでなく、むしろ、それは命令ですらあった。このことは日本の通詞や警護の者たちにとって、オランダ人一行に同行して、毎回毎回同じルートをたどるということであって、彼らにはとても不満なことであった。

江戸への往路においてもまた、もちろんオランダ人一行は京都を通過した。それは、江戸までの旅をさらに続けてよいという許可を京都所司代から受け取るためであった。ただし往路で見物できたものと言えば、碁盤の目のような京の通りくらいであった。その京の通りは非常に長く、人混みのせいで舞い上がった砂ぼこりのために、通りの終わりが見通せないほどであった。

日本芸術と商業精神の宝庫

当時京都は、神社仏閣で有名であるばかりか、手工業や商業でも有名であった。ケンペルは次のように書いている。

「この都市は、日本の芸術と商業精神をすべて納めた蔵である。物を売っていない家、あるいは物を生産していないような家は、ほとんどない。この地において銅の精錬が行われ、貨幣が鋳造され、書籍が印刷され、金色・銀色の花柄模様が施された最上質の布地が織られ、きわめて珍しい染色技術が継承され、芸術性の高い彫刻や楽器、絵画が作られ、棚やその他の道具類に漆が施され、金の他あらゆる金属、とりわけ最高の鋼を用いた精巧きわまりない品物が生産されるが、この鋼からは非常に珍しい刀剣そのほかの武具が作られるのである。」

ケンペルはさらに次のように述べている。すなわち、最高の着物が京都で織られ、また自動的に動く人形のような非常に精巧な玩具が生産される。京都の名匠が複製できないような外国産の物は何一つない。そのような理由があるから、京都で生産される品物は日本全国でその名をとどろかせている。京都で生産されたことが証明されている品物は、その品質のいかんを問わず、他の地方で生産された品物よりも人気が高い。京都の大通りにおいては、何か品物を販売していないような家屋は、おそらくほとんどない。これほどたくさんの品物を、いったいどこから客がやって来て買い求めるのだろうかと、ケンペルは自ら問いを発している。そしてケンペルは、読者に対して次のように断言している。「きわめて確かなことだが、この地を旅行する人で、自分用としてあるいは他の人のおみやげとして、ミヤコの品物を買わないで帰るような人は一人もいないのである。」

日本人旅行者同様、ケンペル一行も京都で買い物をしようと試みた。しかし彼らは厳しく監視されていた。彼らは京の町並みを描いた絵図を商人から買い入れたが、通詞の指示によってそれを返品せざるを得なくなった。おそらくこれよりのち、通詞今村源右衛門のお蔭であろうと思われるが、美しい筆描きの『名所図会《めいしょずえ》』五十枚をケンペルは入手している。それらのうちの何枚かは、京都の名所を描いている。

京都改

そのほかケンペルは、京都の宗門改帳である「京都《きょうと》改《あらため》」の入手にさえ成功している。「京都改」とは、人口や建物、橋について書かれた公式の記録文書である。この記録文書によれば、京都の人口は当時、四十七万七五五七人であった。そのうち、僧侶が三万七〇九三人、神官が九〇〇三人、山伏が六〇七三人いた。また寺が三八九三、宮が二一二七、大名屋敷が一三七あった。町民の家屋が十三万八九七九軒あり、それが一八五八の町に分散していて、河川に架かる橋の数は八十七ある。個々の宗派に属する信者の数も記載されている。信者の数が非常に多いのは浄土宗で、十五万九一一三人を擁する。これをしのぐのは浄土真宗のみである。ケンペルは東本願寺宗および西本願寺宗の信者、仏光寺宗の信者、高田宗の信者を合算しているが、それによれば総数十六万九七五四人に達するという。

桜の開花

オランダ人一行が長崎から江戸に向かう旅行に出たのは、新暦二月の初旬である。しかし江戸で将軍への拝謁を終え、また幕府の重臣たちへの訪問を終えて長崎に戻る途中、京都に到着したころには、もうたいていは四月の中旬、ちょうど桜の咲く季節になっていた。江戸に行く時よりも帰りの方が、じっくりとこの街を見ることができた。今日でもこの季節には、現地の人も旅行者のようになっては、絵画のように美しい寺院に押し寄せ、満開の桜の花を楽しむ。咲き誇る桜のもとで夕べの宴会を行うのに適した場所として、もっとも人気のあったところの一つは、東山のふもとにある円山《まるやま》公園である。そこから少し下の方にある八坂神社からは、物売りの店や娯楽のための屋台が小高い丘の上の方までずっと続いていて、人々は楽しげな様子でそこにやってくる。

いまから三百年以上も昔、一六九一年四月にエンゲルベルト・ケンペルがこの道を歩んだ時も、人々は今とそれほど変わらぬ様子だった。たしかに当時は、八坂神社はまだ「祇園《ぎおん》」あるいは「花《はな》の社《やしろ》」という名で知られていて、舗装された道のある今の円山公園も、当時は「自然のままの散策用森林」であったと、外国からの訪問者であるケンペルは記している。ビール瓶やスピーカーといった今日的なものは、もちろん見られなかったものの、当時の人々も「優雅で美しい樹木」のもとで楽しいひとときを過ごしていたし、矢場や小売店が道の両側に軒を連ねていた。

すでに三百年前から、京都で人々は桜の花のことを特別なものと考えていた。それゆえ、桜の名所はどこかということを書いた案内書が発行されていたくらいである。とはいえケンペルは、今日の外国人観光客がたいていそうであるように、花咲く桜の枝々にはあまり関心を示していない。今日の外国人観光客もたいてい、桜の花よりはむしろ、楽しそうに過ごしている日本人の方にカメラを向ける。花ならば自分の国に帰っても見ることができるからである。滞在期間が短いから、多くの外国人旅行者は、いかにも異国の情緒が感ぜられるものに目を向ける。現代の外国人旅行者同様、ケンペルたちもまた、桜の花に目を向ける時間のゆとりがなかったのである。

ケンペルは天皇のいる御所については何も書いていない。また、豪華ではあるが利用されることがほとんどない将軍の宿泊所・二条城についても、通りの外から見ることが許されたのみであった。二条城には高い物見櫓があるので、御所よりも遙かに目につきやすかった。巨大な寺院である知恩院の中には、歴代の徳川将軍を祠《まつ》る堂祠がある。ケンペルたち外国人の一行はまずここを表敬訪問しなければならなかった。

2　知恩院

壮大な寺院

小高い斜面の下には、知恩院の二層の門（三門）がある。今日、観光バスを降りた人々が、ここで長い列をなして気長に待っている。ケンペルの当時も、オランダ人一行はここで馬や駕籠から降りなければならなかった。とはいえ、その理由は昔と今では違う。今日では実際上の理由があって、知恩院に行くまでの道が狭く、またその近くに駐車スペースがないからで

知恩院の配置図と三門の図（大英図書館 SL 3060 fol. 526.）
ケンペル画。左上には大鐘が描かれている。左下に描かれている塔についてケンペルは Kurumado genannt（車堂と呼ばれている）と書いている。

ある。ケンペルの時代はそのような理由からではなく、神聖なこの地に対して敬意を表すためであった。ケンペルの記述によれば、この寺院に歴代将軍の遺灰と遺骨の一部が納められていたとされる。実際には爪と遺髪であったと思われる。というのも、将軍が火葬されることはなかったからである。またケンペルによれば、この寺院にはそれまで将軍の位牌が大切に保管されていた。このようなわけで、当時この寺院は経済的に困窮するようなことはなく、知恩院は「壮大な寺院」になった。ケンペルの表現によれば、木々の生い茂った「自然のままの丘」のふもとにあるこの寺院は「この国の中でもっとも大きく、もっとも貴重で、もっとも楽しい」ものであった。

大方丈

ケンペルたちの一行は、大きな石と砂で舗装された坂道を上った。この道は、まず左の方向に急角度で曲がり、ついで右方向に湾曲しており、「寺に仕える人々」の建物の横を通って、小高くなった次の平らな場所へと続いていた。ケンペルたちの一行は、二つの「壮大で背の高い、非常に貴重な木造建築」のそばを通ったのち、もっとも壮麗な建築物であり、将軍の部屋があった大方丈《おおほうじょう》の中に入った。今日でも大方丈の中には、ケンペルが記述しているように、少し高くなった将軍の御座所がある。また壁や襖には立派な絵が描かれている。そのような絵の前で、ケンペルたちの一行にはお茶が振る舞われた。ところでケンペルの記述によれば、この建物は将軍の居城よりも「遙かに背丈が高く、遙かに壮大である」とされるが、この表現には少々驚かされる。たしかにこの建物は美しい形をしているが、外観はむしろ質素なものである。それゆえ「壮大である」という表現は、この建物を表す言葉としてふさわしくないように思われる。

ケンペルがこの建物を見たのは、華麗を好んだ三代将軍の指示によって大方丈が建設されてからちょうど五十年のちのことである。大方丈は十九世紀の前半に壊れ、再建されている。ところがこの時代に至るまでに、幕府の財政状態は悪化していた。そのため、十八世紀にケンペルが賞賛したような、もとの豪華な形のままに大方丈を再建するだけの財力は幕府にはなかったように思われる。

とりわけ十九世紀の後半に徳川幕府が倒れ、それにともなって廃仏毀釈の運動が起こって以降、かつては全国でもっとも華麗であったこの寺院も、ひっそりとしたものになってしまった。今日では知恩院にとって、徳川家との結びつきよりもはるかに重要なことは、再び、浄土宗の開祖である法然上人（一一三三〜一二一二）がかつてこの寺院の丘の斜面に庵を結んだということ、そしてこの地に上人の墓所がある、ということである。

三百年前、知恩院の人々はケンペルたちの一行に上人の墓所を見せることはなかった。当時、それ

より も遥かに重要だったのは、「丘を約三十歩ほど登った所にある、小さな堂祠」であった。というのも、前述のようにそこにそれまでの徳川将軍の位牌が納められていたからである。ケンペルが訪問した堂祠は一九六〇年代に焼失したが、その後再建された。

将軍の位牌のある堂祠に通じる道は、ケンペルの当時と同様に、今日でも建物の間を通って「日本式の狭い観賞用の小庭園」へと通じている。そこには小さな池があって、池の水は大きな岩の間を枝分かれするように、まるで絵に描いたように美しく流れている。

小堀遠州の庭園

この小さな庭園は、茶人であり芸術家でもあった小堀遠州《こぼりえんしゅう》（一五七九〜一六四七）の指揮のもと、寺院の建物が建てられる以前に造営されたものである。のちに寺院の建物が建てられたが、その際、狭い庭が広々と見渡せるような位置に居間が設置されたのである。ケンペルは熱心な植物学者でもあったので、この庭園の様子を次のように記している。

「……ここには、庭師の技巧が凝らされた苔むした優美で小さな岩や珍しい石、そして人の手によって形を整えられた樹木が備えられ、それらがこの土地の外観に変化を与え、庭園の美しい装飾となっている。それに加えなお、こうした岩や石の間を、複雑に曲がりくねって水が流れ、それが私たちの目には、小さな場所にまるで荒々しい大海があるように見えた。そこにはさまざまな石橋が架けられていて、きわめて美しい眺望を提供している。」

御影堂

将軍のための建物である大方丈は、その豪華さでケンペルたち一行の目を驚かせた。それに対し、寺院の中心堂宇である御影堂《みえいどう》は、その大きさで彼らを驚嘆させた。都市の高層建築を見慣れた今日のわれわれの目にも、御影堂の巨大な瓦屋根は印象的である。当時の屋根といえば、藁葺きか柿《こけら》葺きが普通だったので、このような瓦葺きの巨大な屋根は、非常に珍しいものであった。この建物には、色彩の施されていない大きな木製の列柱があり、広い庇《ひさし》のついた回廊が周囲をめぐっていた。また建物の内部は広々としていて、明るい色の畳が敷きつめられていた。これらがあいまって、この建築物の外観からは、荘厳で厳格とも言える趣が漂っていたのである。ケンペルの記述に従えば、巨大な梁《はり》は当時赤い色をしていた。おそらくそれは、自然のままの木の色であったろう。久しい以前より赤い色は黒ずんだ茶色に変色している。ケンペルはまた、この巨大な建物の周りをとりかこんでいる木製の廊下が、漆によって黒い色に美しく塗られていると書いているが、それも今ではもはや見られない。しかし今日でも、じっくりのぞき込んでみると、ふつう人が足を踏み入れないような離れた場所に、黒い漆塗りのあとを見ることができる。「この建物はヨーロッパの教会と同じくらいに巨大である」とケンペルは報告している。このような賞賛の言葉をケンペルが発するのは珍しいことであった。ケンペルはふつう、日本の「礼拝堂」は、規模においてヨーロッパのそれとは比較にならないほど小さい、という見解をいだいていたからである。

旅行家ケンペルは、批評眼鋭い比較を様々に行っている。たとえば彼は次のように述べている。――世界で二番目に大きな鐘であるモスクワ第二の鐘に比べても、知恩院の鐘はひけをとらない。それどころか、その高さにおいてはモスクワ第二の鐘をしのいでさえいる。ただし知恩院の鐘は「不釣り合いなほどの高さゆえに」全体の均整がとれていない――。またケンペルは次のように記述している。――ヨーロッパの教会の鐘は、下の縁が外側に向かって開いているのに対し、日本の鐘は内側に向かって湾曲しているので、音の響きが内にこもってしまう。鐘は木で打つが、見たところその撞木《しゅもく》はあまり使用されていないようである。というのは、撞木はまだまったく新しいものだったからである――。訪問者ケンペルはさらにこの梵鐘について「鋳造の仕方がかなり粗野で乱暴である」と述べている。ケンペルは知恩院の壮麗さには感銘を受けた。しかしこの科学者は、技術上の小さな欠点を見逃すことはなかったのである。

食事ののち、ケンペルたちの一行は壮麗な二層の大門（三門）を通ったところで、見送りの人々と別れた。ケンペルはこの門をスケッチするに値すると考えた。このスケッチはケンペルが急いで、おそらくは日本人に内緒で描いたものであったろう。そうした状況のもとで描かれたスケッチではあるが、そこには、この門に特有のものである両脇の小さな建物と、谷の方に下っている長い石段が、ちゃんと描かれている。この重厚な門は、この種のものとしては日本最大の門であり、七年にわたる改修を経た今日、三百年前に劣らない印象をわれわれに与えてくれる。

3　八坂神社

絵馬堂

先に記述した「自然のままの散策用森林」（今の円山公園界隈）を徒歩で十五分から三十分ほど歩いて、ケンペルたちの一行は祇園に至った。ケンペルは祇園《ぎおん》のことを「花の社」と書いているが、今日の八坂神社のことである。この神社の本殿の周りには、ケンペルの時代と同じく今日も、数多くの小さな堂祠がある。そして本殿から少し離れた所には、当時と同じく壁のない長い絵馬堂《えまどう》がある。絵馬が芸術作品と見なされることはなかったので、近代になっても、他の古い品々のように空調の行き届いた倉庫に置かれることはなかった。絵馬堂の天井の下に掲げられたままであり、外気にさらされていた。今日では絵馬は色褪せ、墨の字もかなりかすれてしまっている。それゆえ当時の絵画が、今ではまるで木の表面に抽象画が描かれているかのように見えるだけ、という状態になっている。ケンペルは、こうした絵馬にも感心した。ケンペルによれば、絵馬には高さ四メートル以上の巨大な乙女の像が描かれていて、それに加えて悪魔と武人も描かれているとされる。

ケンペルのいう乙女の像

絵馬の多くは、ほとんど何が描いてあるかわからない状態で、しかも天井の影になっている所にある。このような絵馬の中からケンペルが記述している「乙女」を探そうと、筆者は首を折らんばかりにねじ曲げて、何度も努力してみたが、成果は得られなかった。その後乙女の像を探す作業は、親切なことに神社の副禰宜《ねぎ》が引き継いでくれたが、この人は十九世紀の終わりに作成された絵馬の記録の中に、この絵馬についての記述を発見した。そこからわかったことは、ケンペルを感嘆させたあの絵は、普通の意味でいう「乙女」の像なのではなく、若い男性の半裸の像を描いたものであったろう、ということである。それはおそらく、丸みをおびた女性的な体型をして長い髪を束ねて結んでいる、若きゴータマ（釈迦）を描いた像であり、その絵馬においてゴータマは、両手をひろげ、おぞましい悪魔の足元に身を投げようとしていたものと思われる。この絵馬は一六六七年に奉納されたものであり、それはケンペルがここを訪問する二十年以上前のことであった。ケンペルが訪問した頃は、おそらくこの絵はまだ色鮮やかなものであったことだろう。今ではもう色褪せてしまっているが、懐中電灯で照らしてみると、今日でもケンペルのいう「乙女の像」を見ることができる。それは三百年前と同様に、絵馬堂の天井の下の、高い場所に掲げられている。

外国からの訪問者であるケンペルたちの一行は、神社の南側にある大きな石の門を通って、次の目的地である清水寺に案内された。ケンペルはこの門のことを「立派な鳥居」と記している。三百年前、坂道にはそれほどの人混みはなかった。しかし、今日土産物屋や食事処が軒を連ねているその坂道には、当時すでに旅行客の財布を目当てに商売をする店が営業を行っていた。ケンペルは「売春婦通り」があると書いていて、正確な値段を記録しているばかりか、どの店も遊女を二人しか抱えてはいけないことになっている、それはどれかの店が不当な利益を挙げないためである、と追加の説明を行っている。

冷静な科学者ケンペルは、いろいろと客引きをされて頭が混乱してしまったのだろうか。というのも、まさにこの場所においてケンペルは一枚のスケッチを描いているのだが、それは現実の姿と一致しない図になっているからである。

4　清水寺へ

七重の塔とクルマドウ

ケンペルは小さいが丁寧に描かれた七重の塔のスケッチを残している。また第一回江戸参府旅行の際には「七つの屋根がある、注目に値する高い塔」があると書き、また第二回江戸参府旅行の時には「七つの屋根と五つの回廊を持つ」塔についての記録を残している。ふつう屋根の数と回廊の数は（固有の屋根を持つ裳階《もこし》を例外として）一致するはずのものである。それだけに、ケンペルの述べていることは不可思議である。というのも、本来なら屋根の数と回廊の数は一致するはずのものであるし、また京都には七つの屋根を持つ塔、あるいは七階建ての塔が存在したことは一度もなかったからである。ケンペルたちの一行が通りかかったその場所には、当時と同様今日でも、立派な八坂の五重の塔がたっている。おそらくケンペルは、塔の数を数え間違ったのだろうと推測し得る。またそのスケッチも、ひょっとしたら、行事の多かった一日が終わり夕刻になってようやく記憶を頼りに描いたものであったかもしれない。

これ以上にわれわれを当惑させるのは、七重の塔のスケッチの上部にケンペルが書き込んだ「クルマドウ」との説明語句である。ただしケンペルの日本論の本文では、塔のことを「クルマドウ」と記述していない。ケンペルは黒い紗を張った巨大な六角の灯籠のことを指してクルマドウと呼んでいる。この不思議な灯籠は、「将来のことや未知のことを予知する」ために、車のように回すことができるものだった。ケンペルは好奇心をいだいて、謎に満ちたこの灯籠について情報を入手しようと試みた。しかしケンペルが得ることができた情報は、この中に「大いなる神聖な書物」があり、そのため「不可思議な驚嘆すべき効能」があるのだ、ということだけであった。

ケンペルはそれ以上の情報を教えてもらうことはできなかった。それについてわれわれは、当時の日本語文献（たとえば『京師巡覧集《けいしじゅんらんしゅう》』）から知ることができる。それによれば、大乗仏教の五大経典が巨大な木造の保管庫に納められている。この保管庫のことをケンペルは灯籠と呼んでいるのだが、それが巨大な車（輪蔵）の上に置かれている。この車は仏陀の教えの象徴なのであるが、これを回すと、五つの経典すべてを読破したのと同じだけの御利益があるとされる。日本語の資料には「車堂」あるいは「車宿り」と書かれている。かつてこの寺院自体が一般にこの名で呼ばれたことがあった。というのも、長らくそこには、車を止める所があったからである。

ケンペルが当時登った急な坂道のところには、今でも土産物店の間に小さな寺院がある。その寺院は、今日では真福寺《しんぷくじ》という名称である。祈禱を捧げるための車輪、ケンペルの言う灯籠は、久しい以前に姿を消してしまった。とはいえ、京都の西の方にある清涼寺《せいりょうじ》（嵯峨釈迦堂）には今日でも、ケンペルが記述したのとまさに同じような建造物が見られる。

いずれにせよ塔の名前、そしてそれが何層構造なのかということについては、ケンペルの記述に間違いがあった。細かな点を見逃さない科学者であるケンペルにしてなお、間違いを犯すことはあったわけである。とはいえ、一見不思議な記述があったとしても、そのすべてを誤謬として切り捨てるという態度は慎まなければならない。なぜならケンペルは当時の学者なのであって、彼の記述はほとんど正確であるということが、われわれにはわかっているからである。

清水寺の金属鏡

たとえばケンペルは、清水寺に巨大な金属製の鏡がある、と書いている。そのようなものは今日、清水寺には見られない。しかも、清水寺のような仏教寺院において、神道のシンボルである鏡があるなどとは、およそ考えられないことである。ケンペルがこのように書いていると筆者が言うと、それを聞いた人はたいてい、多分それはケンペルの間違いであろう、という意見を述べたものだった。清水寺には、有名な大きな丸い金属製の薄片があり、そこには観音の形の飾りが施されている。それは古代の鏡に似ているので、そこからケンペルの誤解が生じたのだろう、というわけである。私はこの説明に満足がゆかなかった。というのは、細部を重視するケンペルのことであるから、そのような観音の形を見たら、必ずやそれについて何か書いているはずだからである。

筆者は清水寺の高僧と話をする機会があった。その高僧は北法相宗大本山清水寺管長森清範氏である。森管長は私との対話に親切に応じてくださったが、対話の結果、ケンペルの報告が正しいことがわかった。森管長の説明によると、かつて清水寺には実際に巨大な鏡が存在した。それはのちに撤去されたが、本堂の隣にある奥の院には、小さくはあるが同じような鏡が今でもあるとのことである。

私もそこに行って、ケンペルが記述しているのと同じような鏡を見いだした。

音羽の滝

清水の舞台の上には、ケンペルが訪問した当時も「たいへんな数の人」がいた。今日の訪問客とまったく同じように、ケンペルもまた長い石段を下って、音羽の滝の清らかな水を飲みに行った。今日でもそういうふうに説明されるのだが、当時の人々もケンペルに対し、「この水を飲むと賢くなる」と説明した。だが科学者ケンペルは、この説明には懐疑的であった。ケンペルは、たしかにこの湧き水は清らかに澄んでいるが、それ以外の点では京都の他の所の水と変わりはない、と述べている。

聖なるものには俗なるものが続いた。寺院を訪問したあと、ケンペルたちの一行は「それがお定まりのことなので、妓楼へ」行ったのである。だが支払った代金から考えると、それは、そこで軽く食事をとるということ以上のものではなく、またケンペルたちの一行が楽しんだ事柄も、規定通りの視察旅行を続ける前に提供される罪のないささやかな休憩、という範囲を越えるものではあり得なかった。

5　方広寺

当時現存した大仏

ケンペルは知恩院のことを、日本全国でいちばん壮麗な寺院であると記した。だがこの知恩院の先にはまだ、方広寺《ほうこうじ》の大仏があった。これこそ、彼にもっとも強い印象を与えたものである。ケンペルより約百年前にこの大仏を見たポルトガルの旅行家ロドリゴ・デ・ヴィヴェロ・イ・ヴェラスコ（Rodrigo de Vivero y Velasco, 一五六四〜一六三六）は、これは世界の不思議の一つに数えるべきだ、と述べているくらいである。

方広寺は、かつて日本最大の仏像を安置した日本最大の寺院であったが、今ではただ、古い絵画や版画、そして当時の訪問者が残した記録文の中にのみ、その姿をかいま見ることができる。方広寺の大仏の大きさは、あの奈良の巨大な大仏や鎌倉の大仏をしのいでいた。人間が作ったものがいかにはかないものであるのかを神々が人間に思い知らせるためであるかのように、かつて全国にその名を知られたこの大仏は、地上から姿を消してしまった。今日では、京都国立博物館の近くにある交番に、大仏前交番という名を残しているのみである。ただし、むかしどこに大仏があったのですかと交番の警官に聞いてみても、彼らは笑顔を作りながら肩をすくめてしまう。数年前からそこには案内板が設置され、方広寺の建造と崩壊についての説明が書かれている。京都国立博物館から北の方に伸びている大きな石造りの塀は、かつての巨大な寺院の正面の名残をとどめるものである。しかし通行人はたいてい、そのことを気にとめないでいる。

ケンペルは巨大な石壁に、強い印象を受けた。それゆえ彼はこの石壁と、そしてその上にある回廊を、小さなスケッチに描いている。そして彼は、驚嘆の気持ちを込めて「ほとんど二間四方にも達する大きな自然石」と書いている。この壁の再建工事が数年前に行われたが、その際に確認されたことは、石のブロックの多くは比較的薄いものであって、人工的に接合した石が巨大な外観を与えている

方広寺の巨大な石壁の図（大英図書館 SL 3060 fol. 526.）
ケンペル画。上に描かれているのは，石壁と門を外から見た図。その下に描かれているのは，石壁と門を寺の内側から見た図。石壁の後ろ（右上）には，文禄・慶長の役の際に殺した敵兵の耳を秀吉が埋葬させたとされる耳塚が見える。左右にあるのは門のところにあった仁王の像である。参道の両側には石灯籠が見える。

だけであるということである。

その巨大さによって建物は当時の人々に強烈な印象を与えたはずである。だがそれのみならず、この建物を建てた主である豊臣秀吉の権力の強大さも、人々に強い印象を与えたはずである。秀吉は大名たちに命じて建築資材や無数の労働力を提供させた。とはいえ、強烈な印象を与えたこの建物は、秀吉の権力よりも先に崩壊してしまった。秀吉の死の一年前に、地震によって寺院はつぶれてしまったのである。方広寺の再建にあたったのは、秀吉の息子でまだ未成年であった秀頼と、この幼い統治者の政務遂行を補佐する任にあたった五人の有力大名たちであった。この五人の大名の中では、徳川家康がもっとも力があり、また同時にもっとも野心的であった。幼い統治者秀頼に寺院を再建させ、またとりわけ大仏を再建させることとなれば、秀頼が秀吉から相続した資産の一部を費やすことになろうと、家康は内心ひそかに期待したのである。地震やそのほかの事故によって、大仏は何度も崩壊していた。再建が完了すると、家康は異議を申し立てた。大梵鐘に刻み込まれた文字の中に自分の破滅を暗示する文字が隠されていると家康は抗議し、この一件を口実に秀頼政権を終わらせようとした。ケンペルが来日したのは、このことがあってから七十年後だが、この事件はまだ忘れ去られてはいなかった。徳川家が権力を握っていたが、その始祖である家康について、人々はケンペルに対して、権力を簒奪した者であると語っているのである。

紛争の種となった梵鐘が存在するこの大仏寺院は、それゆえ徳川政権にとってはあまり名誉ある寺院とは言えなかった。だが、オランダ人一行の見物コースには組み入れられていた。秀頼の死後、次の支配者となった徳川将軍たちは、方広寺の修復を行った。しかし一六六一年に地震によって銅像の肩の所にひび割れが生じたとき、この巨大な銅像は鋳つぶされ、それに代わって、遙かに安価な木製の大仏が安置された。

木製の巨大仏像

オランダ人一行が毎年見物したのは、この木製の大仏であった。とはいえ、たしかに建設費は安上がりで済んだが、人々に与える印象が弱まったわけではなかった。ケンペルは驚きの気持ちを込めて、大仏の手のひらは畳で三枚分（およそ六平方メートル）の広さを有する、と述べている。ケンペルは急いで大仏のスケッチを描いたが、その際彼は、巨大な支柱の足下に小さな人間の姿を描き加えた。それは、仏像がいかに巨大なものであるかを示すためであった。大仏の肩幅は、一つの支柱からもう一つの支柱にまで達するほどあり、その距離をケンペルは、床の上を歩いて計測した。それは歩幅にして十五歩分であった。彫刻が施された巨大な光背は、支柱と

方広寺の大仏

（大英図書館 SL 3060 fol. 544.）
ケンペル画。大仏の大きさを示すために，ケンペルは右柱下に人物像を１つ描いている。

支柱の間の四つ分を超えるほどの幅があった。この時代の史料、例えば『京内参《きょううちまい》り』によれば、大仏の高さは十八メートルを少し超えるくらいであったという。「牛のような耳」をした「ちぢれた髪」の「偶像」は「インド風に」脚を組んでいて、鍍金された蓮の花の上に座していたが、この蓮の花それ自体がまた「漆喰細工」でできた別の花の上に置かれていた。この花の台座についている葉でさえ、地上から二間、すなわち約四メートルの高さの所にあった。

方広寺の巨大な屋根を支える柱は九十二本あり、赤い色が塗られていた。ちょうどヨーロッパの船のマストと同様に、支柱のうちのいくつかは、何本かの木を組み合わせて作られていることに、ケンペルは気づいた。支柱がどれほど大きかったかは、今日でも確認することができる。京都国立博物館の施設内に、鉄製の輪が一つ展示されているが、これはかつて巨大な支柱の周りに巻かれていた輪のうちの一つである。この鉄の輪からそれほど離れていない所に、敷石が一つ置いてある。これはかつて方広寺に敷かれていたものである。ケンペルはこの敷石のことを「直方体の石」と呼んでいるが、彼はこの石が、通常の木製の床の代わりに石の床として使用されていた、と正確に記述している。方広寺の内部は巨大だったが、飾りは際立って少なかった。巨大な空間の中に、大仏だけがぽつんと座していた。他の寺院ならばたいてい、中心となる仏像のまわりを小さな仏像が多数取り囲んでいるが、方広寺にはそのようなものがなかった。ふつうなら美しく飾られた祭壇があるが、方広寺ではそれとは対照的に、簡素剛直なる厳格さがあった。ケンペルが自由に使える時間は非常に少なかったが、飾りが少なかった分、彼はあらゆる部分をスケッチすることができた。燭台二つ、銅製の動物および花、そして樅の木の枝を差した壺などがケンペルのスケッチに描かれている。

大仏および寺院内部の図としては、ケンペルが描いたスケッチが、おそらく今日に伝わる唯一のものであろう。このスケッチは、秀吉のお蔭でかつては巨額の収入を誇っていた豪華な寺院が、徳川幕府の支配のもとで、いかに質素なものとなっていたのかを示している。ケンペルの訪問からおよそ百年ののち、方広寺は雷に襲われて全焼した。その後、方広寺は二度と再建されることはなかった。それはおそらく、かつてのライバルが建造した寺院に対して徳川家がいだいた、否定的な姿勢のゆえであろう。火災で焼失しなかったもの、たとえば多数の敷石や、支柱の周りを巻く鉄輪といったものでさえ、今日京都国立博物館の庭に置かれているの展示物を除いては、そっくり姿を消してしまった。方広寺の入り口の左右には、灯籠がそれぞれ十六基ずつ置かれていたが、それも姿を消した。それらはいま、いずこかの庭園あるいは寺院の中庭を飾っているのであろうか。あるいはそれらは、建築用の石材として再利用されたのであろうか。

仁王

三百年前、巨大な二層の寺門の中には堂々たる仁王像があり、ケンペルはこれに強烈な印象を受けた。今その場所は、アスファルトの進入路になっている。方広寺の敷地の一部が——実に味気ないことであるが——今では駐車場として使用されているからである。寺門の中の「恐ろしいばかりの……赤黒い巨人」は、今ではケンペルの文章と小さなスケッチの中で生き続けている。このスケッチは、文章をわかりやすく補足説明するためにケンペルが描いたものである。左側の仁王は手をさしのべ、口を開いている。右側の仁王は口を結び、こぶしを握っている。二体の仁王像は、自然界の永遠の対立を具体的な形で表したものである。「行うものと耐えるもの、与えるものと受け取るもの、開くものと閉じるもの、天と地、生殖と腐蝕」。

耳塚

このような永遠の循環の輪から外れ、崩壊を免れたものは、ケンペルのスケッチに残る耳塚、ケンペルの表現によれば「耳の山」だけである。ケンペルが聞いたところによると、この塚には、朝鮮出兵の際に秀吉の家臣たちが切り落とした敵の耳が埋められているという。それは戦勝のあかしとして、重くて運搬困難な首の代わりに、日本に持ち帰られたものである。このような考え方は、現代人が聞いても軽い戦慄を覚えるほどのものである。おそらくそのような理由からであろう、秀吉の「耳の山」は——たしかに周囲を住宅に取り囲まれてはいるが——今日に至るまで、破壊を免がれることとなった。紛争の種となった彫り込み文字を持つ方広寺の梵鐘も、駐車場からさほど離れていない所に見られる。

6　三十三間堂

方広寺の大仏は、その巨大さによってケンペルたちの一行に強い印象を与えた。これに対し、仏像の数でケンペルたちの一行を驚嘆させたのは、次に訪れた寺院、三十三間堂である。これは方広寺からほど近い所にあるが、ケンペルはこれを「三万三千三百三十三の仏像の寺」と記している。ケンペルよりも約百三十年前に、イエズス会士ルイス・フロイス（Luis Frois, 一五三二～一五九七）がこの「異教徒の」寺院を訪れている。そのフロイスでさえ、黄金の彩色が施され謎めいた微笑を浮かべる数千もの等身大の観音像を見て、深い感銘を覚えた。恍惚としてフロイスは、次のように述べている。もしもこれらの像が仏教に捧げられたものでなかったならば、天使のようなその姿は、おそらくキリスト教徒の祈りのためにふさわしいものとなったであろう。

多数の観音像

ケンペルはフロイスと同じような感動を覚えたかもしれないが、しかし彼はいずれにしても、そのことを言葉に表してはいない。科学者としてのケンペルの興味をひいたのは、正確な量と数であり、この寺院には数えるべきものがたくさんあった。京の名所をあちこち訪問して歩き疲れ、いちばん最後に数千体に及ぶ像を一度に目《ま》のあたりにしたケンペルは、おそらく多少とも唖然としたであろう。観音像はそれぞれ多数の腕を持ち、光背の所には小さな像が多数あった。ケンペルは第二回目の京都訪問の際に初めて、観音像の多さに冷静さを失うことなく、観音像から受けた印象を、文章の形に整理することが出来たようである。

ポルトガル人であるルイス・フロイスは、乙女のような姿をした観音像の優美な様子に感嘆した。これに対しドイツ人ケンペルは、観音像の腕の数や、観音の多数の手の上に載っている神聖なる道具類の数を、出来るだけ正確に数えようとした。何千もの観音の微笑は、官能的であると同時にこの世のものではないかのように、訪れる人の目には映る。しかしその微笑についてケンペルは何も書いていない。ケンペルが書いているのは、どのように観音像を配列したら、どこからでもすべての像を見ることが出来るのか、ということである。三十三間堂には三万三千三百三十三体の観音像があると称されているが、第二回目の京都訪問の際にケンペルは、観音像の数は正確には千三十三体にしかすぎないが、「観音像の頭部や手のひらの上にある小さな像をも詳しく数えてみれば、その数は三万三千三百三十三体になる」と述べている。

弓術

ところで三十三間堂は、愛らしい微笑を浮かべた観音像のみならず、弓術でも有名であったし、現在でもそうである。そして長く伸びたこの建物の廊下は、矢を射る場所としてふさわしいものであった。それについても、ケンペルは詳細な記録を残している。板張りの廊下の端にある的をめがけて、約百七十歩離れた所から矢を射る。日本の弓術は的を射る正確さで有名であるだけでなく、長時間射ることでも有名であった。日本の年代記によれば、ある弓術の達人が「一二、三千回以上にわたって」矢を射たことがある、とケンペルは記述している。

方広寺の銅版画（『日本誌』英語版）
この絵を口絵４ページの方広寺・名所図会と比較してみると，寺院の前の石灯籠に十字架が書き加えられていることがわかる。また服装も西洋風に見える。

方広寺（拡大図）
石灯籠と人物。

描き替えられたスケッチ

ケンペルはこの有名な寺院・三十三間堂の観音像のスケッチを残していない。多数の腕を有し、頭には複雑な飾りをつけた千体にもおよぶ像を描くことは、少ししか時間のゆとりのなかった訪問者であるケンペルには、荷の重いことであったのかもしれない。また長く伸びた建築物の廊下で行われる、あの伝統的な弓術については、ケンペルは訪問の際にスケッチをする必要がなかった。というのは、彼がそれ以前に入手していた五十枚の『名所図会』の中に一

三十三間堂

（大英図書館 MC, Add. Ms 5252 fol. 39.）

ケンペルが日本から持ち帰った50枚の名所図会の1枚。英語版『日本誌』には，この絵をもとにした銅版画が掲載されている。

三十三間堂の銅版画（『日本誌』英語版）

元の図（上図）にあった，的の近くの人物像は，ここには描かれていない。また「金雲」を用いた画法もヨーロッパでは知られていなかったため，普通の雲のように描き直されている。

枚、的とそれを射る場面を描いた「三万三千三百三十三体の仏の堂」の絵が含まれていたからである。『名所図会』には多彩な色が施されていて、金雲がかかっている図柄であったが、そのうちの数枚についてケンペルは、それをもとにモノクロのスケッチを描いた。たとえば方広寺のスケッチなどである。ケンペルがこのようなスケッチを行なったのは、スケッチからさらに銅版画を作成し、自著である日本論の挿絵として使用するためであった。

しかしケンペルは、自ら日本論の出版を体験することはかなわなかった。彼の死後十年以上経って、まず英語でケンペルの日本論が出版されたが、その時、『名所図会』をもとに描いたケンペルのスケッチは無視された。イギリスの銅版画職人は、日本のオリジナルの図をもとに、あらたにスケッチを作った。しかし日本の事情に通じていなかったために、間違いが生じてしまった。銅版画に描かれた方広寺の灯籠には、十字架の飾りが付いている。方広寺の建物は木造なのに、石造りであるかのように見える。そして人々が身にまとっている衣装は、ギリシャ風のものを思わせる。三十三間堂の廊下で行われる弓術について言えば、銅版画では、的の近くに立つ人々の姿がない。日本の弓術は正確であるとケンペルは賞賛したが、ロンドンではそのような正確さが信じられなかったのであろう。的の近くに人間が立っているなどということはあり得ないと考えられたようである。

ケンペルが描いた京都の大仏のスケッチと知恩院のスケッチも、公刊されることはなかった。それらは、銅版画に描き直して書物の中の挿絵とするほどには美しいものでないと思われたようである。ケンペルの日本論は何度も版を重ね、色々な国の言葉に翻訳されたが、いずれの場合でも、最初の版である英語版の銅版画がそのまま使用されてきた。新たな英訳版を作成するように、との依頼が筆者のもとに寄せられたのは、ケンペルがスケッチを描いてから三百年以上経った時である。その際筆者は、歴史的に重要なケンペルのスケッチのことに想いを致した。そして筆者は人々がケンペル展(『ドイツ人の見た元禄時代：ケンペル展』一九九〇〜一九九一）の会場でケンペル自筆のスケッチを目にすることが出来るよう、手を尽くしたのである。

第八章　帰国と後世への影響

1　日本を去る

ケンペルはこの国で集めた珍しい品々や記録を携えて、何の障碍もなく一六九二年の晩秋、日本を出発した。一世紀以上ののちにシーボルトが日本を離れる際に大きなトラブルに見舞われたのとは好対照だった。ケンペルの弟子である今村源右衛門は国法を大胆に破ってまでケンペルに情報を提供したが、源右衛門のこの行為は発覚しなかった。

源右衛門の経歴

今村源右衛門は医師としては名を成していないが、最高の通詞として賞賛された人物である。しかし彼がケンペルのもとで学んだということは、オランダ側の文書にのみ記されていて、日本の資料にはそのようなことは書かれていない。

ケンペルは二度江戸へ参府旅行を行ったが、その際彼は、源右衛門を江戸まで同行させるという特別の許可を得ている。だがこの時、源右衛門は通詞として同行したのではなく、たんにケンペルの弟子として参府したにすぎない。ケンペルが日本を去ってから五年経った一六九七年、源右衛門は年番小通詞《こつうじ》に昇進し、翌年通詞として初めて公式に江戸参府に加わることが許された。一七〇七年、源右衛門は大通詞《おおつうじ》に任命された。一七〇八年イタリア人宣教師シドッチが日本に不法入国し、取り調べを受けたが、その際通訳の任に当たったのが源右衛門である。今村源右衛門は、たしかにオランダ語の能力は非常に高かった。だがそれはオランダ語のみである。イタリア人シドッチの語る言葉をどのようにして源右衛門は理解したのであろうか。後世の歴史家は、しばしばこのことを問題にした。シドッチは宣教師として当然のことながらラテン語に堪能であったし、加えてイタリア語はラテン語と非常に近い言語である。一方、医学を修得するためには、ラテン語を学ぶことが必須であった。すなわち、ケンペルのもとで源右衛門が医学を学んでいたならば……、だが、その記録はなかった。

八代将軍吉宗は、前述のように、外国の馬と騎馬術に非常に大きな関心を示した人物である。この吉宗のもとで源右衛門の経歴が急速に上昇したことをパウル・ヴァン・デル・ヴェルデ（Paul van der Velde）が詳細に記している（『遙かなる目的地』所収の「通釈される通釈者」を参照）。源右衛門は御用方に任ぜられ、吉宗が招聘した調教師カイザーリングの通訳を務めた。また源右衛門は将軍吉宗の命を受けて、馬の病気の治療法を記した書物の一部分を翻訳した。その際、ケンペルのもとで行った医学の研究が役立っていたのである。今村源右衛門は一七三六年、六十五歳で亡くなった。その時の彼は、当時その名を知られ、尊敬を集めた通詞であった。

実は、源右衛門がケンペルのもとで学んでいたということは、ケンペル来日三百年の時にようやく明らかになった。この記念の年に筆者は、東京のドイツ日本研究所と共同してシンポジウムを企画した。その準備のためシンポジウムのメンバーは、ケンペルが書いたものをあらたに集中的に研究しなおした。その時はじめて今村源右衛門の名前が発見され、ケンペルの弟子が誰かという謎がついに明らかになったのである。

ケンペルが日本人と情報交換をしたということは、機密事項にしておく必要があった。それゆえ今日の私たちは、当時ケンペルが誰に何を教えたのかということについてもはや知ることが出来ない。だが興味深いことだが、西洋解剖学の書物の本邦初訳が出た一六九六年は、ケンペルが日本に滞在していた時からほんの数年しか経っていない。翻訳の底本はヨハン・レメリン（Johann Remmelin, 一五八三〜一六三二）原著の図版入りの解剖学書を、一六六七年にアムステルダムで蘭訳したものである。この著作の和訳は、まず写本で出回ったが、それから七十五年後の明和九年（一七七二）になってようやく『和蘭《おらんだ》全《ぜん》軀《く》内外《ないがい》分合《ぶんごう》図《ず》』という標題のもとに印刷刊行された。翻訳者本木《もとき》良意《りょうい》は、ケンペルが出島に滞在していた時の大通詞である。本木了意の名前はケンペルの日本論の中にもしばしば出てくる。同様に、当時の大通詞でありケンペルの著作の中でその名が挙がっているのは、楢林《ならばやし》鎮山《ちんざん》（一六四八〜一七一一）である。鎮山はケンペルが日本を出発した一六九二年、通詞職を嫡子に譲り、外科を開いた。一七〇六年に出版された鎮山の著作『紅夷《こうい》外科《げか》宗伝《そうでん》』は、有名なフランス人医師アンブロワーズ・パレ（Ambroise Paré, 一五一七〜一五九〇）のオランダで公刊された蘭訳版を翻訳したものある。その際、鎮山は、一六五六年以降何度も印刷公刊されていたドイツ人医師ヨハネス・スクルテトゥス（Johannes Scultetus, 一五九五～一六四五）の著書『外科の武器庫』（*Armamentarium Chirurgicum*）所収の著名な図版を付加した。

ケンペルは、出島で医学のみならず天文学と数学も教えたと記述している。ここで思い出されるのは西川如見《にしかわじょけん》（一六四八～一七二四）の名前である。西川如見はその著『天文義論《てんもんぎろん》』（一七一二）において、日本の天文学者としてはじめて、天についての儒教的理想である「命理」と、西洋流の方法で研究し得る天（形気）を区別した。ケンペルとの連関は、その著『日本水土考』において明らかである。この著の中で西川如見は、のちのケンペルとほとんど同じように、海岸が急勾配でかつ周囲の海が危険であるという日本の地理的状況のことを、短所ではなく長所であると考えている。

今村源右衛門と同様に、本木・楢林・西川の三者は、八代将軍の治世のもとで有名になった人々である。だがその際、西洋の学問についてこのように並はずれてすばらしい情報を、この三者がいったいどこから入手したのかということについては、問われることはなかった。

このような日本人と同じく、故国に帰ったケンペルも名誉を手にすることとなった。

博士号を取得

バタヴィアに短期間滞在したのち、ケンペルは喜望峰まわりで一六九三年十月上旬オランダに到着した。十年半ぶりにヨーロッパに戻ったケンペルは、今や出来るだけ早く名門ライデン大学から博士号を授与されるように努力した。彼は長い船旅の途上、博士論文を書いていた。だがその出来映えにはケンペル自身が満足していなかったようである。というのもケンペルは博士論文のことを「海で世に出た未熟児」と呼んでいるからである。オランダに到着した後、ケンペルはただちに博士論文を、とあるラテン語教師に送付した。博士論文のラテン語文を専門家の手によって添削してもらうためである。翌月となる十一月二十一日、ケンペルはライデン大学医学部に学籍登録し、そのわずか三日後には非公開の第一回試験が行われた。試験のテーマがヒポクラテスの金言と治療法についてであったことは知られているが、どのような質疑応答がなされたかはわかっていない。この第一回試験に合格したケンペルは、リゴロスムと呼ばれる公開の口述試験の準備にとりかかることができた。この試験においては、印刷の済んだ博士論文を提出することも必要とされた。

ケンペルの博士論文は、独立した十の医学論文で構成されている。ケンペルはこうした論文を、世界旅行の途上で立ち寄った様々な国で書いていた。論文のうち二つは、ケンペルが日本で経験した事柄に基づいて書かれている。すなわち鍼《はり》療法と艾《もぐさ》についての論文である。博士論文には一六九四年四月二十二日の日付が付されているが、これは口述試験が行われた日であり、またこの日にケンペルは博士号を授与された。ケンペルの博士論文の印刷本は、わずか三部しか現存しない。一つはライデン大学図書館に、二つめはストラスブール大学図書館に、そしてもう一つはロンドンの大英図書館にある。

ケンペルは一六九三年十一月にライデン大学に学籍登録をしたが、その際彼は自分の年齢を三十九歳と記入している。ケンペルは一六五一年生まれであるから、実のところは四十二歳である。ライデン大学でケンペルの博士論文を指導した教員は、ザクセン出身の医学者パウルス・ヘルマン（Paulus

Hermann, 一六四六〜一六九五）である。彼はケンペルよりわずかに五歳年上であったにすぎない。ケンペルにしてみれば、四十歳を過ぎてから博士号請求論文を提出するということは、心理的に問題ありと感じていたのかもしれない。十年以上にわたって遠い異国で生活してきたケンペルは、他の人なら就職と結婚を済ませるような年齢に達していた。だがケンペルは、これからようやく故国で新しい生活を築き上げてゆかねばならなかったのである。

ヴェストファーレンの故郷

一六九四年七月ケンペルはオランダをあとにし、ヴェストファーレンの故郷レムゴに戻って来た。父はすでに亡くなっていたが、義母——ケンペルより十六歳年上であったにすぎない——は子供たちのうちの何人かと一緒にレムゴの郊外リーメにある屋敷に住んでいた。ケンペルの父は晩年、このリーメで隠居していたのである。ケンペルは義母からこの屋敷を買い取った。この田舎の静けさの中で、長らく離ればなれになっていた家族や旧くからの友人・知人に囲まれて、海外で収集した学問的に貴重な情報を整理して印刷に付す事ができる——ケンペルはこのように期待したのであった。

ケンペルは大旅行の途上、ヨーロッパの様々な学者と手紙のやりとりをしていた。それゆえケンペルが極東から帰国したということは、学者仲間の間ではすぐに知られることとなった。十五世紀末にアメリカが「発見」され、ヴァスコ・ダ・ガマ（Vasco da Gama, 一四六九頃〜一五二四）がインドに到り着いた。それにともなって、ヨーロッパ人の世界イメージは非常に拡大した。この時代は、ヨーロッパの商人が貿易の利益を求めて世界を周航した時代である。宗教改革によってカトリック信者の数は減少していたが、その数を世界の見知らぬ土地において回復するため、商人が開拓した道をローマ法王派遣の宣教師の一団も歩んだ時代である。学問にとってもまた、世界の地理を研究して見知らぬ民族の文化を研究することは、意義が増大していった事柄である。だが商人たちが入手した情報には、たいてい学問的な裏づけが欠けていたし、宣教師たちの情報はしばしば非常に学者風なものではあったものの、時として客観性がなかった。のちのアレクサンダー・フォン・フンボルト（Alexander von Humboldt, 一七六九〜一八五九）のように、危険や困難を顧みないで自ら外の世界に出向く学者は、非常にまれであった。

ケンペルが買い取ったリーメの住居
（レムゴ市立博物館蔵）
1898年のスケッチ。ケンペルがここに住んでいた時の概観は，これよりは豪華なものであったであろう。

　ましてや日本では鎖国が行われ、厳しい監視の目がオランダ商人に対して向けられていたので、もはや日本について、商人や宣教師からは新しい情報がもたらされなくなった。ベルンハルト・ヴァレニウス（Bernhard Varenius, 一六二二〜一六五〇）は一六四九年に浩瀚な世界地理の書物『一般地理学書』を出版したが、執筆に際し彼は、何ら新たな情報を付け加えることができず、鎖国以前の古い日本情報に依拠せざるを得なかった。そのようなわけでケンペルが極東からヨーロッパに戻った時、ヨーロッパの学者たちは、彼の研究成果が公表されるのを今か今かと待っていたのである。

一七〇八年八月、デトモルト侯（リッペ伯）の宮廷でケンペルは、同時代で最大の科学者・哲学者の一人であったゴットフリート・ヴィルヘルム・ライプニッツと知り合った。その時以降ライプニッツは、ケンペルと連絡のとれる自分の知人たちに対し、ケンペルが予定していた出版物の進捗状況はどうなっているのかと、繰り返し問い合わせている。ライプニッツは、中国については現地で活動している宣教師団から情報を得ていた。だが日本に関しては、彼はケンペルをあてにしていたのである。ケンペルは、帰国したらすぐにも学問的研究の成果を整理し、図版をつけて公表出来るものと思っていた。だが、十年の長きにわたって異国での不愉快な出来事や障碍を巧みに乗り越えてきた科学者ケンペルは、故郷での不愉快な出来事や障碍を過小評価していた。ヨーロッパに戻って十八年後の一七一二年、ようやくケンペルは処女作を出版したが、その序文の中で彼は次のように書いている。

「私の意図としては、海外での観察記録を数巻の本にしてただちに公表するつもりであった。これらの書物を完成させるため、集めた資料を分類し整理するのに数カ月もかからないし、それ以外には、図版を用意することを除いては、もはやなすべきことは何も残っていなかった。図版の助けがなければ異国の事柄を理解することは困難であるから、あらかじめ銅版画を作成しておく必要があったのである。だが、仕事や雑用が数かぎりなく私に襲いかかってきた。そのため、私の熱い気持ちを実現することが出来なくなった。故郷に戻るとすぐに私は、家政上の心配事——この世の中でまことに重荷になる事柄である——にとらわれ、また医者としての非常に骨の折れる治療活動に時間をとられた。私は自分が治療活動をすることになろうとは、予想だにしていなかったのであった。それに加え、わが慈悲深い主人であるリッペ伯爵閣下が、私のように取るに足らない人間を、もったいなくも伯爵家お抱えの侍医に任命されたのである。……こうしたことのため、私の生活と時間のかなり重要で大きな部分が奪われていった。」

また故国に戻った後にケンペルがとり交わした手紙の中にも、しばしば金銭や時間を心配する言葉が見られる。ただしそのような手紙は、主にケンペルの知り合いのオランダ人の甥である若いダニエル・パルヴェ（Daniel Parvé, 一六八四〜一七二八）との往復書簡の中に含まれているものである。パルヴェは年は若かったが、医薬品やケンペルの好きな茶をオランダからケンペルのところまで手配してくれた。パルヴェは学者としてのケンペルを尊敬していて、それゆえケンペルに奉仕したのである。ケンペルのほうは、パルヴェが手紙の中で書いているラテン語を添削したり、またラテン語の書籍を勉強する時のアドヴァイスをしてあげている。だがケンペルは、パルヴェを学問的に指導するための時間を取ることは、あまりなかった。パルヴェが母と叔母と一緒に、ドイツにいるケンペルのもとを訪ねたいと申し出た時、ケンペルは断った。その理由としてケンペルは、むしろ自分の方がオランダに行きたいからだと述べている。だが、オランダに旅行することは、ケンペルには叶わないことであった。というのは、一六九八年以降ケンペルはリッペ伯の侍医という職務を帯びていたからである。ケンペルは侍医の職務を重荷であると述べ、自分は経済的な理由でこの職務に就かざるを得ないのです、と書いている。パルヴェはオランダから色々な品をケンペルに手配してくれたが、その代金の支払いが遅れた時ケンペルは、経済的な問題があり、また時間がないからという理由を挙げて、若いパルヴェに許しを乞うている。

だが、こうした事実は、他の資料に見られる事実とは照応していない。ケンペルの手紙から読み取れることだが、身分の高い人々、たとえばゲルハルト・ドライヤー（Gerhard Dreyer）伯爵といった高級官僚に対して、ケンペルは紅茶を送っているが、その際彼ははっきりと、代金は不要ですと述べている。伯爵侍医としてのケンペルの収入は年一〇〇ライヒス・ターラーであったが、これはケンペルの前任者や後任者が年二五〇ライヒス・ターラーの報酬を得ていたのと比べると、遙かに低い額であった。さらに遺言から読み取れるのであるが、一七一六年にケンペルが亡くなった時、リッペ伯は最後の四年分の報酬をまだケンペルに支払っていなかった。

ケンペルのサイン帳からうかがえるように、彼はすでに学生時代から貴族階級の人々との交流を求めていた。ケンペルは、おそらくリッペ伯夫妻とも親しい関係にあったようである。というのは、夫妻はケンペルの三人の子供の名づけ親を引き受け、また自分たちの名にちなんだ名前をケンペルの子供につけることを許していたからである。ケンペルは伯爵夫妻の雇用人というより、むしろ友人と見なされたいと思っていた。ひょっとするとそのような理由から、ケンペルは通常の侍医報酬を求めなかったのかも知れない。ケンペルにとって、宮廷と近い関係にあることこそが重要であった。たとえば一七〇八年にポルトガル王妃が、そして一七一一年にはプロイセン王フリードリヒ一世がリッペ伯の宮廷を訪問したが、その時の華やかな式典にはケンペルも参加できたのである。またそのような機会には、ライプニッツのような学者や、そのほか身分の高い人々と知り合いになった。だがケンペルは、自分の人生において宮廷というものが重要な役割を果たしているということを、若きオランダ人ダニエル・パルヴェには伝えていない。オランダは共和国であって、そこでは貴族階級ではなく、富裕な商人層が政府の実権を握っていた。学者ケンペルがなぜ自ら進んで「君侯の奉公人」になっているのか、おそらくパルヴェ青年には理解し難いことであったろう。

ケンペルとダニエル・パルヴェとの手紙のやりとりについても、この観点から解釈しなければならない。ここに重要な手紙がある。それはケンペルが一七〇〇年十一月十日にパルヴェに宛てた長文の手紙である。そこでケンペルは突然の婚約と結婚について述べているのである。

結婚に至る「最も重要な理由」

ケンペルは若き友人パルヴェに対し、主人であるリッペ伯がオランダに行く際には、自分もこれに同行してパルヴェのもとを訪問する、と約束している。だがリッペ伯は旅行の前日になって、自分の息子たちやその家庭教師、そして侍医ケンペルを旅に同行させないと決定した。だがケンペルはもう旅支度を調えた後だったので、親戚のもとを訪問することにした。その旅において彼は突然「説得され」そして彼自身の言葉によれば「十分な持参金のついた裕福な商人の一人娘と婚約することになった」。ここでケンペルは、あたかも誰か他の人がケンペルのために婚約を決めたかのような書き方をしている。そしてケンペルは続けて次のように書いている「四十歳以上になって、人生の夕暮れ時を迎えた私がなぜ結婚するのかと、あなたは疑問に思い、またいぶかしく思うでしょう。」ケンペルはこの婚約を、ばつが悪いものと考えていたようである。つまり彼は、自分がすでに四十九歳になっていること、婚約者が十六歳になったばかりの少女で、若きパルヴェとちょうど同年齢であることについて、手紙の中で触れていないのである。

パルヴェに宛てた他の手紙でも見られることだが、右の手紙の中でもケンペルは、金銭のことについて繰り返し話題に出している。彼は結婚にともなう出費がかさむことを嘆き、そして、適切な時に支払いを行えばより大きな収入が後に得られる、という諺を書き記している。そして最後にケンペルはさらに、花嫁からの持参金が手に入れば、リッペ伯に奉職している今の勤務を辞し、毎年のようにオランダに行って若き友人パルヴェのもとを訪れることが出来る、という希望を述べている。この手紙を読む限り、まるでケンペルは金銭目当てで若き女性と結婚したかのようにさえ見える。

だが実は、結婚の理由は金銭ではなかった。というのもケンペルは、パルヴェに対してはっきりと、「最も重要な理由」があるからこそ結婚するのです、しかしそれを手紙でお伝えすることはできません、と書いているからである。その理由は秘密のものであったらしい。というのも彼は、口頭でのみそれを友人パルヴェに説明しようと考えたからである。またケンペルは、「よい兆しが見える」と、幸先《さいさき》のよい言葉を述べている。

いったい「最も重要な理由」とは何であったのか。またケンペルが見た「よい兆し」とは何であったのか。よい兆しとは、おそらく結婚のことではなかった。ふつう幸せな新郎は、新妻の美しさや美徳のことを述べるものだが、ケンペルはそのようなことを全く手紙に書いていない。ケンペルは妻の名前さえ書いていない。重要であったのは妻の父の名前、ヴォルラート・ヴィルシュタハ（Wolrad Wilstach, 一六五〇～一七〇九）であり、彼が「ヴェーザー河畔のシュトルツェナウ出身で、ハノーファー選帝侯お抱えの商人」であった、ということである。オランダ向けの交易品はヴェーザー河を船で輸送されたが、シュトルツェナウは当時ヴェーザー河畔の重要な港町であった。そのようなわけであるから「ハノーファー選帝侯お抱えの商人」は、おそらく相当な有力者であったと思われる。

ハノーファー選帝侯ゲオルク・ルートヴィヒ

ハノーファー選帝侯ゲオルク・ルートヴィヒ（Georg Ludwig, 一六六〇～一七二七）は、一七一四年に王位継承者としてイギリスに呼ばれ、グレート・ブリテンおよびアイルランド王ジョージ一世として歴史に登場した人物である。だがそれ以前の一七〇〇年頃すでに、ハノーファー選帝侯の宮廷は有名であった。ゲオルク・ルートヴィヒの母、ゾフィー選帝侯夫人（Kurfürstin Sophie, 一六三〇～一七一四）のお蔭である。彼女は著名な学者をハノーファーの宮廷に呼び寄せていた。たとえばライプニッツなどがそうであるが、彼女は自らをライプニッツの「弟子」と呼んでいたくらいである。彼女の姪、リーゼロッテ・フォン・デア・プファルツ（Liselotte von der Pfalz, 一六五二～一七二二）は、フランス王ルイ十四世の義妹であり、幼い頃はゾフィー選帝侯夫人の保護を受けて育った。のちにゾフィーは、パリ在住のこの姪とつねに手紙のやりとりを行い、ライプニッツとの会話の様子を伝えている。またゾフィー選帝侯夫人の娘ゾフィー・シャルロッテ（Sophie Charlotte，一六六八～一七〇五）は、プロイセンのフリードリヒ・ヴィルヘルム一世の妻となったが、頻繁にハノーファーの母のもとに滞在した。ヨーロッパのほかの名家とも、ゾフィー選帝侯夫人は友好関係を築いていた。もしケンペルが選帝侯、あるいはその母の侍医としてハノーファーの宮廷に招かれたとしたら、彼の人生も今とは違ったものになったことであろう。

右に紹介した手紙の中で、花嫁となる女性についてケンペルは、たんにハノーファー選帝侯お抱えの商人の娘であるということしか書いていない。娘の父に関することがケンペルにとって最も重要であった。それゆえ、結婚の「最も重要な理由」とは、花嫁の父の一つの約束であったと推測することが十分に可能である。つまり花嫁の父がケンペルのことをハノーファーの宮廷に推薦してくれる、という約束があったかもしれないのである。もちろんこのような約束は、宮廷内の政治力学に関わることなので、秘密事項とされたはずである。ケンペルをつき動かして、高額な結婚式を急に行うように駆り立てたあの「よい兆し」とは、おそらくハノーファーの宮廷で奉職先を見つけることができるという見込みであったと思われる。花嫁の父であるヴォルラート・ヴィルシュタハにとっても、自分の娘がケンペルの妻となり、ハノーファーの宮廷生活の中に入り込むことができれば、それは非常に有り難いことであった。このような理由からおそらくヴィルシュタハは、十六歳になるわが娘を、自分よりわずか一歳若いにすぎない男に嫁がせたのであろう。

ケンペルの死後数年たって、選帝侯がイギリス王ジョージ一世として、郷里ハノーファーに帰省したことがある。その時同行した王の侍医は、ドイツ出身のヨハン・ゲオルク・シュタイガータール

(Johann Georg Steigerthal, 一六六六〜一七四〇) であった。シュタイガータールは、ケンペルの遺産相続人である甥の手もとに、ケンペルの遺品がまだ残っていることを探り当てた。かくしてケンペルの遺品は、イギリスのハンス・スローン卿 (Sir Hans Sloane, 一六六〇〜一七五三) に買い取られることとなったのだが、ケンペルが生きていた時には、ケンペルとハノーファー選帝侯の宮廷の間には、いかなる関係も生じなかった。「よい兆し」は、実現を見ないままに終わったのである。ケンペルの人生は何も変わらなかった。変わったことと言えば、若きマリア・ゾフィア・ヴィルシュタハ (Maria Sophia Wilstach, 一六八四〜一七六一) がケンペルの妻として、彼の家に同居するようになったことである。

結婚当初、おそらくケンペルは誠意をもって妻のことを気遣ったものと思われる。たとえば、結婚してからわずか数カ月後、ケンペルは妻のためにレムゴ市の市民権を獲得した。ケンペルがそのために支払った費用は十二ライヒス・ターラー以上であったが、この額はリッペ伯侍医としての収入の十分の一を超えるものであった。このような市民権を獲得する者は、獲得にかかる経費の高さゆえに、裕福な人々に限られていた。そしてケンペルはレムゴ郊外のリーメという田舎に住んでいたため、必ずしも市民権を獲得する必要はなかった。それに加えケンペルは、レムゴの教会敷地内に、自分と若き妻のための墓所も購入したのである。

結婚という名の究極の賭け

結婚式から二年後、ケンペルは若き友人パルヴェに宛てた手紙の中で次のように書いている。「究極の賭けは、結婚です。ひどい妻に妻合《めあ》わされた夫より、ひどい夫に妻合わされた妻の方が、より不幸になるのです。」夫は妻のことをたんに無視すればよい、というわけである。ケンペルはこのような内容のことを、自分自身の結婚に関連して述べているのではなく、パルヴェの叔母の結婚に関して述べている。しかし自分自身の結婚生活においても、ケンペルは「妻を無視する」という方針のもとに行動したらしい。大商人の若き娘との結婚は、ある目的のための結婚であった。そして結婚してもその目的が実現しなかった時、ケンペルは妻を無視した。一七一六年、ケンペルが死去する少し前に、離婚のための訴訟がなされた。その訴訟書類の中には、ケンペルと妻の両者の不満の言葉が見られる。

ケンペルの若き妻は、夫にともなわれてハノーファー選帝侯の宮廷に参内できると期待していたかもしれない。そうだとすると、彼女は深く失望したに違いない。というのは、デトモルトのリッペ伯の宮廷にさえ、彼女は夫に同行することを許されなかったからである。ケンペルに同行して参内したのは、その美貌と聡明さが宮廷中に知られたケンペルの異母妹アンナ・カタリーナ（Anna Catharina,一六七三〜一七四九）であったと考えられるからである。第六章で示したように、ケンペルは将軍綱吉の前で自作の愛の歌を歌ったが、おそらくこの異母妹のことを想って、彼はこの曲を作ったのであろう。それから時を経て、異母妹はケンペル家の家事一切を取り仕切るようになっていた。そして彼女が一七一〇年、レムゴのラテン語学校校長と結婚した時、ケンペルは絶望に打ちひしがれた。ある長い詩の中でケンペルは、異母妹と自分がお互いに忠実な愛を誓い合ったこと、異母妹のいない自分の人生など死にも等しい、と嘆きの言葉を書き連ねている。

離婚訴訟の際、ケンペルの妻はこの詩を、妻である自分よりも義理の姉の方をケンペルが愛していた証拠であるとして、書類提出をした。夫は自分のことを「まるでよそ者のように」扱い、自分に愛情のひとかけらも注がなかった、と彼女は訴えている。これに対しケンペルは妻の悪行を述べ、彼女が家事を十分にこなせないばかりか、ケンペルの仕事の邪魔をし、また患者が医師ケンペルのもとに来るのを阻止した、と訴えている。裕福な商人の一人娘であったマリア・ゾフィアは、おそらく田舎暮らしの家事を切り盛りするすべを知らなかったのであろうし、またそれを学ぼうともしなかったのであろう。ケンペルは、自分の若き妻と、彼女より十二歳年上の聡明な異母妹と比べてみて、妻にはほとんど才覚がないと考えたことであろう。

ケンペルが結婚した一七〇〇年、リッペ伯もアマーリア（Amalia）という女性と再婚した。その後の十一年間に、アマーリアは七人の子供を産んだ。彼女の出産の際には、ほとんど医師ケンペルが立ち会った。ケンペルの妻は三人子供を産んだが、お産の時にはシュトルツェナウの実家に戻っている。ケンペルは、自身の子供が生まれた時にさえ、妻のことを診てあげなかったわけである。ケンペルの子供たちはみな早死にした。長女アマーリア・フロレンティーネ（Amalia Florentine）は一七〇二年四月に生まれ、一七〇五年二月にはレムゴで埋葬されている。一七〇七年夏、次女がアマーリア（Amalia）という名で洗礼を受けたが、彼女は一七一四年のクリスマスの前日天然痘により七歳で死去した。その時次女は、母と共にレムゴにあるケンペルの別宅に住んでいた。ケンペルの長男は一七一〇年に生まれ、リッペ伯の名前をいただいてフリードリヒ・アドルフ（Friedrich Adolf）と名づけられた。だがこの長男は、次女が死去してから数日後の一七一五年一月六日に、同じく天然痘により死去した。長男はその時、父とともにリーメの屋敷に住んでいた。

ケンペルの妻の父は一七〇九年に亡くなった。仮にケンペルが、この義父の力添えを得てハノーファー選帝侯の宮廷で奉職先を見つけることが出来るかも知れないと期待していたとしたら、義父の死をもって、この期待は期待のままに終わったことになる。ケンペルの妻マリア・ゾフィアにとってもまた、ハノーファーでの宮廷生活に加われるのではないかという期待が、満たされぬままに終わったことになる。ケンペルにとって、もうひとつ苦痛の種があった。マリア・ゾフィアの母には前夫との間にも子供がいたが、マリア・ゾフィアの父が亡くなった際、マリア・ゾフィアが受け継ぐはずの遺産を、この義母は、前夫の子供たちに引き継がせたのである。翌年、ケンペルの異母妹がリーメのケンペル家を出、ケンペル家の家事一切が妻マリア・ゾフィアの手に委ねられることになった。その時彼女は二十六歳になっていた。ケンペルは六十歳に近く、腸の病気を患っていた。今や妻は、十年間にわたって受けてきた無視という仕打ちに対して、復讐を開始した。離婚訴訟の記録文書によれば、妻は、病気のケンペルのために従僕たちが必要な食事を料理することを禁じたばかりか、台所の鍵を持ったまま三日間家を出て行ったことさえあるという。ケンペルは甥に援助を求めざるを得なかった。

離婚訴訟の記録文書からうかがえるように、数多くのトラブルや不愉快なことが生じた。だがそれにもかかわらず、ケンペルは浩瀚な著作『廻国奇観』の執筆を続けた。当初ケンペルは、この著作に収める図版をオランダで制作できるものと期待していた。だがその後ケンペルは、この著作のための銅版画職人を一人自ら雇い入れ、この職人を自宅に住まわせることにした。数多くの図版のために銅版画を作成するには、多額の費用を要した。だが銅版画職人にとってもまた、自分が見たこともないような物の銅版画を作成することは、ことのほか困難で複雑な作業であった。それがどれほど困難なことであったかについては、ヨルク・シュマイサー（Jörg Schmeisser）が『遙かなる目的地』の中で詳細に論じている。銅版画制作には長い時間がかかり、しかも職人が作った銅版画の出来映えについて、ケンペルはたいてい不満足であった。だがケンペルは、同時代のたいていの学者がなし得なかったことをなし得た。すなわち、他人の援助を受けることなく浩瀚な自著を刊行し得たのである。彼に残された人生の時間は、もうあとわずか四年しかなかった。だがこの四年の間にケンペルは、この大著に対して人々が捧げる賞賛の声を耳にしたことであろう。

ケンペルの二人の子供が一七一四年から一七一五年にかけての冬に亡くなった時、彼はすでに妻と別居していた。一七一五年十一月ケンペルは重病にかかったが、クリスマスには教会の礼拝に参加できるほどに回復した。しかし彼はもはや自分の命が長くないことを予感し、翌年の二月には遺書をしたためた。この遺書の中でケンペルは、妻を遺産相続人から除外し、甥と二人の姪を遺産相続人に定めた。妻には、結婚の際に彼女が実家から持ってきた物品を返却し、彼女が未亡人である間は年間五十ターラーの年金を支給する、と定めた。翌月ケンペルはリッペ伯に対して、離婚を承認して下さるよう上申した。リッペ伯の宮廷では、ケンペルと妻を和解させようとの試みが為された。だがこの試みは成功しなかった。

一七一六年の復活祭の日、ケンペルはデトモルトにいた。デトモルトの宮廷で看護してもらいケンペルの体調は随分回復し、その年の初夏、リッペ伯に同行してピュロモントに湯治旅行に行けるまでになっていた。そのころこの有名な湯治場には、ロシアのツァーリ・ピョートル大帝も滞在していた。大帝はリッペ伯と親交があったのである。ケンペルは若き日のピョートルにモスクワで拝謁し、その手に接吻したのであったが、それから日を経たこの時、大帝と個人的に会えたかどうか今ではわかっていない。

七月中旬ケンペルはリーメに戻った。近づきつつある冬の寒さがヴェストファーレンの地で感じられるようになった一七一六年十一月二日、ケンペルは死去によって病から解放された。

2　『廻国奇観』

ラテン語の著作

『廻国奇観』の序文の中でケンペルは、この書は自分の学術的研究のほんのわずかな試供品にすぎないと説明している。そして彼は、これ以外に出版したいと望んでいる原稿の一部を引用している。ケンペルが「試供品」と呼んだものは、十八世紀および十九世紀の学者たちから非常に高く評価され、繰り返し引用された。

『廻国奇観』のラテン語タイトルは *Amoenitatum Exoticarum Politico-physico-medicarum, Fasciculi V, Quibus continentur Variae Relationes, Observationes & Descriptiones Rerum Persicarum & Ulterioris Asiae, multa attentione, in peregrinationibus per universum Orientem, collectae, ab*

Auctore Engelberto Kaempfero, D. という長いものである。この長々しいタイトルは、同書の内容が多岐にわたるものであることを物語っている。これを訳すとおおよそ次のようなものになる。『著者エンゲルベルト・ケンペル博士による世界東部旅行において注意深く集められたペルシャおよび遠方アジアについての様々な報告、観察及び記述を含む政治的、自然科学的および医学的主題についての異国の珍しい記録、全五巻』。このタイトルは長すぎるので、ふつう最初の二文字をとって *Amoenitates Exoticae* と略される（語末の綴りが違っているが、それはケンペルのオリジナル・タイトルの四格ではなくて、一格の形で示しているからである）。この長い著作は、五つの「巻」（*fasciculos*）に分かれている。

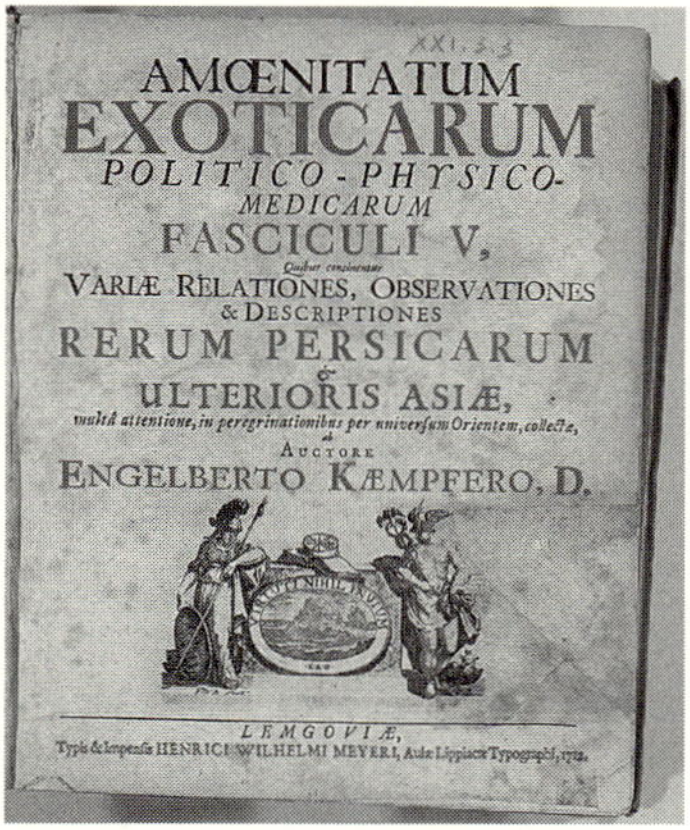

ケンペル著『廻国奇観』(1712) の表紙

ペルシャ

第一巻にはペルシャ王（シャー）の宮廷についての論文十六本が収められている。第一巻にはまた当代のペルシャ王の統治ぶり、宮廷、庭園、後宮、そして廷臣たちの華麗な行進の様子が詳細に記されているばかりか、ペルシャ帝国の軍事、国家財政、宗教者や官僚のこと、また当代以前のペルシャ王の事績も記されている。スウェーデン使節団に対する謁見の様子も、一つの章で詳細に記されている。

第二巻も、その大部分がペルシャに充てられている。

たとえばここでケンペルは、カスピ海で苦い味の海水を発見したこと、また今日重要な石油掘削の地域となっているアプシェロン半島で燃える永遠の炎のことを書いている。ペルセポリスは、アレクサンドロス大王によって破壊された古代ペルシャの首都であるが、その廃墟についてのケンペルの記述は、学術的にペルセポリスの遺跡を描いたものとしては、もっとも古いものの一つである。それについての記述も第二巻に含まれている。ジャン・シャルダン（Jean Chardin, 一六四三〜一七一三）は、この古代文明の遺跡に残る碑文について、ケンペルよりもおよそ十年前に、そしてケンペルよりもより詳細に研究を残している。だが、この碑文の文字を示すために今日用いられている「楔形文字」（*cuneiform*）という名称は、ケンペルに由来するものである。ケンペルは『廻国奇観』の中で、碑文の文字の形をラテン語で *cuneatae* すなわち「楔のように見える」と記述しているからである。

異民族に見られる無実の証明と魔女迫害

この論述のあとに続くのは「非キリスト教民族の間で現在行われているワニと火を用いた無実の証明」という題名の章である。この章でケンペルは、人が罪を犯したかあるいは無実であるかを証明するために、怪しげな方法が非キリスト教徒の間で用いられていることを紹介して批判している。だが彼は、非キリスト教徒を論ずる前に、女性に罪を着せて魔女であるとする魔女審問が、まさに自分の故国で行われていたことを詳しく論じて批判している。ケンペルの少年時代、生まれ故郷であるレムゴでは、いちばんひどい時には一年に三十人以上の女性が魔女として処刑された。ケンペルの父は牧師であり、罪を着せられた女性に対して最後の礼典を与えなければならなかったが、父が魔女迫害に対してどのような態度をとったのかという問題は、今日なお未解明のままである。のちにケンペルは、その著『日本誌』の中で非常に手短ではあるが魔女審問について述べている。それは、日本でどのような拷問の道具が使われているかを紹介するくだりである。その箇所でケンペルは、女性に魔女であることを自白させるため故国ドイツでいかなる拷問が行われているかということを、日本と比較して論じている。ケンペルはのちに、魔女裁判を標題とした著書ないし論文をまったく書かなかった。それゆえ歴史家たちは――とりわけ彼の故国の歴史家たちは――魔女裁判がケンペルに大きな影響を与えたという説に対し疑念を表明してきた。だがタイトルとしては、異民族に見られる迷信の実態を扱っているあの章は、実は逆のことを示している。故国に戻ったあとのケンペルは、魔女審問の責任を負うべき人々やその一族に対して、単独の文書を書いて公式に批判しようとはしなかった。というより、ひょっとしたらそのようなことは為しえなかったのかも知れない。なぜならその一族は、当時まだ権勢を誇っていたからである。だが『廻国奇観』の前述の章の中で、ケンペルは魔女審問の狂態をきわめて厳しく追求している。その激しさからは、多年にわたる旅を終え、ほとんど半世紀後になってなお、自分の少年時代に生じたあのような出来事をケンペル自身が決して忘れてはいなかったということ、そして少年時代彼の故郷で行われたすさまじい不当行為が、今なおケンペルを憤激させていたということを示しているのである。彼は自分の故郷で見られた迷信と異国の迷信を照らし合わせて考えている。このことは、ケンペルがどれほど継続的に、しかも偏見なしに比較を行っているのかを示している。自分の故郷におけるおぞましい経験のゆえに、ケンペルはヨーロッパのたいていの同時代人とは異なって、非キリスト教徒の諸民族の習慣を軽蔑することはなく、むしろそれを寛容な精神で受け止めた。そればかりかケンペルは、しばしば異民族の習慣を賞賛し、きわめて詳細に記録に残しているのである。

こうした態度は、たとえばこれに続く二つの章にも見られることである。この二つの章は第二巻の最後に置かれたもので、日本を扱っている。そのうちの最初の章は日本の製紙法、および製紙用に使用する植物の樹皮について扱っている。ヨーロッパにとって、樹皮からこのように紙を生産するということは目新しいことであった。というのはヨーロッパでは紙を亜麻布や木綿から生産していたからである。だが、いわゆる啓蒙主義の時代になると印刷技術が発展し、また出版物の数が増えてきたため、紙は不足しがちとなった。のちにこの章をラテン語からドイツ語に訳したクリスティアン・ヴィルヘルム・ドーム（Christian Wilhelm Dohm, 一七五一〜一八二〇）は、樹皮から紙を作る日本の製紙法をドイツでも試してみるべきである、と書いている。

鎖国論

第二巻の最後の章は「もっともな理由がある日本の鎖国」という標題を持つ。これは後に志筑忠雄《しづきただお》によって翻訳された鎖国論である。志筑訳の鎖国論の中ではじめて、「鎖国」という用語が使用された。十九世紀前半、日本の開国が議論の対象となっていた時、ケンペルのこの論文は日本でしばしば引用された。日本の開国に反対する人々のみならず、賛成する人々からも引用された。というのはケンペルはこの論文を、鎖国に反対する立場の論証から始めているからである。ケンペルによれば、神は世界を創造する時、すべての国々が大陸ないし海洋によって結びつくように創造した。国により生産物は異なるが、これこそ神が諸民族相互の貿易、そして諸民族相互の友好関係を促進しようとしたことのあかしである。鳥は全世界を旅することができる。人間もまたこの自由を禁ぜられるべきではない――。

だがこう論じたあと、ケンペルは鎖国に賛成する立場の論拠を示す。それによれば、神は諸民族に対して、まったく異なる言語とまったく異なる習慣を与えた。また神は、お互いに妨げられることなく諸民族が別々に生活できるように大地を作った。だがケンペルにとって最も重要なことは、日本の場合、安全と平和の維持のため、世界のその他の国々から自分を隔絶するとが必要となった、ということである。これは、長年の戦争によって自分の故国が破壊され、平和条約締結後も再三敵軍の脅威にさらされてきた、そのような経験をもつ人間の言葉である。もちろん、ヨーロッパで平和を求めた人物はケンペルだけではない。さまざまな平和計画が議論の対象となった。たとえば当時すでにライプニッツは、交戦国が従うべき全ヨーロッパ的裁判所の構想に賛意を表明している。この構想はクリュセ（Emeric de Crucé）が一六二三年に匿名で著したフランス語の著書『新シネアス』（*Le Nouveau Cyneé*）において示したものである。ライプニッツはこれを読んでいた。日本は周囲を荒れた海に囲まれ、当時は船で行くことが危険な状況にあった。だが、日本のような状況にない国にとって、渇望久しい平和を獲得するために国を完全に孤立させることは、ほとんど不可能であった。のちにイマヌエル・カントは、その有名な著書『永久平和のために』の中で、ケンペルと同じ論を述べている。カントはこの著書の中でケンペルの名前を挙げてはいない。だがカントの講義を聴講した学生が残したノートによると、カントはケーニヒスベルク大学における世界地理の講義の中でケンペルの著作を引き合いに出しており、このことからカントがケンペルの著作に親しんでいたことが知られる。カントもまた、戦争が続発する時代に生きた人物である。彼の世代の人々にとって平和の維持は、人生の最重要課題であったのである。『廻国奇観』第二巻はペルシャについて詳細に紹介した部分が中心である。ケンペルは鎖国論を、この第二巻の最後の部分にさりげなく置いた。このとき彼は、のちに鎖国論が日本とヨーロッパであれほど重視されることになろうとは、ほとんど予想だにしなかったことであろう。

だがケンペルの鎖国論は、日本が世界に対して国を閉ざす理由を挙げているのみでない。この論文は、それ以上の問題をも扱っている。『廻国奇観』の序文で述べているように、鎖国論もまた、彼の日本論の「試供品」の役割を果たすものであった。鎖国論の中でケンペルは、日本では犬公方との悪評を受けている徳川綱吉のことを「偉大で卓越した支配者であり、父祖の美徳を継承し、同時に法律を厳格に遵守しつつ、臣民に対してはきわめて憐み深い」と賞賛している。そればかりかケンペルは、日本国民に全《まった》き賞賛を送っているのである。のちにケンペルの著作を編集して現代ドイツ語に訳したクリスティアン・ヴィルヘルム・ドームは、非キリスト教の国民のことをケンペルがこのように賞賛していることを耐えがたいことだと感じた。それゆえドームは、鎖国論のあとに自分自身の論文を付け加え、日本を賞賛するケンペルを批判したのである。ケンペルの著作『日本誌』はケンペルの死後出版されたが、この著作がどのような反響を呼んだかについて述べる前に、私はまず、『廻国奇観』の第三巻、四巻、五巻の内容について述べたいと思う。

医学上の論文

第三巻は医学と治療法をテーマにするもので、ケンペルの博士論文十本を含む。その中には鍼《はり》療法と艾《もぐさ》についての論文も含まれている。ケンペルはこれらの治療法を「きわめて優れた二つの医術的治療法であり……治療術の宝庫、また健康の維持と回復のための源泉である」と賞賛している。ケンペルは、艾には火が使用され、また鍼療法には鋭い金属が用いられると説明したのちに、次のように続けて述べている。「ヨーロッパの不安定な外科学は、生命にとって重要な器官に対して、乱暴にも灼熱した鉄や血なまぐさい鋼鉄を荒々しく用いる。だが鍼と艾の場合には、そのような乱暴さは見られない。」ケンペルはこの文章によって、十七世紀に大きな前進を見せたヨーロッパ外科学の発展を弾劾しているのである。ケンペルの死後七十年以上たって、鍼療法と艾に関するケンペルの論文は『日本誌』の付録としてドイツ語に翻訳の上、公表された。この場合においてもクリスティアン・ヴィルヘルム・ドームは、ケンペルが西洋医学を低く評価していることに気分を害し、ケンペルはアジアの学問に先入観を持っているのだと、批判の言葉を付け加えている。

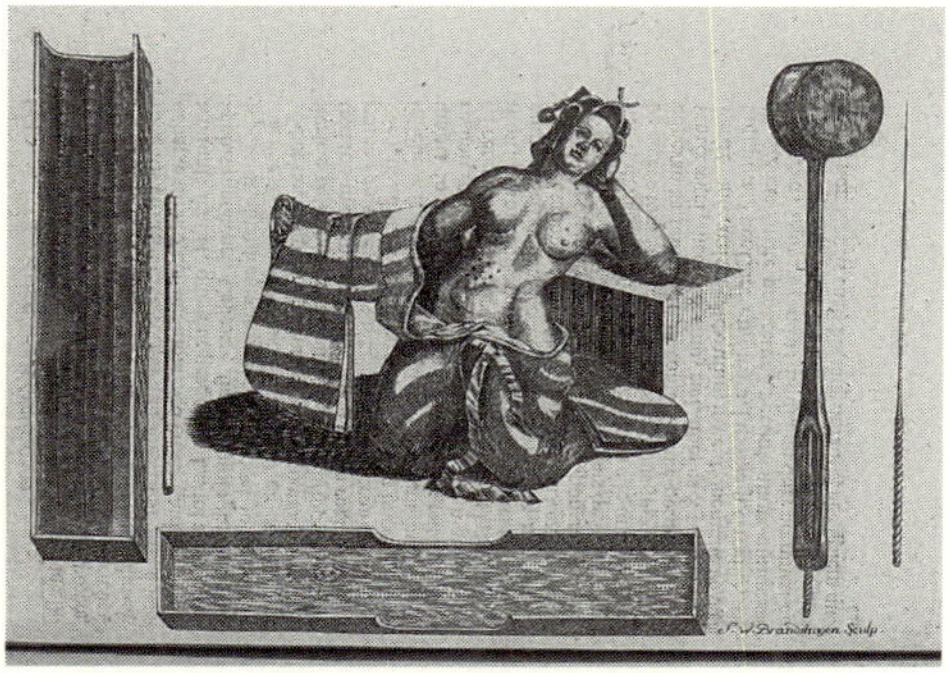

「鍼療法と艾」付図（『廻国奇観』601ページ）
ケンペルが銅版画職人に作成させた図。

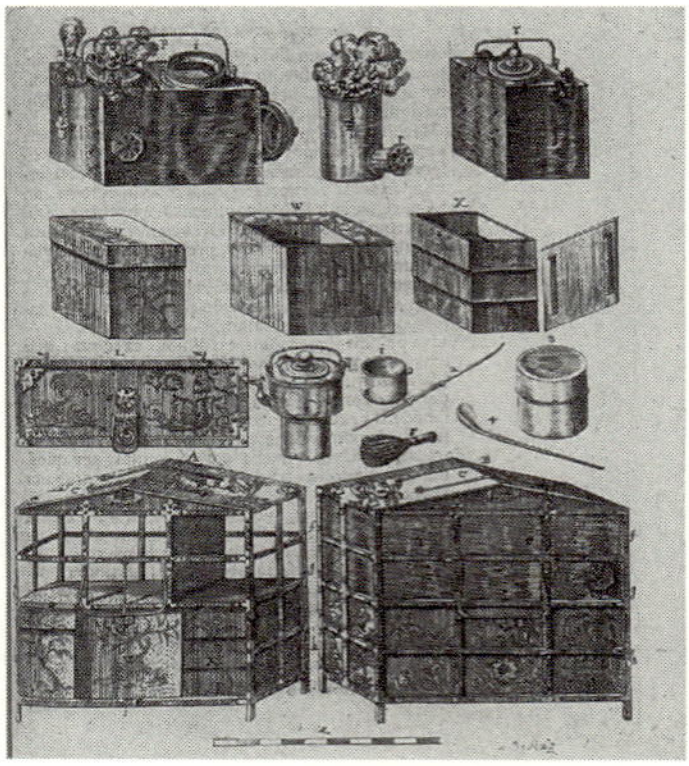

携帯用の茶道具箱
（『廻国奇観』629ページ）
ケンペルはこの図の下部に尺度を示し，それが十寸（一尺），約１フィートに相当する，と書いている。

日本茶

第三巻には日本茶を扱ったかなり長くて詳細な論文が収められている。茶というテーマは、ケンペルにとってとりわけ関心のあるテーマであったようである。というのは、この論文は非常に細かいことまで述べていて、論文末尾でケンペルは読者に対して、あまりに長くなったことに対してお詫びの言葉を述べているからである。

ケンペルは日本で一つの珍しい話を耳にした。それは、茶という植物が禅僧・達磨に由来する、という話である。この話によれば、達磨は眠らずに瞑想を続けるということを決心したが、ある日つい眠りこんでしまった。目覚めた達磨は、眠ってしまった自分に腹を立て、その償いをするために目蓋《まぶた》を切り落としてそれを投げ捨ててしまった。のちに達磨が自ら目蓋を投げ捨てた場所に戻ってみると、そこには見たこともないような葉を生い繁らせた植物が生えていた。達磨がその葉の味を試してみたところ（彼がそれを噛んだのか、それとも葉から飲み物を作って飲んだのかは書かれていない）、たちまちにして恍惚とした気分が生じ、瞑想を続けるための新たな活力が生まれた。彼は弟子に茶を勧め、茶はそののち中国、日本およびそのほかのアジア諸国に広まったという。

ケンペルは長々とまた詳細に、茶の木の栽培、収穫、焙煎、保存の仕方、そして茶の葉から飲み物を作る方法について述べている。また彼は、茶が人間の精神や身体に対してどのような効用を持つのかということについて、様々なお茶の種類を挙げて述べている。ケンペルはまた、宇治で将軍に差し出すためのお茶を準備する際、どれほど注意が払われるかということも耳にしている。それによれば、将軍に差し出すお茶を摘む時には手袋をはめ、また茶摘み人は日に二度沐浴し、茶を摘む数週間前から食事に気をつけねばならないという。不浄な吐息で茶を汚さないためである。

ケンペルは茶を重要な治療薬と見なしている。ケンペルによれば、茶は腸と血液を清め、結石を溶かすという。とくにヨーロッパ人は、塩辛い肉やビール、ワインを多量に摂取するから結石を生じやすく、そのようなヨーロッパ人にはとくに茶は重要な治療薬になるとケンペルは考えている。故郷に戻ったのち、彼はオランダ在住の友人を通じてお茶を取り寄せ、それをしばしば患者に処方している。

麻薬・コーヒー・タバコ

第三巻には、ペルシャとインドの麻薬についての論文も含まれている。興味深いことにケンペルは、ヨーロッパでは麻薬を恐れすぎていると非難している。つまり東洋と違いヨーロッパでは、麻薬の鎮痛作用を利用していない、とケンペルは指摘している。彼はアヘンやカンナビスには様々な調合の仕方があると述べ、アルコールの飲用が禁ぜられているイスラム教徒がアルコールの代わりに麻薬をどのように利用しているかを紹介している。もちろんケンペルは、この薬物に依存すると悲劇的な結末が待っていることを見逃してはいない。そして彼は、もしも自分が麻薬中毒患者の命を救えたならば、黄金百枚をもらえるであろう、と述べている。

だがケンペルにとって、コーヒーとニコチンも麻酔作用を持つものとされた。当時コーヒーは、まだヨーロッパでは広まっていなかった。すでに本書第三章で述べたように、ペルシャを旅行中ケンペルは、コーヒーの入れ方を観察する機会を得た。ケンペルが述べているところによれば、コーヒーには人体を乾燥させる作用があり、痰を多量に出す病気の人には薦めてよい。だが、コーヒーを日常的に飲んでいると冷淡な気分になり、それどころか憂鬱な精神状態になるとケンペルは警告の言葉を発している。そして彼は、今日では多くの人に欠かすことのできないこの飲み物のことを「陰気な石炭飲料」と呼んでいる。

タバコに含まれるニコチンも、ケンペルにしてみれば毒であった。彼は同時代のイタリア人フランチェスコ・レディ（Francesco Redi, 一六二六〜一六九七）の実験を引用している。それは、ひな鶏のあたらしい傷口にニコチン油を少量垂らすと、ひな鶏が死んでしまうという実験である。ケンペル自身、ペルシャの荷物運搬人が煙草を吸ったためにテンカン患者のように口から泡をふいて地面に倒れるのを目撃している。煙草の害を弱めるため、ペルシャでは水パイプを利用して煙草を吸う。また中国や日本、ヨーロッパでは長いパイプ（煙管《きせる》）を用いて煙草を吸う。ケンペルの書くところによれば、文明化されていない黒人の異教徒のみが、全く単純に煙草の葉を巻いて火を付け、ニコチンの害毒を気にかけないで、それを口にくわえて煙草の煙を吸引している。ケンペルがこう書いたのち、まもなく全世界で「文明化されていない黒人の異教徒」のような煙草の吸い方になろうとは、そしてまた、医学者が煙草の有害性を公式に承認するまで三百年かかろうとは、この時のケンペルにはほとんど予想さえできなかった。

同時代人を批判するケンペル

第三巻の最終章は「マカッサル人の呪文」という標題を持つ。マカッサルは、一時ウジュン・パンダンという名前で呼ばれたことのある町で、アジアの東南部、インドネシアのセレベス島にある。ケンペルはここに行ったことはなく、この町のことはバタヴィアで人づてに聞いたのみである。ケンペルは異教徒の無実証明方法についての論文において、まず故郷の魔女審問を非難したが、それと同じようにこの章において、ケンペルは西洋の同時代人の呪文信仰に対する批判を行っている。イギリスの哲学者・政治家であるフランシス・ベーコン（Francis Bacon, 一五六一～一六二六）は、啓蒙家とされる場合が多いが、このベーコンでさえケンペルの鋭い批判をまぬがれてはいない。同時代のヨーロッパ人に対する徹底した批判を行ったのち、ようやくケンペルはマカッサル人の宗教的呪文の諸々の事例に目を転じている。

『廻国奇観』の第四巻は、ペルシャ南部で栽培されるナツメヤシの歴史、栽培方法、植物としての特性、収穫およびその経済的意味について詳細に扱っている。だがここでもケンペルは、この機会をとらえて本題から脇道にそれ、自分が受けた仕打ちに対する怒りの気持ちを記している。この巻でケンペルが非難しているのはオランダ東インド会社である。港湾都市バンダル・アッバースの気候が耐え難いまでに熱く、また不健康であるにもかかわらず、この会社は商取引による収入を優先し、社員の生命を危険にさらしていたのである。夏の数ヶ月は現地の人々でさえ耐えがたい気候を避けて涼しい山岳地方に行き、ナツメヤシの収穫作業を行う。ところがオランダ東インド会社の従業員は、会社の営業を続けるため、ここバンダル・アッバースにとどまらねばならなかったのである。

「ヤシの森への旅」というタイトルの章で、ケンペルはバンダル・アッバースの気候がいかに危険なものであるかを詳細に記している。その灼熱の中では、若い人や犬でさえまるで雷に打たれたかのように突然倒れて死んでしまう。ケンペルはバンダル・アッバースで医師として勤務を続けなければならなかった。だが本書第三章で述べたように、彼は会社の許可を得ないまま勤務地を離れた。ナツメヤシの収穫が行われている山岳地方に行き、冷たい空気にあたって健康を回復するためである。オランダ東インド会社は、彼のこうした行動を許しはしなかった。インドネシアのオランダ東インド会社の本拠地バタヴィアは「東洋の真珠」と呼ばれた町である。のちにケンペルは、ついにバタヴィアに至り着き、出来ることならこの土地にとどまりたいと考えた。だがケンペルが希望していた医師の職務は会社側から拒否された。ケンペルはその恨みを、またしても『廻国奇観』の中で晴らした。バンダル・アッバースで受けた仕打ちをこの本で事細かく公表し、後世にこれを伝えたのである。

日本植物誌

『廻国奇観』の最終巻である第五巻は、日本の植物を取り扱っている。ケンペル自身は、自分の植物学の知識が不十分なものであって、そのような内容の本は書けないと考えていた。ケンペルは長崎に到着してすぐ、バタヴィアの知人に植物学関係の書物を送ってくれるよう依頼している。ケンペルはとりわけ、参考になるような植物学関係の新刊書を送るようにこの人に頼んでいる。「日本植物誌」の巻の序文の中でケンペルはまず、日本の植物についての自分の分類が植物学の最新の段階を反映するものではない、という断り書きを記している。

それにもかかわらず、この本はヨーロッパの植物学者に大きな好評をもって迎え入れられた。ケンペルの分類方法は、たしかに科学の最新段階を反映するものではなかった。だが彼が描くスケッチやその説明の文章はきわめて正確なものであり、極東の植物界についての知識を大幅に増大させたのである。今日、ケンペルの名前にちなむラテン語の学名を持つ植物は多く見られる。ケンペルがはじめて、こうした植物についての情報を西洋の植物学界にもたらしたからである。西洋世界の最も重要な植物学者の一人であるスウェーデン人リンネ（Carl von Linné, 一七〇七〜一七七八）は、ケンペルの「日本植物誌」を絶賛している。のちに日本が開国し、この国に関する新たな著作が出版されるようになると、ケンペルの日本情報がもっていた重要性は失われていった。だが彼の名前は、今でもなお植物学者の間で知られている。

「日本植物誌」に掲載されたイチョウの図（『廻国奇観』813ページ）
ケンペルのスケッチによる銅版画。

『廻国奇観』はラテン語で出版された書物である。ラテン語で書かれた利点は、西洋の科学者すべてがこの作品を読める、ということにあった。だが不利な点もあった。これを読み得るのは、世間の人々の中のほんの一握りの学者に限られていたということである。またケンペルの『廻国奇観』ほどの長さの本をラテン語で読み通すということは、ラテン語に習熟した学者にとっても、非常に大変なことと思われた。しかも、レムゴで出版されたこの本はほとんど千ページに及び、また多数の図版を含むものであったので、多くの学者にとって代金を払えないくらいに高価なものであった。『廻国奇観』は当時の学者から認められた著作ではあったが、ベストセラーにはならなかった。だが『廻国奇観』を出版したお蔭で、ケンペルが日本について詳細な著述を用意していることを、世間の人々も気づいたのであった。これはケンペルの思惑通りであった。

3　『日本誌』の出版

ケンペルの死と英訳版

『廻国奇観』の出版後、ケンペルはわずか四年しか生きなかった。この著書は非常に長大なものだったが、しかし彼の該博な知識のうちほんの一部を披瀝した「試供品」にすぎなかった。同書の序文の中でケンペルは、自らを商人にたとえている。つまり、大量の在庫の中から試供品を提供し、何か品物を客が買ってくれるかもしれないと期待している、そのような商人である。ケンペルの場合は、ドイツ語で書いた大部の原稿を出版することがそれである。だが当時は書物を印刷するには莫大な費用がかかり、経済的にはリスクを伴うことがらであった。またドイツ語で書かれた原稿に興味を持ち、またそのような本を買うのに必要な資金を持っている客は、比較的少なかった。期待していたほどの需要は生まれず、ケンペルはあらたに書物を出版することのないまま、一七一六年に死去した。

だがドイツ以外の国では、彼の原稿にかなり興味を示す人々が出てきた。ケンペルの原稿は最終的に、著名なイギリスの収集家で世界旅行家であるハンス・スローン（Sir Hans Sloane, 一六六〇〜一七五三）の手に渡り、彼の指導のもと、若きスイス人ヨハン・ガスパール・ショイヒツァー（Johann Gaspar Scheuchzer, 一七〇二〜一七二九）によって英訳された。原稿の購入と翻訳にまつわる複雑な経緯については、デレク・マサレラ（Derek Massarella）が『遙かなる目的地』の中で詳細に記している。それゆえ、ここでもう一度繰り返して述べる必要はないであろう。

若きスイス人ショイヒツァーはケンペルの原稿をわずか二年で翻訳し、訳書の出版の二年後に二十七歳の若さで死去した。翻訳の苦労が早世につながったという推測も排除出来ないであろう。筆者自身、ケンペルの原稿を十年かけてあらたに英訳した経験があるので、ショイヒツァーが翻訳に従事していた時にどんな重圧を感じたか、非常によく想像することが出来る。そしてショイヒツァーの場合、私以上に翻訳は難航したであろう。私の場合、ケンペル来日当時の日本史や日本語について多少知るところがあった。だがショイヒツァーにしてみれば、ケンペルの原稿に書かれている内容はまったく未知のものであった。しかもケンペルの文章は長々しく、彼の筆跡はしばしば解読しがたいものだった。原稿のあちこちにはローマ字書きの日本語が記されているが、当時日本語を調べるための参考図書はきわめて少なく、そして明らかにショイヒツァーはそのような図書を参照し得なかった。それどころか、原稿には日本文字さえ記されていた。翻訳者であるショイヒツァーにとって、それはローマ字書きの日本語よりもさらにミステリアスなものであった。およそ一度でも翻訳を行ったことのある者は誰でも了解していることだが、テキストに書いてあることについてあらかじめおおまかな内容がわかっていない場合、そのようなテキストを翻訳することはきわめて難しいのである。そしてショイヒツァーはおおまかな内容が分かっていなかったので、誤訳が生じた。たとえば、長崎についてケンペルが記している文章の中に、与力が非常に格闘（Ringen）に優れているという記述がある。ショイヒツァーはケンペルが書いたRという文字をSと読み間違え、それゆえ、与力が非常に歌唱（Singen）に優れていると解してしまった。ショイヒツァーは、世界のさいはてにある閉ざされた国においてはどんな事でも起こり得る、と考えたのかもしれない。しかも、英語はショイヒツァーの母語ではなかった。そのため、英訳の作業は遙かに困難であったし、それ以上の問題も生じた。文章をイギリス人読者が読みやすい文体にするため、ドイツ語原文を読めない一人のイギリス人がショイヒツァーの英訳文を添削して書き改める、ということが生じたのである。

ひょっとしたらこの時、テキストを意図的に書き換えるということが起こったのかもしれない。ケンペルは先入観にとらわれずに観察を行った人物であり、故国で見られる不道徳の内情も知っていた。同時代のたいていの人は、キリスト教信仰を持たない国々に比べるとヨーロッパのキリスト教諸国は遙かに優秀で文明化されていると考えていた。だがケンペルは、そうは考えなかった。『廻国奇観』の中でケンペルは、日本人は邪宗の宗徒ではない、ただ神聖なるものを別の方法で崇敬しているにすぎないのであり、その崇敬の仕方たるや、しばしばキリスト教徒をしのぐほどだ、と述べている。だがこのようにアジアの一民族を賞賛するということは、彼の同時代の人々には受け入れがたいことであった。かくして、ショイヒツァーの英訳文に添削の手が加えられる過程で、ケンペルの日本賞賛が弱められ、日本批判が強められることになったのである。たとえば、ケンペルが孔子の道徳論をキリスト教の十戒やローマの哲学者セネカの倫理学になぞらえている箇所がある。英訳では、この部分が削除されている。このようなことがなされた背景として、次のような事情があったことを考えれば理解できるかも知れない。すなわち英訳出版の数年前にあたる一七二一年、ライプニッツの弟子であるドイツの哲学者クリスティアン・ヴォルフ（Christian Wolff, 一六七九〜一七五四）が、四十八時間以内にハレ大学を辞してプロイセン領内から退去するよう、さもなくば死刑に処すると脅迫を受けるという事件が起こっていた。ヴォルフが公の場で、あえて十戒を孔子の道徳論になぞらえるということを為したからである。世界の果てにある異教徒の地である日本をケンペルがしばしば賞賛したということは、十八世紀初頭においては受け入れ難いことであった。だが、ケンペルの原文が書き換えられたことについて、ひょっとしたら、われわれは感謝しなければならないかも知れない。なぜなら、こうしたことがなされたことによってのみ、ケンペルの日本論がヨーロッパでベストセラーとなり得たからである。

英訳版の銅版画

ケンペルが描いたスケッチも、出版された際には別の形になってしまった。ヨルク・シュマイサーが『遙かなる目的地』の中で詳細に述べているように、銅版画職人にとって、自分が全く見たことのない国を描いたスケッチを見て、これを原画に忠実な形で銅版画に再現することは、容易なことではなかった。職人たちは、自分が見知っている事物を基準としてケンペルのスケッチに解釈を施した。かくして、原画に変更が加えられることとなったのである。ケンペルが収集したものには『名所図会《めいしょずえ》』五十枚が含まれている。その中には、まず秀吉によって創建され、のちに秀頼によって修築された京都の大仏寺（方広寺《ほうこうじ》）の絵がある。英訳に掲載された銅版画と名所図会の原画とを比較すると、木材で作られた大仏殿が銅版画では石造りの建築物のように見えるし、参詣人が着ている日本の着物も、古代ギリシャ人の衣服のように描かれている。大仏殿の入り口近くに置かれた石灯籠の上に、銅版画では十字架がついている。またケンペルは大仏殿の中の大仏を非常に丹念にスケッチしている。大仏殿の建物外観を描いた図は、日本に存在している。だが私の知る限り、大仏が安置された大仏殿の内部を描いたような図は、他には存在しない。それだけにケンペルのスケッチは貴重なものである。大仏がいかに巨大であるかを示すため、ケンペルは大仏図の中に参詣人の姿を一つ描き入れている。イギリスの出版人はこのスケッチをさほどよい出来であるとは考えなかったのであろう。出版された英訳本の中には、大仏図は収められていない。大仏図がどれほど歴史的に価値があるのかということを、イギリスの出版人は知り得なかったのである。ケンペルが描いたほかのスケッチについても、これと全く同じようなことが起こっている。つまり、変形された図版になっているか、あるいはそもそも全く掲載されなかったのである。

たしかに英訳版はケンペルの原文・原画を忠実に再現したものではなかった。だが結果的に、英訳版が出版されたお蔭で、日本についての新しい詳細な情報が、ついにヨーロッパにもたらされることになった。一七二七年に出版された英訳は *The History of Japan, giving an Account of the ancient and present State and Government of that Empire ; of Its Temples, Palaces, Castles and other Buildings ; of its Metals, Minerals, Trees, Plants, Animals, Birds and Fishes ; of The Chronology and Succession of the Emperors, Ecclesiastical and Secular ; of The Original Descent, Religions, Customs, and Manufactures of the Natives, and of their Trade and Commerce with the Dutch and Chinese. Together with a Description of the Kingdom of Siam.*（日本の歴史。同帝国の過去および現在の国情と統治について、その寺院、宮廷、城郭その他の建築物について、その金属類、鉱物、樹木、植物、動物、鳥類、魚類について、聖界および俗界の皇帝の年代記とその継承について、現地人固有の血統、宗教、習慣および生産品、またオランダ人・中国人と彼らの商取引および貿易についての報告。シャム王国についての記述を含む）という標題を持つ。これはベストセラーとなった。ヨーロッパの他の出版社も、急ぎ仏訳版やオランダ語訳版を作り、利益を挙げた。ロンドンで最初の版が出版されて十年の内に、再版と翻訳版あわせて十種類が出版されたのである。英訳版に収められた銅版画は、他の翻訳版すべてに再録された。そしてケンペル自筆の原画があったことは忘れ去られてしまった。

4　『日本誌』の影響

『ガリバー旅行記』

ケンペルの英訳版『日本誌』が出版される一年前、ジョナサン・スウィフト（Jonathan Swift, 一六六七～一七四五）の有名な作品『ガリバー旅行記』が出版された。この物語の中でガリバーは架空の国々を訪れる。巨人国であったり小人国であったり、あるいは人間のような知性を持つ動物の国であったりするのだが、ただ一つだけ、ガリバーが訪れた国の中で実際に存在する国がある。それが日本なのである。スウィフトの手紙から判断すると、彼は『ガリバー旅行記』をアイルランドで執筆した。だが一七二六年四月以降、スウィフトはロンドンに滞在していた。またこの年の秋に『ガリバー旅行記』を出版する前、彼が原稿に修正の手を加えていたことが知られている。ひょっとするとスウィフトは、この間ケンペルの原稿を目にしたのだろうか。研究者の中には、その可能性を指摘する者もいる。なぜなら、次のような事情があるからである。すなわち、スウィフトの本の中には、記号の表のことが書かれていて、これは、学術的著作を生産するための空想上の機械（つまりコンピュータのようなもの）とされる。ところがケンペルの著作の中には、日本の文字を記した表が掲載されており、また他にも干支《えと》を記した表が掲載されている。スウィフトの表は、この両方と非常によく似ているのである。スウィフトは間違いなく一七一二年に出版された『廻国奇観』の中の日本関係の記事について知っていた。一七二六年初頭にスウィフトがロンドンに到着する以前から、ケンペルの原稿が翻訳されつつあるという情報は流れていた。彼がこの翻訳に興味を抱いたということは、想像し得ることである。ひょっとすると彼は、ケンペルの原稿を見る機会があったかも知れないし、それどころか、自分のスケッチと非常によく似たところのあるケンペルの図版を借り出したり、あるいは書き写したりしたのかもしれない。スウィフトが他の人と交わした書簡の中には、そのようなことをうかがわせる記載はない。だが考えておかねばならないのは、作家というものは、自分のアイデアが他の人から借用したものであるというようなことは進んで言うようなことはしたがらないものであるし、出版された往復書簡というものは、作家の書簡の中から選ばれたほんの一部に過ぎないのである。

フランスにおける影響

ケンペルの著作がフランスにおいてどのような影響を与えたかについては、これよりも容易にその跡をたどることが出来る。イエズス会士シャルルヴォア（Pierre François Xavier de Charlevoix〔Charlevoie〕一六八二～一七六一）は、その少し前に日本についての著述を出版していたが、一七三六年その本を改訂増補した。そこにはケンペルからの引用が多数含まれている。一七三九年に出版されたダルジャン侯爵（D'Argens〔ジャン＝バプティスト・ド・ボワイエ〔Jean-Baptiste de Boyer〕一七〇三～一七七一〕の『中国の手紙』（*Lettres Chinoises*）では、ある中国人が書いたとされる架空の手紙が扱われている。この中国人は、ほかのこととといっしょに日本についても述べているが、その記述内容をケンペルの著作に負うことは、見まがうべくもない。

フランスでケンペルに賛同した最大の人物は、ふだんは非常に批判精神旺盛な哲学者ヴォルテール（Voltaire, 一六九四～一七七八）である。その著『習俗論』の中で、ヴォルテールはケンペルを引用している。そして彼は、ケンペルのことを「学識深い洞察力のある観察者」、また「真理を愛する賢明な旅行家」であると賞賛している。また彼の著書『中国の孤児』と『カンディード』においても、ケンペルからの影響が認められる。ヴォルテールと同時代の人物で啓蒙主義の最大の著作『百科全書』の編集者であったドゥニ・ディドロ（Denis Diderot, 一七一三～一七八四）は、日本の哲学についての論文の中でケンペルに大きな賛辞を送っている。他の著述家の中には、たとえば『中国誌』を著したイエズス会士デュ・アルド（Du Halde）のように、自分の著書の中にケンペルの著述の要約を挿入した人もいた。

このデュ・アルドの著作は一七四七年にドイツ語訳が出版されたが、このドイツ語訳によって初めて、ケンペルの同国人がドイツ語でケンペルの日本論を読むことが出来た。もっともこのドイツ語訳は、省略が非常に多い抄訳版であった。ドイツでは、自国の著名人であるケンペルに対する関心が欠落していたのであろうか。当時ドイツの教養ある上流階級の人々は、フランス語をしゃべり、またフランス語が読めた。ひょっとするとそのため、ケンペルのドイツ語文に関心がなかったのであろうか。ケンペルの甥は当初、みずからオリジナルのドイツ語原稿を出版しようと努力したが、成功しなかった。そしてこののち、英訳が出版され有名になった。だがこの英訳では、誤って原著が「ハイ・ダッチ」で、つまりオランダ語で書かれていると記されていた。標準ドイツ語は「ホーホ・ドイチュ」というが、その言葉を用いずに「ハイ・ダッチ」であるとされたわけである。それゆえ、オリジナルのドイツ語原稿が存在すると推測した人がいなかったのかもしれない。

ドームと『日本誌』

このような状況が変わったのは一七七三年のことである。この年ケンペルの姪が死去した。そして彼女の遺品の中から、ケンペルの『日本誌』の原稿が二種類発見されたのである。この原稿はすぐにレムゴの出版社が買い取り、編集のため若き青年クリスティアン・ヴィルヘルム・ドームに手渡された。

ドームはケンペルより百年以上のち、同じレムゴで生まれた人物である。ケンペル同様、ドームも牧師の息子であった。ケンペルはスウェーデン国王の宮廷に奉職し続けるよりは、むしろ遠国への旅行を優先した。だが彼とは違いドームは、若い頃からドイツの宮廷で官吏として奉職する人生を希望していた。郷里のレムゴでケンペルの姪の遺品の中から原稿が発見されたというニュースに接した時、ドームは二十二歳だった。ドイツに存在するとは予想さえ出来なかった宝を出版して名前を上げ、自己の目的を達成するチャンスが、この時ドームに提供されたわけである。忘れてならないのは、ドームはまだ経験を積んだ学者ではなかったということである。彼はちょうど高校の教育を終えたばかりで、まだ大学教育は終えていなかった。出版の企画を現実のものとするため、ドームも購入予約をつのる必要があった。購入予約は、当時では普通に見られたことである。つまり書籍代金の一部をあらかじめ支払ってもらい、そのお金で印刷の資金とするということである。そのためドームは、有名な人々からこの出版計画への推薦状を得ようと考え、ベルリンの学者たちに筆跡見本を送付した。ついにドームは、自分の手許に二種類の原稿があること、そしてその一つはケンペルの筆跡であり、もう一つは甥の筆跡であることを告知した。ドームによれば、ケンペルの手書き原稿には「いくつかの」ページが重複し、また「いくつか」欠落が見られるとされる。筆者が他の所（*Japanese Studies*, The British Library, 1990）で詳細に述べたように、このケンペル自筆原稿では「いくつか」のページが欠落しているのみならず、ケンペル自身が全く書かなかった章が二章分付け加わっている。これはケンペルのメモに基づいて翻訳者ショイヒツァーがイギリスで新たにまとめたものである。

ケンペルはシャム（タイ）についての原稿を独立したものとして公刊しようと考えていた。だがショイヒツァーはこの部分を利用して日本論の新たな第一章を書いた。ケンペルがもともと書いた第一章は、さらに書き加えがなされたのち、第一巻第二章となった。ショイヒツァーは英訳を作る前に、ケンペルの原稿の中からタイについての部分を書き写し、まず第一章のドイツ語版を作成した。ショイヒツァーの筆跡による筆写原稿とケンペルの筆跡による変更が施されたオリジナルの原稿は、大英図書館に現存する。第一巻のあらたな第一章は、イギリスからドイツの甥に送られたようである。甥はケンペルの著作をドイツ語で出版しようと考えていたからである。ドームの目の前にあったのは、明らかにこの章である。だがもちろん、それはケンペルの筆跡ではなかった。

第四巻第十章では別の状況が見られる。ケンペル自筆の目次には「前述の制札、旅行手形、および書状」という、この章のタイトルが書かれている。だがケンペルは、日本で書いたメモをまだ一章分の完成原稿にはまとめていなかった。ショイヒツァーはドイツ語やオランダ語、日本語で書かれたケンペルのメモの中から、自分で読み取れる部分を探し出し、それを一つの章にまとめた。だが今回、ショイヒツァーはドイツ語版を作るという作業をしないで、読み取れる部分から直接英訳を行ったようである。このことは、第一にロンドンでこの章に相当するドイツ語原稿が存在しないこと、第二にこの章のドーム版が明らかに英訳版からの翻訳であること、以上二点から読み取れる。たとえば、ケンペルのメモにおいて「施しもの（Almosen）をもらったり、あるいは食べ物を乞う人々」となっている箇所が、ドーム版では「物を乞う人々、および愛（Liebe）によって生きるすべての人々」となっている。ショイヒツァーはケンペルの先の文章を「施しもの（charity）によって生きる、あるいは生活費を乞う人々」と訳していた。ドームはショイヒツァーのこの文章を再びドイツ語に訳す際、おそらく辞書でcharityという語を引き、ケンペルの意図していた「施しもの」という意味ではなく、間違って「愛」の意味であると解したのであろう。

ドームは、ケンペルの手による完全な原稿を入手した、ただし「いくつかの」ページが欠落しているだけである、と述べている。だがこれは真実を述べたものではない。おそらくドームは、予約購読に必要な数を確保して出版を成功させるためには、このような嘘をつくこともやむを得ないと考えたのであろう。またおそらく同じ理由により、ドイツに現存していたケンペルの二種類の価値ある原稿が、ドーム版の出版以後、あと形もなく消え去ってしまったのであろう。

ケンペル日本論の日本語訳はすべて、ドームが編集したドイツ語版を底本としている。それゆえ日本語訳は、ドーム版に含まれるものと同じ間違いや改変を含んでいる。ドームは英訳版に掲載された銅版画をすべて再録しているが、それらはケンペルの原画やケンペルが持ち帰った日本の図版とは、ある部分では非常に相違している。

ケンペルと啓蒙主義

ドームがケンペルの『日本誌』の上巻を発行したのと同じ年である一七七七年、いわゆる神学資料論争が起こった。これは神学者ハンス・キュング（Hans Küng）が、ルター以降ドイツを揺るがせた最大の論争と名付けたものである。当時ヴォルフェンビュッテルの侯立図書館司書を務めていた作家ゴットホルト・エフライム・レッシング（Gotthold Ephraim Lessing，一七二九〜一七八一）は、この年ある文書を公刊した。だがこの文書は多くの人々から、教会とキリスト教を攻撃するものであると解釈された。レッシングはこの文書に「無名者の断章」という題名を与え、自分は無記名のこの文書を図書館の中で発見したのだ、と述べている。だが事実は、この文書を書いたのは故ヘルマン・ザムエル・ライマールス（Hermann Samuel Reimarus, 一六九四〜一七六八）という、様々な大学および高校で哲学や進学、東洋諸語を教授した人物であった。ライマールス自身、哲学や宗教に関する著書を何冊か出版していたのだが、自身の著述『神の理性的な賞賛者のための弁護の書』については、これは自分の時代にはあまりにも危険であると考え、それゆえ公表しないでいた。というのは、この文書の中でライマールスは、キリスト教が唯一の宗教であるという考え方に疑念を呈し、また聖書は歴史的に信頼できないものであると攻撃しているからである。ライマールスの死後、レッシングはこの文書を遺族から受けとり、故人の名前を傷つけないように著者名を隠して公表した。だが、このような文書を公表したという理由により、レッシング自身が攻撃を受けることとなり、ついに彼は出版権を剝奪されたのである。

興味深いことに、ケンペルは一七一二年の『廻国奇観』の中ですでに、日本人は邪宗の宗徒ではない、ただ神聖なるものを別の方法で崇敬しているに過ぎないのだ、と書いている。別の言い方をすれば、人を神に導くのはキリスト教だけではない、ということをすでにケンペルは認めていたのである。だが、ケンペルの『廻国奇観』はラテン語で書かれた大部の著作であったので、このような文章も目立つことはなかったであろう。ところが同じような主張を含む、レッシングにより出版されたあの文書は、人々を憤激させた。

この論争において、一人の友人がレッシングを助けに来た。風刺作家マティアス・クラウディウス(Matthias Claudius, 一七四〇〜一八一五)である。一七七七年に出版されたクラウディウスの著作『ヴァンツベックの使者の全集』には様々な作品が収められているが、その中にケンペルをふまえて、ある人物が日本の将軍に拝謁するという架空の物語がある。その人物はクラウディウスの甥であるとされ、彼がクラウディウスを拝謁の場に連れてきたことになっている。レッシングの出版が論争を引き起こしたことは、将軍との対話においても話題になった。将軍はレッシングに感激し、レッシングを日本に招待したいと述べている。ケンペルが『廻国奇観』において五代将軍綱吉のことを、きわめて学識ある賢明な支配者であると記述していたことを忘れてはならない。

だがクラウディウスは、さらに前に進んだ。彼は同じ年に出版された『日本誌』上巻から多くの箇所を引用し、紹介しているのである。ケンペルが書いている伊勢参りの様子を、クラウディウスはかなり正確に紹介している。クラウディウスはまた、信仰のゆえに山伏が錫杖《しゃくじょう》を鳴らしながら富士山に登る様子についても書いている。そしてクラウディウスは、この作品を次のような文章で締めくくっている。「神よ、富士山で錫杖を鳴らす者の音を聞け。神よ、伊勢神宮の格子戸の前で額ずく者の声を聞け。そして私は、神がそのようなことを為すものと信ずる。神はまた、日本人の神でもあるのではないか。実に、神は日本人の神でもあるのだ。」

マティアス・クラウディウスは子供じみた素朴さで世間を描き、そのことをもって世間をあざ笑っている。そのような風刺的作品において彼は、同じ年に出版されたケンペルの著作を活用している。それはまさに、レッシングが出版して攻撃を受けたあの著作と同じ内容を主張するものであった。

イエズス会宣教師たちは、日本の宗教を悪魔の業であると難じていた。それとはまったく異なり、ケンペルは日本の宗教のことを、単に別の方法で神を崇敬しているに過ぎないものであると記述した。啓蒙主義は、伝統的な信仰に対して新たな光を投げかけようとするものであったが、ケンペルの考え方はまさに啓蒙主義と同じ意義を有するものであった。だが、クラウディウスやレッシングといった啓蒙主義時代の文筆家について、その著作に学術的な注釈を付けて出版している現代の学者たちは、ケンペルの著作のことを知らないように見受けられる。たとえばクラウディウスの文章には、山伏についてのケンペルの記述をほとんど逐語的に引用している箇所があるが、筆者の手許にあるクラウディウス著作集においては、その箇所がケンペルではなくて、あるフランス人著述家に依拠するものであると注記されている。実はこのフランス人の著作も、山伏に関してはケンペルに依拠していると思われるのである。

ケンペルが啓蒙主義時代の哲学者にどれくらい影響を与えたかということについては、まだ十分な研究がなされていない。クリスティアン・ヴォルフの例が示しているように、他の文化圏の宗教をキリスト教と比較して論ずることは、危険なことであった。ケンペルの著作から刺激を受けた作家たちも、ケンペルの日本論を引き合いに出して公にすることは、あまりに危険なことであると考えたようである。あえてケンペルを引き合いに出したのは、何を書いても許されるマティアス・クラウディウスのような風刺作家のみであった。それゆえ、ケンペルからの影響を正確に把握するため、啓蒙主義時代の哲学者の書簡や著作のうち、これまでは出版するほどの価値がないと見なされてきたようなものを研究することが、おそらく意義あることとなろう。

参考文献

原稿

ケンペルの自筆原稿の大部分は大英図書館のスローン・コレクションに収められている。本書で利用した自筆原稿は Sl. 2910, Sl. 2912, Sl. 2915, Sl. 2921, Sl. 2923, Sl. 3060, Sl. 3061, Sl. 3062, Sl. 3063, Sl. 3064, Sl. 3060 である。（このうちの一部はミュンヘンの Iudicium 出版社から出版されている。「ケンペルの著作」の項目を参照。）

本書ではまた、レムゴの国立文書館に収められているケンペルの自筆文書（Y 109）およびデトモルトの国立文書館に収められている自筆文書（L 16, L 27, L 37, L 68）の一部も使用した。

その他、以下の文献を使用した。

Deshima Dagregisters. オランダ商館日記 Algemeen Rijksarchief, The Hague.

出島に滞在していた代々のオランダ商館長が書き記した記録文書。ケンペルの出島における動静もうかがえる文献である。

江戸幕府日記、内閣文庫、東京

幕府右筆所の公用日記で、江戸に参府したオランダ商館長一行についての記事も見られる。

憲廟実録、国立国会図書館、東京

徳川綱吉の一代記。

印刷された著作

ケンペル関連文献についての詳細な文献目録は、九州大学大学院言語文化研究院のホームページに掲載されている。それゆえ本書では詳細な文献目録は省略し、ケンペルおよび同時代についての情報が記載された基本的な欧語文献、および筆者自身がケンペルについて書いた刊行物のみを掲げる。筆者がケンペルの文献の何ページを利用したか、あるいは日本語でどのような文献があるかについては、後者すなわち筆者自身の刊行物を参照されたい。

公刊されたケンペルの著作

1712 *Amoentitatum exoticarum politico-physico-medicarum fasciculi V.*, Lemgo.

邦訳名『廻国奇観』。ケンペルの生前に刊行された唯一の著作である。

1727 *The History of Japan .... with a Description of the Kingdom of Siam*, Scheuchzer, J. G., trans. London 1727（reprint, Glasgow 1906).

ケンペルの日本論をショイヒツァーが英訳したもの。この版の影響は大きく、当時のベストセラーとなった。

1777-1779 *Geschichte und Beschreibung von Japan*. Dohm, C. W., ed., 2 vols. Lemgo,（Facsimile, Stuttgart: Brockhaus, 1964).

レムゴで再発見されたケンペルの日本論原稿を、ドームが編集したもの。邦訳名『日本誌』で知られる。

1965 *Die Briefe Engelbert Kaempfers*. Meier-Lemgo, Karl, trans. & ed., Wiesbaden: F. Steiner.

1968 *Die Reisetagebücher Engelbert Kaempfers*. Meier-Lemgo, Karl, ed. Wiesbaden: F. Steiner.

1977 *Engelbert Kaempfer: Am Hofe des persischen Großkönigs 1684-1685*. Hinz, Walter, trans. & ed. Tübingen/Basel: Erdmann.

1983 *Flora Japonica.* Muntschick, Wolfgang, ed. & ann. Wiesbaden: F. Steiner.
1987 *Phoenix persicus : Die Geschichte der Dattelpalme.* Muntschick, Wolfgang, ed. & trans. Marburg: Basilisken-Presse.
1996 *Exotic Pleasures : Fascicle III, Curious Scientific and Medical Observations.* Carrubba, Robert W., trans. & ann. Carbondale & Edwardsville: Southern Illinois University Press.
1999 *Kaempfer's Japan : Tokugawa Culture Observed.* Bodart-Bailey, B. M., ed., trans., & ann. Honolulu: University of Hawai 'i Press.
2003 *Rußlandtagebuch 1683.* Schippan, Michael, ed. & ann. Munich: Iudicium.
2001 *Briefe 1683-1715.* Haberland, Detlef, ed., trans. & ann. Munich: Iudicium.
2001 *Heutiges Japan.* Michel, Wolfgang; Terwiel, Barend J., eds. & anns. Munich: Iudicium.
2003 *Engelbert Kaempfer in Siam.* Terwiel, Barend J., ed. & ann. Munich: Iudicium.
2003 *Notitiae Malabaricae.* Gaur, Albertine, ed. & ann. Munich: Iudicium.

ケンペルについての研究文献

Bodart-Bailey, Beatrice M., "Beyond the Borders of Europe. Engelbert Kaempfer's Medical Research and Treatments." *Revista de Cultura/Review of Culture,* internat. ed. 21 (Jan. 2007), Macau.
——*The Dog Shogun : The Personality and Policies of Tokugawa Tsunayoshi,* Hawaii University Press, 2006.
——デレク・マサレラ共編、『遙かなる目的地　ケンペルと徳川日本の出会い』中直一・小林早百合訳、大阪大学出版会、一九九九年七月（*The Furthest Goal. Engelbert Kaempfer's Encounter with Tokugawa Japan* の訳）。

――「序章：遙かなる目的地」、『遙かなる目的地　ケンペルと徳川日本の出会い』中直一・小林早百合訳、大阪大学出版会、一九九九年七月、一～二二ページ。
――「『日本誌』を書いたのは誰か」『遙かなる目的地　ケンペルと徳川日本の出会い』中直一・小林早百合訳、大阪大学出版会、一九九九年七月、二三～六四ページ。
――*The Furthest Goal. Engelbert Kaempfer's Encounter with Tokugawa Japan.* With Derek Massarella. Japan Libary, Folkstone 1995.
――『ケンペルと徳川綱吉　ドイツ人医師と将軍との交流』中直一訳、中公新書一一六八、一九九四年一月。
――「ドイツ博物学者ケンペルの見た元禄時代の知恩院」、『知恩』第五六三号、一九九二年三月。
――"The Most Magnificent Monastery and Other Famous Sights: The Japanese Paintings of Engelbert Kaempfer." *Japan Review,* No. 3, 1992, pp. 25-44.
――"Kyoto three hundred years ago." *Nichibunken Newsletter,* No. 9, May 1991, pp. 4-12.
――"Preliminary report on the manuscripts of Engelbert Kaempfer in the British Library." *Japanese Studies : British Library Occasional Papers 11.* Brown, Yu-Ying, ed. London: 1990, pp. 34-36.
――「エンゲルベルト・ケンペル（一六五一～一七一六）」、『ドイツ人の見た元禄時代　ケンペル展』、ドイツ・日本研究所所、一九九〇年一二月、一〇～一九ページ。
――„Warum noch einmal Kaempfer ?" *Lippische Mitteilungen aus Geschichte und Landeskunde,* 57, 1988, pp. 149-167.
――"Kaempfer Restor'd.", *Monumenta Nipponica,* Vol. 43, No. 1, Spring 1988, pp. 1-33.
Bonn, Gerhard. *Engelbert Kaempfer* (*1651-1716*) *Der Reisende und sein Einfluß auf die europäische Bewußtseinsbildung über Asien.* Wien: Peter Lang, 2003.

Claudius, Matthias. *Ein Tropfen aus dem Ozean : Ausgewählte Werke und Briefe.* Albrecht, G., ed. Berlin: Rütten & Loening, 1975.

de Vivero, Rodrigo. *Du Japon et du bon gouvernement de l'Espagne et des Indes.* Juliette Monbeig, trans. & ed. Paris: S. E. V. P. E. N., 1972.

Flaskamp, Franz, „Engelbert Kemper, Persien, Indien und Japan in frühest-deutscher Sicht." *Archiv für Kulturgeschichte,* Bd. 48, Köln: Böhlau Verlag, 1966.

Haberland, Detlef, ed., *Engelbert Kaempfer (1651-1716): Ein Gelehrtenleben zwischen Tradition und Innovation.* Wiesbaden: Harrasowitz 2004.

Hüls, Hans & Hoppe, Hans, eds, *Engelbert Kaempfer zum 330. Geburtstag* (Lippische Studien Band 9). Lemgo: Wagener, 1982.

Kapitza, Peter, *Engelbert Kaempfer und die Europäische Aufklärung.* Munich: Iudicum 2001.

Klocke-Daffa, S.; Scheffler, J.; Wilbertz, G., eds. *Engelbert Kaempfer (1651-1716) und die kulturelle Begegnung zwischen Europa und Asien* (Lippische Studien Band 18). Lemgo: 2003.

Kraft, Eva S., ed. *Andreas Cleyer : Tagebuch des Kontors zu Nagasaki auf der Insel Deshima.* Bonn: Bonner Zeitschrift für Japanologie, 1985.

Meier-Lemgo, Karl, *Geschichte der Stadt Lemgo.* Lemgo: Wagener, 1962.

——*Engelbert Kaempfer (1651-1716) erforscht das seltsame Asien.* Hamburg: Cram, De Gruyter & Co, 1960.

——„Das Stammbuch Engelbert Kaempfers." *Mitteilungen aus der lippischen Geschichte und Landeskunde,* Band 21, Detmold, 1952, pp. 142-200.

——*Hexen, Henker und Tyrannen ; Die letzte blutige Hexenverfolgung in Lemgo 1665-1681*. Lemgo: Wagener, 1949.

——*Engelbert Kämpfer der erste deutsche Forschungsreisende*. Stuttgart: Strecker und Schröder, 1937.

Kunisch, Johannes, *Absolutismus*. UTB für Wissenschaft. Göttingen: Vandenhoeck & Ruprecht, 1986.

Neuhaus, Helmut, ed. *Deutsche Geschichte in Quellen und Dartstellung,* vol. 5: *Zeitalter des Absolutismus 1648-1789*. Stuttgart: Reclam, 1997.

Olearius, Adam, *Die erste deutsche Expedition nach Persien* (*1635-1639*), von Staden, Hermann, ed. Leipzig,: F. A. Brockhaus, 1927.

Van der Velde, Paul & Bachofner, Rudolf. eds. & trans. *The Deshima Diaries : Marginalia 1700-1740*. Tokyo: The Japan-Netherlands Institute, 1992.

Varenius, Bernhardus, *Beschreibung des Japanischen Reiches*. Amsterdam, 1649. Volkmann, Ernst Christian, trans. Darmstadt: Wissenschaftliche Buchgesellschaft, 1974.

Vialle, Cynthia & Blussé, Leonard, eds. & trans., *The Deshima Dagregisters*. Volume 11 (1641-1650). Intercontinenta No. 23. Leiden, 2001.

Wilbertz, G., Scheffler, J., eds. *Biographieforschung und Stadtgeschichte,* Bielefeld: Verlag für Regionalgeschichte, 2000.

Wilbertz, Gisela, „Engelbert Kaempfer (1651-1716) und seine Familie. Neue Erkenntnisse aus der genealogischen Forschung." In: *Heimatland Lippe,* 97. Jg., Dez. 2004.

——*„... es ist kein Erretter da gewesen ...“*, Evangelisch-lutherische Kirchengemeinde St. Nicolai, Lemgo: 1999.

訳者あとがき

ケンペルの生地レムゴはあまり大きな町ではない。私は二〇〇四年にこの町を訪問したが、町のはずれにあるレムゴ駅から町の中心地にある教会（ここでケンペルの父が主任牧師をしていた）まで、ほんの十分か十五分くらいであったと記憶している。わずか一泊二日の滞在であったが、少年時代のケンペルが歩いた道を、私もたどってみた。ケンペルが通ったラテン語学校も、教会のすぐ近くにある。私が宿泊したホテルのすぐ前が、今日では魔女博物館となっている「魔女狩り市長の館」であった。

この小さな町には、医師ケンペルの遺徳を偲んで、多くの日本人医学関係者が訪問し、それどころかケンペルを顕彰したものがいくつか寄贈されている。町の中にあるギムナージウム（高等学校）は、その名も「ケンペル高等学校」と言うが、その中庭には日本式の小さな石灯籠がある。また庭に植えられた樹木は、日本から移植された桜である。町はずれには小さな公園があるが、そこには水原秋桜子の句「花と咲く元禄の世の見聞記」を彫り込んだ句碑が立てられている。ここでの「見聞記」とは、もちろんケンペルの『日本誌』を指す。この句碑の横には、かつてその意味をドイツ語で記した案内板が立てられていたという。ところが、俳句という短い形式の詩文をドイツ語に訳すのは至難の業で

「花と咲く元禄の世の見聞記」の句碑（訳者撮影）

ある。立てられた案内板と、句碑の日本語を見て、「このドイツ語訳はおかしい」とか、あるいは「これで正しい」等、若干の議論が起こったようである。その後、激しい嵐でこの案内板が吹き飛ばされることがあったが、それ以降あらたな案内板が立てられることもなく、秋桜子の句碑はひっそりと日本語の読める見物人を待っている。

江戸時代に来日した西洋人と言えば、なんと言ってもシーボルトが有名であるが、シーボルトが来日したのは江戸もかなり後期の一八二三年、十一代将軍徳川家斉のころである。またシーボルトほど有名ではないが、ツュンベリー（ツンベルク）も忘れてはならない人物で、江戸時代中期の一七七五年に来日した。第十代将軍徳川家治の時代である。シーボルトとツュンベリー、そしてケンペルの三人を「出島三学者」と呼ぶことがある。出島に来た「オランダ人」の中にあって、この三人は学者としての探求心をもって来日した（ただし、シーボルトとケンペルはドイツ人で、ツュンベリーはスウェーデン人であったが）。

ひとくちに「江戸時代」といっても二六〇年の長きにわたる。当然のことながら、外国文化・異文化に対する日本人の受け入れ態勢も一様ではない。シーボルトやツュンベリーが来日した時代には、もう日本で「蘭学」が成立し、多くの日本人蘭学者が、シーボルトやツュンベリーのもとを訪問している。シーボルトもツュンベリーも、こうした日本人から多くの日本情報を入手している。つまり二人には通詞のほかに蘭学者という情報源があった。

これに対し、ケンペルが来日した元禄時代にはまだ「蘭学」と呼ばれるものは成立していなかった。その情報源は、非常に限られていた。本書で著者ボダルト＝ベイリー氏が指摘しておられるように、ケンペルは弟子の青年（今村源右衛門）に、オランダ語の文法を教えた、と述べている。これは、一見するとなんと言うこともないような情報に見えるが、実は当時としては画期的なことであった。蘭学成立以前の日本では、通詞はいわば「体当たり」でオランダ語を習得した。オランダ語文法を学ぶのではなく、直接オランダ人と接する体験の中から、オランダ語を体得しようとした。そもそも、日本語や漢文とは異なる「文法」があるという意識が稀薄であったようである。そのような時代に、ケンペルは青年にオランダ語の文法を教え、彼から多くの日本情報を得た。

著者ボダルト＝ベイリー氏から『ケンペル』の翻訳をするように、との依頼を受けたのは、私がドイツに滞在していた二〇〇四年のことである。そして送られてきたのが、本書第七章のドイツ語原稿である。ドイツに滞在している期間、私は順調に翻訳をこなした。だが帰国して大学の校務に復帰すると、学外・学内の用事が山積し、翻訳のスピードはがくんと落ちた。二〇〇六年末には一応すべての章の訳稿が完成したが、そのあとの練り直しに二年半かかってしまったことになる。その間、原文についての疑問点・不明点はすべて原著者ボダルト＝ベイリー氏に質問し、また完成した訳稿は何度も同氏のチェックを受けた。うるさいばかりに質問のメールを送りつけた私に、忍耐強く回答して下さったボダルト＝ベイリー氏には、お礼の言葉もないくらいである。

本書は右に記したように、ドイツ語で出版された刊行物からの日本語訳ではない。ボダルト＝ベイリー氏のドイツ語原稿から直接翻訳したものである。訳者は一九九四年に、同じボダルト＝ベイリー氏の『ケンペルと徳川綱吉』を翻訳したが、その時も、ドイツ語原稿から直接翻訳した。ボダルト＝ベイリー氏のケンペル研究は非常に貴重なものである。それだけに本書の底本となったドイツ語原稿の印刷・刊行が待たれる。ボダルト＝ベイリー氏はまた、ロンドンの大英図書館に現存するケンペルの自筆原稿を英訳し、出版しておられる。こうしたボダルト＝ベイリー氏の旺盛な出版活動により、ケンペルの活動が今後ますます解明されてゆくことになるものと期待される次第である。

二〇〇九年七月

中　直一

ケンペル略年譜

〔 〕内の月日等は、旧暦の日付を表す。それ以外は新暦（グレゴリオ暦）の日付を表す。

和暦	西暦	齢	関係事項	一般事項
慶安 四	一六五一	0	9・16エンゲルベルト・ケンペルがレムゴにて、ヨハネス・ケンパーとクリスティーネ・ドレッパーの三男として生まれる。	徳川家光没し、徳川家綱が四代将軍となる。〔7月〕由比正雪の乱おこる。
明暦二？	一六五六？		母クリスティーネ・ドレッパー死去。	
三	一六五七	6	父ヨハネス・ケンパーがアーデルハイト・ペッペルマンと再婚。	
寛文 五	一六六五	14	レムゴのラテン語学校に、「エンゲルベルトゥス・ケンパー」（Engelbertus Kemper）の名前で学籍登録する。兄の卒業論文に多幸を祈る言葉を寄せる。	
六	一六六六	15	義理の叔父アンドレアス・コッホ次席牧師が魔女裁判で告発され処刑される。	
七	一六六七	16	義理の叔父ベルンハルト・グラッベが魔女裁判で告発され処刑される。ハーメルンのラテン語学校に転	

			校。オランダに旅行（〜一六六八）。	
八	一六六八	17	リューネブルクの高等学校に通う（〜一六七〇）。	
九	一六六九	18		4・1江戸城でオランダ人一行が四代将軍家綱への拝謁を待っている時、不意に綱吉がオランダ人見物に現われる（ダニエル・シックスの日記による）。
一〇	一六七〇	19	リューベックの高等学校に通う（〜一六七二）。	
一二	一六七二	21	ダンツィヒの高等学校に通う（〜一六七三）。	
延宝元	一六七三	22	**6月**ダンツィヒの高等学校に修了論文を提出、印刷。修了論文に寄せられた寄せ書きは、ケンペルを闘い（Kampf）へと激励するものであった。この論文には「エンゲルベルトゥス・ケンプファー」（Engelbertus Kämpfer）との名前が記されている。トールンの高等学校に通う（〜一六七四）。	
二	一六七四	23	クラカウ大学に学ぶ（〜一六七六）。	
三	一六七五	24	父が牧師の職を退き、レムゴを去ってリーメに家屋を購入。	
四	一六七六	25	クラカウを出発し、ワルシャワ、トールン、ダンツィヒを経てケーニヒスベルクに至る旅行をなす（〜	

			一六七七)。	
五	一六七七	26	5・13ケーニヒスベルク大学に学籍登録。	
八	一六八〇	29	父の七十歳の誕生日を祝うため、ケーニヒスベルクを出発してリーメに帰省。父との最後の面会となる。	家綱没し、徳川綱吉が五代将軍となる。〔閏8月〕一連の「生類憐みの令」のうち最初のものが発布される。これは馬の筋を切ることを禁止した法令である。
天和　元	一六八一	30	8月スウェーデンに旅行。ウプサラでオロフ・ルドベックと会う。	
二	一六八二	31	8月父が死去。ケンペルはストックホルムに。	〔2・28〕江戸城における将軍に対するオランダ人の拝謁に際し、はじめて非公式の謁見も併せて行われる。
三	一六八三	32	3・20スウェーデン王がペルシャ王に対して派遣した使節団の秘書としてストックホルムを出発。7・7〜9・5モスクワに滞在。7・11イヴァン、ピョートルの両皇帝に拝謁。9・5〜11・1モスクワ川、オカ川、ヴォルガ川を航行してアストラハンに至る。11・12〜22カスピ海を航行。	
貞享　元	一六八四	33	1・6〜9馬に乗りバクーおよびアプシャロン半島	

二	一六八五	34	に行く。3・29イスファハンに到着。12・15オランダ東インド会社付き外科医に採用される。11・21イスファハンを出発し、バンダル・アッバースに向かう。12・2~4ペルセポリスの古代遺跡とその周辺を調査。12・5~8シーラズとその周辺を調査。12・29バンダル・アッバースに到着する。	
三	一六八六	35	7~8月山岳地帯で療養休暇をとる。	〔7月〕犬に十分餌を与えるべきことを定めた最初の法令が発布される。
四	一六八七	36	**夏**、ナツメヤシ収穫のための旅行をする。	
元禄元	一六八八	37	6・30バンダル・アッバースを出発。8・8~9・1インドのツチコリンに滞在。9月~10月コロマンデル沿岸およびセイロン（今日のスリランカ）周辺を航行。11月~翌年6月コーチンおよびクイロンに滞在。	〔11月〕綱吉、忍岡の孔子廟に詣でる。
二	一六八九	38	8月ジャワに到着。バタヴィアのほかオンルスト島、エダム島に滞在。	松尾芭蕉『奥の細道』
三	一六九〇	39	5・5ワールストローム号に乗船し、バタヴィアを出発。6・6シャム（今日のタイ）に到着。7・7メナム川を航行し、当時の首都アユタヤを訪問した	

			後、船に戻る。9・24ワールストローム号、長崎湾に到着。9・25ケンペルは初めて日本の土地に足を踏み入れる。しかしこの日は船に戻る。9・26出島の住居に入る。	
四	一六九一	40	2・13第一回江戸参府に出発。3・13江戸に到着。3・29将軍綱吉に拝謁する。4・5江戸を出発。5・7長崎に戻る。	〔8月〕熊沢蕃山没す。
五	一六九二	41	3・2第二回江戸参府に出発。3・31江戸に到着。4・21将軍綱吉に拝謁。4・24「別れ」の拝謁。4・27江戸を出発。5・21長崎に戻る。10・29パンプス号に乗船。10・31パンプス号はケンペルをのせて長崎港を出港。12・8バタヴィアに到着。	〔2月〕綱吉、大成殿にて論語を講じる。楢林鎮山、通詞職を嫡子に譲り、外科を開く。井原西鶴『世間胸算用』
六	一六九三	42	2・9バタヴィアを出発し、オランダに向かう。5月中旬～6月中旬アフリカの喜望峰に滞在。10・4オランダに到着する。11・21ライデン大学に学籍登録をする。11・24ライデン大学医学部において、ケンペルに対する第一回試験が行われる。	〔8月〕西鶴没す。
七	一六九四	43	年初国外の医学事情観察についての博士論文が印刷される。4・22医学博士号が授与される。8月レムゴ近郊のリーメに戻る。10・5義母からリーメの屋	〔10月〕芭蕉没す。

八	一六九五	44	敷を買い取る。	〔5月〕大久保忠朝「犬小屋支配」となる。犬を飼育する目的でもうけられた「犬小屋」を管理するための公職である。〔8月〕荻原重秀の指導のもとに、貨幣改鋳が行われる。
九	一六九六	45		本木良意『和蘭全軀内外分合図』成稿。
一〇	一六九七	46		今村源右衛門が年番小通詞に昇任する。
一一	一六九八	47	リッペ伯フリードリヒ・アドルフの侍医に任命される。	今村源右衛門が通詞職としては初めて江戸参府に同行する。
一三	一七〇〇	49	11・18マリア・ゾフィア・ヴィルシュタハと結婚。	〔12月〕水戸光圀没す。
一五	一七〇二	51	4・21長女が生まれる。	〔12月〕赤穂浪士、吉良邸に討ち入る。
一六	一七〇三	52	兄ヨハンが死去。	〔11・23〕元禄地震
宝永元	一七〇四	53	フランクフルトのムゼオルム博物館のM・B・ヴァレンティーニ出版から「龍血」（スピオニシマ・モノプラストスという樹木の果実の汁）についての論	

			文が出版される。	
二	一七〇五	54	2・22長女が死去。	
三	一七〇六	55	兄ヨアヒムが死去。	楢林鎮山『紅夷外科宗伝』
四	一七〇七	56	7・3次女が洗礼を受ける。	〔11・23〕富士山の宝永噴火。今村源右衛門が大通詞となる。
五	一七〇八	57	8月初旬デトモルト宮でゴットフリート・ヴィルヘルム・ライプニッツと面会。	〔8月〕シドッチ、屋久島に来る。今村源右衛門が、長崎に送致されたシドッチの尋問をなす。
六	一七〇九	58		〔1月〕徳川綱吉没す。徳川家宣が六代将軍となる。〔11月〕新井白石、シドッチを尋問する。通訳は今村源右衛門。
七	一七一〇	59	6・14長男が誕生する。	
正徳二	一七一二	61	レムゴにて『廻国奇観』が出版される。	家宣没し、徳川家継が七代将軍となる。西川如見『天文義論』
四	一七一四	63	12・23次女の葬儀が行われる。	
五	一七一五	64	1・6長男の葬儀が行われる。	
享保元	一七一六	65	2・3ケンペルは遺書を書き、甥のヨハン・ヘルマンを主たる遺産相続人に定める。3・27離婚を認可するよう、リッペ伯に願い出を行う。11・2ケンペ	家継没し、徳川吉宗が八代将軍となる。

五	一七二〇	ルが死去する。	西川如見『日本水土考』
八	一七二三	ケンペルの甥ヨハン・ヘルマン・ケンペルが日本論の原稿をイギリスに売却する。	
一〇	一七二五		吉宗のもとで、今村源右衛門が御用方となる。
一一	一七二六	ジョナサン・スウィフトが『ガリバー旅行記』を出版。	
一二	一七二七	ヨハン・ガスパール・ショイヒツァー訳の英訳版『日本誌』（The History of Japan）がロンドンで出版される。	
一四	一七二九	『日本誌』の最初のオランダ語訳 De Beschryving van Japan が出版される。『日本誌』の最初のフランス語訳 Histoire naturelle, civile, et ecclésiastique de l'Empire du Japon が出版される。	
元文 元	一七三六	ピエール・ド・シャルルヴォアの『総説日本史』が出版される。	今村源右衛門没す。
四	一七三九	ダルジャンソン侯爵の『中国人の手紙』が出版される。	
延享 二	一七四五		吉宗、将軍職を家重に譲る。

四	一七四七	『日本誌』の要約を付録として含むジャン＝バプティスト・デュ・アルドの『中国誌』が出版される（下巻は一七四九年出版）。	
宝暦 元	一七五一		吉宗没す。田沼意次が御用御取次となる。
三	一七五三	ロンドンの大英博物館が完成する。	
六	一七五六	ヴォルテールの『習俗論』が出版される。	
一〇	一七六〇		徳川家治、十代将軍となる。
一一	一七六一		家重没す。
安永 元	一七七二		田沼意次、老中となる。
二	一七七三	レムゴでケンペルの日本論の原稿が姪の遺品の中から発見される。	江戸で天然痘が流行し、十九万人余が死亡。
三	一七七四		『解体新書』刊行される。
六	一七七七	クリスティアン・ヴィルヘルム・ドーム編集による『日本誌』が出版される（下巻は一七七九年出版）。 ゴットホルト・エフライム・レッシングをめぐる神学資料論争が起こる。	

大川周明　山内昌之
西田直二郎　林　淳
*折口信夫　斎藤英喜
シュタイン　瀧井一博
*西　周　清水多吉
*福澤諭吉　平山　洋
成島柳北　山田俊治
福地桜痴　山田俊治
*村山龍平　早房長治
島田三郎　武藤秀太郎
田口卯吉　鈴木栄樹
*陸　羯南　松田宏一郎
黒岩涙香　奥　武則
長谷川如是閑　織田健志
*吉野作造　田澤晴子
山川　均　米原　謙
*岩波茂雄　十重田裕一
*北　一輝　岡本幸治
*穂積重遠　大村敦志
中野正剛　吉田則昭
*満川亀太郎　福家崇洋
*エドモンド・モレル　林田治男
*北里柴三郎　福田眞人
高峰譲吉　木村昌人
田辺朔郎　秋元せき
*南方熊楠　飯倉照平
石原　純　金子　務
*辰野金吾　河上眞理・清水重敦
*七代目小川治兵衛　尼崎博正

本多静六　岡本貴久子
ブルーノ・タウト　北村昌史

現代

昭和天皇　御厨　貴
高松宮宣仁親王　後藤致人
*李方子　小田部雄次
吉田　茂　中西　寛
マッカーサー　柴山　太
鳩山一郎　楠　綾子
*石橋湛山　増田　弘
重光　葵　武田知己
市川房枝　村井良太
*池田勇人　藤井信幸
高野　実　篠田　徹
和田博雄　庄司俊作
朴正熙　木村　幹
*田中角栄　新川敏光
宮沢喜一　村上友章
竹下　登　真渕　勝
*松永安左エ門　橘川武郎
鮎川義介　井口治夫
*出光佐三　橘川武郎
*松下幸之助　米倉誠一郎
渋沢敬三　井上　潤
*本田宗一郎　伊丹敬之
*井深　大　武田　徹
*佐治敬三　小玉　武

幸田家の人々　金井景子
*正宗白鳥　大嶋　仁
*大佛次郎　福島行一
*川端康成　大久保喬樹
*薩摩治郎八　小林　茂
坂口安吾　千葉一幹
太宰　治　安藤　宏
松本清張　杉原志啓
安部公房　鳥羽耕史
*三島由紀夫　島内景二
井上ひさし　成田龍一
R・H・ブライス　菅原克也
柳　宗悦　熊倉功夫
バーナード・リーチ　鈴木禎宏
熊谷守一　古川秀昭
川端龍子　岡部昌幸
藤田嗣治　林　洋子
*井上有一　海上雅臣
*手塚治虫　竹内オサム
古賀政男　藍川由美
*吉田　正　金子　勇
武満　徹　船山　隆
*八代目坂東三津五郎　田口章子
*力道山　岡村正史
*西田天香　宮田昌明
安倍能成　中根隆行
サンソム夫妻　平川祐弘・牧野陽子
*天野貞祐　貝塚茂樹

和辻哲郎　小坂国継
矢代幸雄　稲賀繁美
石田幹之助　岡本さえ
*平泉　澄　若井敏明
*早川孝太郎　須藤　功
安岡正篤　片山杜秀
青山二郎　田野　勲
島田謹二　小林信行
田中美知太郎　川久保剛
前嶋信次　杉田英明
*唐木順三　澤村修治
亀井勝一郎　山本直人
知里真志保　北原治郎太
*保田與重郎　谷崎昭男
石母田正　磯前順一
*福田恆存　川久保剛
井筒俊彦　安藤礼二
佐々木惣一　伊藤孝夫
小泉信三　都倉武之
*瀧川幸辰　伊藤孝夫
式場隆三郎　服部　正
大宅壮一　有馬　学
清水幾太郎　庄司武史
*フランク・ロイド・ライト　大久保美春
*中谷宇吉郎　杉山滋郎
今西錦司　山極寿一

*は既刊
二〇一九年六月現在

*西郷隆盛　家近良樹
*由利公正　角鹿尚計
*塚本明毅　塚本学
*月性　海原徹
*吉田松陰　海原徹
*高杉晋作　海原徹
*久坂玄瑞　一坂太郎
ペリー　遠藤泰生
ハリス　福岡万里子
オールコック　佐野真由子
アーネスト・サトウ　奈良岡聰智

近代

*明治天皇　伊藤之雄
*大正天皇　F・R・ディキンソン
*昭憲皇太后・貞明皇后　小田部雄次
大久保利通　三谷太一郎
山県有朋　鳥海靖
木戸孝允　落合弘樹
井上馨　伊藤之雄
*松方正義　室山義正
北垣国道　小林丈広
板垣退助　小川原正道
長与専斎　笠原英彦
大隈重信　五百旗頭薫
伊藤博文　坂本一登
井上毅　大石眞
*井上勝　老川慶喜

*桂太郎　小林道彦
*渡邉洪基　瀧井一博
*乃木希典　佐々木英昭
星亨　小林道彦
林董　奈良岡聰智
*児玉源太郎　小林道彦
*高宗・閔妃　木村幹
山本権兵衛　室山義正
*金子堅太郎　松村正義
高橋是清　鈴木俊夫
小村寿太郎　簑原俊洋
*犬養毅　小林惟司
原敬　季武嘉也
*加藤高明　櫻井良樹
牧野伸顕　小宮一夫
田中義一　黒沢文貴
内田康哉　高橋勝浩
平沼騏一郎　堀田慎一郎
*鈴木貫太郎　小堀桂一郎
宇垣一成　北岡伸一
*宮崎滔天　榎本泰子
*浜口雄幸　川田稔
幣原喜重郎　西田敏宏
関一　玉井金五
水野広徳　片山慶隆
広田弘毅　井上寿一
安重根　上垣外憲一
*グルー　廣部泉
*永田鉄山　森靖夫
東條英機　牛村圭
今村均　前田雅之

蒋介石　劉岸偉
石原莞爾　山室信一
近衛文麿　庄司潤一郎
*岩崎弥太郎　武田晴人
伊藤忠兵衛　末永國紀
五代友厚　田付茉莉子
大倉喜八郎　村上勝彦
*安田善次郎　由井常彦
渋沢栄一　武田晴人
中野武営　佐賀香織
益田孝　鈴木邦夫
山辺丈夫　宮本又郎
武藤山治　阿部武司・桑原哲也
池田成彬　松浦正孝
西原亀三　森川正則
小林一三　橋爪紳也
大倉恒吉　石川健次郎
大原孫三郎　猪木武徳
*河竹黙阿弥　今尾哲也
イザベラ・バード　加納孝代
*林忠正　木々康子
*森鷗外　小堀桂一郎
*二葉亭四迷　ヨコタ村上孝之
*夏目漱石　佐々木英昭
徳富蘆花　半藤英明
巌谷小波　千葉信胤
樋口一葉　佐伯順子
*島崎藤村　十川信介
泉鏡花　東郷克美
上田敏　小林茂

*有島武郎　亀井俊介
北原白秋　平石典子
菊池寛　山本芳明
芥川龍之介　高橋龍夫
*宮沢賢治　千葉一幹
高浜虚子　坪内稔典
与謝野晶子　佐伯順子
*種田山頭火　村上護
*斎藤茂吉　品田悦一
*高村光太郎　湯原かの子
石川啄木　先崎彰容
萩原朔太郎　エリス俊子・栗原飛宇馬
*原阿佐緒　秋山佐和子
*狩野芳崖・高橋由一　古田亮
川村清雄　落合則子
*小堀鞆音　小堀桂一郎
竹内栖鳳　北澤憲昭
黒田清輝　高階秀爾
中村不折　石川九楊
横山大観　高階秀爾
*橋本関雪　西原大輔
小出楢重　芳賀徹
土田麦僊　天野一夫
岸田劉生　北澤憲昭
濱田庄司　濱田琢司
*山田耕筰　後藤暢子
松旭斎天勝　川添裕
中山みき　鎌田東二
佐田介石　谷川穣
*ニコライ　中村健之介

*出口なお・王仁三郎　川村邦光
*新島襄　太田雄三
新島八重　佐伯順子
木下広次　冨岡勝
海老名弾正　西田毅
嘉納治五郎　クリストファー・スピルマン
柏木義円　片野真佐子
津田梅子　田中智子
*澤柳政太郎　新田義之
河口慧海　高山龍三
山室軍平　室田保夫
大谷光瑞　白須淨眞
*久米邦武　髙田誠二
フェノロサ　伊藤豊
井上哲次郎　井ノ口哲也
三宅雪嶺　長妻三佐雄
*岡倉天心　木下長宏
志賀重昂　中野目徹
徳富蘇峰　杉原志啓
*竹越与三郎　西田毅
内藤湖南・桑原隲蔵　礪波護
*廣池千九郎　橋本富太郎
岩村透　今橋映子
*西田幾多郎　大橋良介
*金沢庄三郎　石川遼子
柳田国男　鶴見太郎
厨川白村　張競
*村岡典嗣　水野雄司

＊護良親王　新井孝重
＊懐良親王　森　茂暁
＊赤松氏五代　渡邊大門
＊北畠親房　岡野友彦
楠正成　兵藤裕己
楠木正行・正儀　生駒孝臣
＊新田義貞　山本隆志
＊光厳天皇　深津睦夫
足利尊氏　市沢　哲
＊足利直義　亀田俊和
佐々木道誉　下坂　守
細川頼之　亀田俊和
円観・文観　田中貴子
足利義詮　早島大祐
足利義満　川嶋將生
＊足利義持　吉田賢司
足利義政　木下昌規
＊大内義弘　平瀬直樹
伏見宮貞成親王　松薗　斉
＊山名宗全　山本隆志
細川勝元・政元　古野　貢
畠山義就　呉座勇一
足利成氏　阿部能久
世阿弥　西野春雄
雪舟等楊　河合正朝
宗祇　鶴崎裕雄
＊満済　森　茂暁
一休宗純　原田正俊
蓮如　岡村喜史

戦国・織豊

北条早雲　家永遵嗣
＊北条氏政　黒田基樹
大内義隆　藤井　崇
斎藤氏三代　木下　聡
＊毛利元就　岸田裕之
＊毛利輝元　光成準治
＊小早川隆景・秀秋　光成準治
＊六角定頼　村井祐樹
＊今川義元　小和田哲男
＊武田信玄　笹本正治
＊武田勝頼　笹本正治
＊真田氏三代　笹本正治
＊三好長慶　天野忠幸
＊松永久秀　天野忠幸
＊宇喜多直家・秀家　渡邊大門
＊上杉謙信　矢田俊文
大友宗麟　鹿毛敏夫
島津義久・義弘　福島金治
＊長宗我部元親・盛親　平井上総
浅井長政　長谷川裕子
吉田兼倶　西山　克
山科言継　松薗　斉
＊雪村周継　赤澤英二
正親町天皇・後陽成天皇　神田裕理
足利義輝・義昭　山田康弘
織田信長　三鬼清一郎
織田長益　八尾嘉男
＊明智光秀・秀満　小和田哲男
豊臣秀吉　藤井讓治
豊臣秀次　矢部健太郎
＊北政所おね　田端泰子
＊淀殿　福田千鶴
蜂須賀正勝・家政　三宅正浩
前田利家　東四柳史明
山内一豊・忠義　長屋隆幸
＊黒田如水　小和田哲男
＊蒲生氏郷　藤田達生
石田三成　堀越祐一
＊細川ガラシャ　田端泰子
＊支倉常長　田中英道
千利休　熊倉功夫
＊長谷川等伯　宮島新一
顕如　神田千里
教如　安藤　弥

江戸

＊徳川家康　笠谷和比古
本多忠勝　柴　裕之
＊徳川家光　野村　玄
徳川吉宗　横田冬彦
＊後水尾天皇　久保貴子
＊後桜町天皇　所　京子
＊光格天皇　藤田　覚
崇伝　杣田善雄
＊春日局　福田千鶴
宮本武蔵　渡邊大門
＊池田光政　倉地克直
保科正之　八木清治
シャクシャイン　岩崎奈緒子
＊田沼意次　藤田　覚
細川重賢　安高啓明
＊二宮尊徳　小林惟司
末次平蔵　岡　美穂子
＊高田屋嘉兵衛　生田美智子
＊林羅山　鈴木健一
吉野太夫　渡辺憲司
熊沢蕃山　川口　浩
＊山崎闇斎　澤井啓一
山鹿素行　前田　勉
＊北村季吟　島内景二
伊藤仁斎　澤井啓一
貝原益軒　辻本雅史
＊ケンペル　B・M・ボダルト＝ベイリー
新井白石　大川　真
荻生徂徠　柴田　純
＊雨森芳洲　上田正昭
石田梅岩　高野秀晴
白隠慧鶴　芳澤勝弘
前野良沢　松田　清
平賀源内　石上　敏
本居宣長　田尻祐一郎
杉田玄白　吉田　忠
木村蒹葭堂　有坂道子
＊大田南畝　沓掛良彦
菅江真澄　赤坂憲雄
＊鶴屋南北　諏訪春雄
良寛　阿部龍一
＊山東京伝　佐藤至子
＊滝沢馬琴　高田　衛
平田篤胤　山下久夫
国友一貫斎　太田浩司
シーボルト　宮坂正英
本阿弥光悦　岡　佳子
小堀遠州　中村利則
狩野探幽・山雪　山下善也
尾形光琳・乾山　河野元昭
＊二代目市川團十郎　田口章子
伊藤若冲　狩野博幸
浦上玉堂　高橋博巳
＊佐竹曙山　成瀬不二雄
葛飾北斎　岸　文和
酒井抱一　玉蟲敏子
孝明天皇　青山忠正
＊和宮　辻ミチ子
徳川慶喜　大庭邦彦
島津斉彬　原口　泉
横井小楠　沖田行司
＊古賀謹一郎　小野寺龍太
＊永井尚志　高村直助
＊岩瀬忠震　小野寺龍太
＊栗本鋤雲　小野寺龍太
大村益次郎　竹本知行
河井継之助　小川和也

ミネルヴァ日本評伝選

企画推薦
梅原猛
ドナルド・キーン
佐伯彰一
角田文衞

監修委員
上横手雅敬
芳賀徹

編集委員
石川九楊
伊藤之雄
猪木武徳
今谷明
今橋映子
熊倉功夫
佐伯順子
坂本多加雄
武田佐知子
竹西寛子
西口順子
兵藤裕己
御厨貴

上代

*俾弥呼　古田武彦
日本武尊　西宮秀紀
*仁徳天皇　若井敏明
雄略天皇　吉村武彦
継体天皇　若井敏明
*蘇我氏四代　遠山美都男
推古天皇　義江明子
聖徳太子　仁藤敦史
斉明天皇　武田佐知子
*小野妹子・毛人・毛野　大橋信弥
*額田王　梶川信行
弘文天皇　遠山美都男
天武天皇　新川登亀男
持統天皇　丸山裕美子
阿倍比羅夫　熊田亮介
*藤原四子　木本好信
*柿本人麿　古橋信孝
*元明天皇・元正天皇　渡部育子
聖武天皇　本郷真紹
光明皇后　寺崎保広
*孝謙・称徳天皇　勝浦令子
藤原不比等　荒木敏夫
橘諸兄・奈良麻呂　遠山美都男
吉備真備　今津勝紀
*藤原仲麻呂　木本好信
道鏡　吉川真司
*藤原種継　木本好信
*行基　吉田靖雄

平安

*桓武天皇　井上満郎
嵯峨天皇　西別府元日
宇多天皇　古藤真平
醍醐天皇　石上英一
村上天皇　京樂真帆子
花山天皇　上島享
*三条天皇　倉本一宏
藤原薬子　中野渡俊治
*藤原良房・基経　瀧浪貞子
*紀貫之　神田龍身
源高明　所功
*安倍晴明　斎藤英喜
*藤原道長　朧谷寿
*藤原伊周・隆家　倉本一宏
藤原定子　山本淳子
*藤原彰子　朧谷寿
清少納言　三田村雅子
和泉式部　ツベタナ・クリステワ
大江匡房　小峯和明
*阿弖流為　樋口知志
坂上田村麻呂　熊谷公男
*源満仲・頼光　元木泰雄
平将門　西山良平
藤原純友　寺内浩
最澄　吉田一彦
円珍　岡野浩二
*空也　石井義長
奝然　上川通夫
*源信　小原仁
慶滋保胤　吉原浩人
*後白河天皇　美川圭
*式子内親王　奥野陽子
建礼門院　生形貴重
*藤原秀衡　入間田宣夫
平時子・時忠　元木泰雄
平維盛　根井浄
守覚法親王　阿部泰郎
藤原隆信・信実　山本陽子

鎌倉

源頼朝　川合康
*源義経　近藤好和
源実朝　神田龍身
*九条兼実　加納重文
九条道家　上横手雅敬
北条時政　野口実
熊谷直実　佐伯真一
*北条政子　関幸彦
*北条義時　岡田清一
曾我十郎・五郎　杉橋隆夫
北条時頼　山本隆志
北条時宗　近藤成一
平頼綱　細川重男
竹崎季長　堀本一繁
西行　光田和伸
鴨長明　浅見和彦
藤原定家　赤瀬信吾
*京極為兼　今谷明
*兼好　島内裕子
重源　横内裕人
*運慶　根立研介
快慶　井上一稔
法然　今堀太逸
栄西　中尾良信
明恵　西山厚
*親鸞　末木文美士
恵信尼・覚信尼　西口順子
覚如　今井雅晴
*道元　船岡誠
叡尊　細川涼一
*忍性　松尾剛次
*日蓮　佐藤弘夫
一遍　蒲池勢至
夢窓疎石　原田正俊
*宗峰妙超　竹貫元勝

南北朝・室町

後醍醐天皇　上横手雅敬

刊行のことば

歴史を動かすものは人間であり、興趣に富んだ人間の動きを通じて、世の移り変わりを考えるのは、歴史に接する醍醐味である。

しかし過去の歴史学を顧みるとき、人間不在という批判さえ見られたように、歴史における人間のすがたが、必ずしも十分に描かれてきたとはいえない。二十一世紀を迎えた今、歴史の中の人物像を蘇生させようとの要請はいよいよ強く、またそのための条件もしだいに熟してきている。

この「ミネルヴァ日本評伝選」は、正確な史実に基づいて書かれるのはいうまでもないが、単に経歴の羅列にとどまらず、歴史を動かしてきたすぐれた個性をいきいきとよみがえらせたいと考える。そのためには、対象とした人物とじっくりと対話し、ときにはきびしく対決していくことも必要になるだろう。

今日の歴史学が直面している困難の一つに、研究の過度の細分化、瑣末化が挙げられる。それは緻密さを求めるが故に陥った弊害といえるが、その結果として、歴史の大きな見通しが失われ、歴史学を通しての社会への働きかけの途が閉ざされ、人々の歴史への関心を弱める危険性がある。今こそ歴史が何のためにあるのかという、基本的な課題に応える必要があろう。評伝という興味ある方法を通じて、解決の手がかりを見出せないだろうかというのも、この企画の一つのねらいである。

狭義の歴史学の研究者だけでなく、多くの分野ですぐれた業績をあげている著者たちを迎えて、従来見られなかった規模の大きな人物史の叢書として、「ミネルヴァ日本評伝選」の刊行を開始したい。

平成十五年（二〇〇三）九月

ミネルヴァ書房

《著者紹介》

B. M. ボダルト＝ベイリー（Beatrice M. Bodart-Bailey）

1942年　ドイツ生まれ。
1980年　オーストラリア国立大学 PhD（文学博士）。
1999～2015年　大妻女子大学比較文化学部教授。
現　在　大妻女子大学名誉教授，オーストラリア国立大学客員教授。
著　書　*The Dog Shogun : The Personality and Policies of Tokugawa Tsunayoshi*（Hawaii University Press, 2006／『犬将軍――綱吉は名君か暴君か』早川朝子訳，柏書房，2015年），*Kaempfer's Japan : Tokugawa Culture Observed*（Hawaii University Press, 1999），*The Furthest Goal. Engelbert Kaempfer's Encounter with Tokugawa Japan*（共編 D. Massarella, Japan Library, 1995／『遙かなる目的地　ケンペルと徳川日本の出会い』中直一・小林早百合訳，大阪大学出版会，1999年），『ケンペルと徳川綱吉』（中直一訳，中央公論社，1994年）などがある。

《訳者紹介》

中直一（なか・なおいち）

1954年　生まれ。
1980年　東京大学大学院人文科学研究科比較文学比較文化専攻博士前期課程修了。
現　在　大阪大学大学院言語文化研究科教授。
共　著　『ケンペルのみた日本』（日本放送出版協会，1996年），『言語文化学概論』（大阪大学出版会，1997年）などがある。
訳　書　クニッゲ『人間交際術』（共訳，講談社，1993年），ボダルト＝ベイリー『ケンペルと徳川綱吉』（中央公論社，1994年）などがある。

ミネルヴァ日本評伝選

ケ　ン　ペ　ル

――礼節の国に来たりて――

2009年9月10日　初版第1刷発行　〈検印省略〉
2019年6月10日　初版第2刷発行

定価はカバーに
表示しています

著　者　B·M·ボダルト＝ベイリー
訳　者　中　直　一
発行者　杉　田　啓　三
印刷者　江　戸　孝　典

発行所　株式会社　ミネルヴァ書房

607-8494 京都市山科区日ノ岡堤谷町1
電話（075）581-5191（代表）
振替口座 01020-0-8076番

ISBN978-4-623-05560-9

Printed in Japan

人名索引

あ　行

アウグストゥス　158
青木興勝　ii, 140
アマーリア　→ケンペル，アマーリア
アマーリア・フロレンティーネ　→ケンペル，アマーリア・フロレンティーネ
アンナ・カタリーナ　→ケンペル，アンナ・カタリーナ
新井白石　148
アルチル（Artschil）（グルジア王）　50
アルド，デュ（Du Halde）　264
アルミン博士　→リッペ伯アルミン博士
アレクサンドロス大王　77, 107, 244
稲葉正則　164, 165
井原西鶴　166
今村源右衛門　145, 148-150, 181, 197, 223-226
イヴァン（五世）　42, 43
ヴァイス，ロタール（Lothar Weiß）　v
ヴァレニウス，ベルンハルト（Bernhard Varenius）　113, 115, 229
ヴィヴェロ・イ・ヴェラスコ，ロドリゴ・デ（Rodrigo de Vivero y Velasco）　211
ヴィルシュタハ，ヴォルラート（Wolrad Wilstach）　235-237
ヴィルシュタハ，マリア・ゾフィア（Maria Sophia Wilstach）　238-241
ヴェルデ，パウル・ヴァン・デル（Paul van der Velde）　224
ヴォルテール（Voltaire）　263
ヴォルフ，クリスティアン（Christian Wolf）　259, 270
ウルリヒ，ヴォルフガング（Wolfgang Ulrich）　v
牛込重恭　165
エリザベス二世　iii
甥　→ケンペル，ヨハン・ヘルマン
大久保忠増　168
オレアリウス，アダム（Adam Olearius）　29, 48, 59, 60

か　行

カール十一世（Karl XI）（スウェーデン王）　20, 25-29, 44, 73, 76
カイザーリング（Johann G. Keyserling）　181, 224
ガマ，ヴァスコ・ダ（Vasco da Gama）　228
ガリレイ，ガリレオ（Galileo Galilei）　1
カロン，フランソワ（François Caron）　113
川原慶賀　136
カント，イマヌエル（Immanuel Kant）　iv, 247, 248
カンプハイス，ヨハネス（Johannes Camphuis〔Camphuys〕）　111-115, 117
キュング，ハンス（Hans Küng）　267
キルヒャー，アタナジウス（Athanasius Kircher）　54
クライヤー，アンドレアス（Andreas Cleyer）　98, 99, 101, 102, 110
クラウディウス（Matthias Claudius）

269, 270
グラッペ，ベルンハルト（Bernhard Grabbe） 4, 8–10, 18
クリュセ（Emeric de Crucé） 247
クリングスティエルナ，カルステン（Carsten Klingstierna） 28, 44, 53, 78
ゲオルク・ルートヴィヒ →ハノーファー選帝侯
ケプラー，ヨハネス（Johannes Kepler） 1
ケルクマン，ハインリヒ（Heinrich Kerkmann） 8
ケンパー，ヨハネス，父（Johannes Kemper） 2, 4, 8, 9, 11, 14, 20–24
ケンペル，アンドレアス，異母弟（Andreas Kaempfer） 5
ケンペル，アンナ・カタリーナ，異母妹（Anna Catharina Kaempfer） 4, 238
ケンペル，アマーリア，次女（Amalia Kaempfer） 239
ケンペル，アマーリア・フロレンティーネ，長女（Amalia Florentine Kaempfer） 239
ケンペル，フリードリヒ・アドルフ，長男（Friedrich Adolf） 239
ケンペル，マリア・マクダレーナ，異母妹（Maria Magdalena） 4
ケンペル，マリア・マクダレーナ，姪（Maria Magdalena） 264, 265
ケンペル，ヨアヒム，兄（Joachim Kaempfer） 5, 6, 15, 16, 24
ケンペル，ヨハン，兄（Johann Kaempfer） 5
ケンペル，ヨハン・ダニエル，異母弟（Johann Daniel Kaempfer） 4
ケンペル，ヨハン・ヘルマン，甥（Johann Hermann Kaempfer） 240, 241, 265, 266
孔子 259
コートマン，ヘルマン（Hermann Cothmann） 8
コッホ，アンドレアス（Koch Andreas） 4, 8–10, 18, 21
小堀遠州 202
ゴリツィン，ヴァシリイ・ヴァシリエヴィッチ（Wassilij Wassiljewitsch Golizyn） 42–46

さ 行

沢野忠庵 179
シーボルト（Philipp Franz von Siebold） iii, 223
志筑忠雄 iii, 247
シックス，ダニエル（Daniel Six） 116
シッパン，ミヒャエル（Michael Schippan） 49
シドッチ，ジョバンニ・バチスタ（Giovanni Batista Sidotti） 148, 224
釈迦 122
シャルダン，ジャン（Jean Chardin） 244
シャルルヴォア（Pierre François Xavier de Charlevoix〔Charlevoie〕） 263
シャンベルガー，カスパル（Caspar Schamberger） 99, 179, 180
シュタイガータール，ヨハン・ゲオルク（Johann Georg Steigerthal） 236
シュトラオホ，エギディウス（Aegidius Strauch） 24
シュマイサー（Jörg Schmeisser） 241, 259
ショイヒツァー，ヨハン・ガスパール

(Johann Gaspar Scheuchzer) 120, 246, 257, 258, 265-267
ジョージ一世 →ハノーファー選帝侯
スウィフト，ジョナサン (Jonathan Swift) 261, 262
スウェーデン王 →カール十一世
末次平蔵 145
スクルテトゥス，ヨハネス (Johannes Scultetus) 225
スペクタリウス 45
スローン，ハンス (Sir Hans Sloane) 237, 257
聖アントニウス 38
聖エリア 56
セネカ 78, 259
セフィ (ペルシャ王) 29, 33, 50, 52, 54, 56, 71-75
ゾフィー選帝侯夫人 →ハノーファー選帝侯夫人
ゾフィー・シャルロッテ (Sophie Charlotte) 235

た 行

ダルジャン侯爵 (D'Argens) →ボワイエ，ジャン＝バプティスト，ド
達磨 250
チャールズ二世 2
ヅーフ (Hendrik Doef) 112, 113
塚本学 161
ツュンベリー (Carl Peter Thunberg) iii
ディーレン，ヨハン・ファン (Johann van Dielen) 100
ディドロ，ドゥニ (Denis Diderot) 263
デカルト，ルネ (René Descartes) 2, 6
ドーム，クリスティアン・ヴィルヘルム (Christian Wilhelm Dohm) 246, 248, 249, 264-267
徳川家綱 17, 164, 165
徳川家光 ii, 163, 201
徳川家康 184, 212, 213
徳川綱吉 i, iv, 17, 143, 158-161, 166-168, 170, 171, 173-182, 238, 248, 269
徳川吉宗 148, 181, 182, 224, 226
豊臣秀吉 212, 215, 216, 260
豊臣秀頼 212, 213, 260
ドライヤー，ゲルハルト (Gerhard Dreyer) 232
ドレッパー，クリスティーナ (Christina Drepper) 3

な 行

楢林鎮山 225, 226
西川如見 226

は 行

ハーレン，オンノ・ズヴィール・ファン (Onno Zwier van Haren) 112-114
ハノーファー選帝侯ゲオルク・ルートヴィヒ (Georg Ludwig)，ジョージ一世 235-238
ハノーファー選帝侯夫人ゾフィー (Kurfürstin Sophie) 235, 236
パルヴェ，ダニエル (Daniel Parvé) 231, 233, 234, 237, 238
パレ，アンブロワーズ (Ambroise Paré) 225
バロー，エドワード (Edward Barlow) 99
ハンエモン 118, 119
ヒポクラテス 227
ピョートル大帝 31-33, 42-44, 47, 242
ファブリティウス，ルドヴィク

(Ludwig Fabritius) 27-29, 33, 37, 44, 48, 50, 53, 72, 73, 76
プーフェンドルフ，エサイアス（Esaias Pufendorf） 25, 26
プーフェンドルフ，ザムエル（Samuel Pufendorf） 25, 26
フェレイラ，クリストヴァン（Christovão Ferreira） 179
フォールコン（Phaulkon） 120, 121
フリードリヒ・アドルフ，長男 →ケンペル，フリードリヒ・アドルフ
フリードリヒ・アドルフ →リッペ伯フリードリヒ・アドルフ
フリードリヒ一世（ヴィルヘルム一世・プロイセン王） 233, 235
フロイス，ルイス（Luis Frois） 217, 218
フンボルト，アレクサンダー・フォン（Alexander von Humboldt） 229
ベーコン，フランシス（Francis Bacon） 253
ベッカー，モハメド・フサイン（Mohammed Hussein Becker） 20
ペッペルマン，アーデルハイト（Adelheid Pöppelmann） 4
ペッペルマン，マテーウス・ダニエル（Mathäus Daniel Pöppelmann） 4
ペリー（Mathew Calbraith Perry） iii
ヘルマン，パウルス（Paulus Hermann） 227
法然 201
ホーファーベッケ，ヨハネス・フォン（Johannes von Hoverbecke） 19
ホルシュタイン＝ゴットルプ，フリードリヒ・フォン（Friedrich von Holstein-Gottorp） 29
ボワイエ，ジャン＝バプティスト，ド（Jean-Baptiste de Boyer）（ダルジャン侯爵〈D'Argens〉） 263

ま 行

マイヤー，アルベルト（Albert Meyer） 4
マイヤー＝レムゴ（Meyer-Lemgo） 48
牧野成貞 174, 175
マサレラ，デレク（Derek Massarella） 257
マリア・マクダレーナ →ケンペル，マリア・マクダレーナ
マルコ・ポーロ i
マン，ラファエル・デュ（Raphael Du Mans） 72, 114
姪 →ケンペル，マリア・マクダレーナ
メンツェル，クリスティアン（Christian Mentzel） 101
モーツァルト（Wolfgang Amadeus Mozart） 165
本木良意 225, 226
森清範 209
モンタヌス（Arnoldus Montanus） 113, 115

や 行

柳沢吉保 174
吉川儀部右衛門 145, 149-151
ヨハン・ダニエル →ケンペル，ヨハン・ダニエル

ら・わ 行

ライプニッツ，ゴットフリート・ヴィルヘルム（Gottfried Wilhelm Leibniz） vi, 125, 230, 233, 235, 247, 259
ライマールス，ヘルマン・ザムエル

(Hermann Samuel Reimarus) 268
リーゼロッテ ブファルツの (Liselotte von der Pfalz) 235
リッペ伯アルミン博士 (Armin Prinz zur Lippe) vi
リッペ伯ヘルマン・アドルフ (Graf Hermann Adolph zur Lippe) 10, 11, 17, 18
リッペ伯フリードリヒ・アドルフ (Graf Friedrich Adolf zur Lippe) vi, 230, 232-234, 237-239, 241, 242
リンネ (Carl von Linné) 255
ルイ十四世 i, 2
ルター (Martin Luther) 193
ルドベック, オロフ (Olof Rudbeck) 24, 25
ルボミルスキー, アレクサンダー (Alexander Lubomirski) 19
ルンプフ, ゲオルク・エーバーハルト (Georg Eberhard Rumpf) 98, 99
レッシング, ゴットホルト・エフライ (Gotthold Ephraim Lessing) 193, 267-270
レディ, フランチェスコ (Francesco Redi) 252
レメリン, ヨハン (Johann Remmelin) 225
渡辺秀石 136

事項索引

あ行

か行

さ　行

た　行

な　行

は　行

ま　行

や　行

ら・わ　行

欧　文